承認と対話の憲法理論

● 法の下の宗教的多様性

Constitutional Theory of Recognition and Dialogue

山本健人 Kento Yamamoto

ナカニシヤ出版

目　次

序　章　異なる価値観を持つ人が共生する社会と憲法………… *1*

　Ⅰ　憲法による宗教的多様性の管理　*2*
　　　1　多文化主義の「失敗」言説から学ぶべきこと　*2*
　　　2　憲法による多様性の管理　*4*
　Ⅱ　宗教的多様性と日本の憲法学　*7*
　　　1　宗教的多様性と日本社会　*7*
　　　2　本書の位置づけと方法論　*9*
　Ⅲ　本書の構成　*13*

第1部　リベラルな立憲主義と宗教的多様性

第1章　承認と対話を理念にもつ
　　　　リベラルな多文化主義とは何か………………………… *23*

　Ⅰ　はじめに　*23*
　Ⅱ　「カナダの多文化主義」とは何か　*24*
　　　1　ピエール・トルドー時代の多文化主義　*24*
　　　2　キムリッカによる「リベラルな多文化主義」　*26*
　　　3　小　括　*29*
　Ⅲ　「承認」と「対話」　*30*
　　　1　多文化主義法における「承認」と「対話」　*31*

i

2　「承認」と「対話」の理論　33

　Ⅳ　おわりに　38

第2章　憲法による多様性の管理 …………………… 47
──法の下の多文化主義の批判的擁護

　Ⅰ　はじめに　47

　Ⅱ　法の下の多文化主義批判──バーガーの議論　47

　　　1　法と宗教の物語　47
　　　2　「異文化接触のモード」論　49
　　　3　寛容の法的条件　51
　　　4　対話による接触の難点　54

　Ⅲ　検討──法の下の多文化主義の可能性　55

　　　1　法の下の多文化主義の擁護可能性と課題　55
　　　2　「弱い対話」の必要性　57
　　　3　裁判所の中での「弱い対話」　58
　　　4　法の基準の変容可能性　61

　Ⅳ　おわりに　63

第3章　公的領域における宗教 …………………… 71

　Ⅰ　はじめに　71

　Ⅱ　問題の所在　72

　　　1　リベラルな立憲主義と公的領域における宗教　72
　　　2　公的領域の分節化　74
　　　3　国家の宗教的中立性と憲法条項　76
　　　4　小　括　77

　Ⅲ　カナダ最高裁モデル　77

　　　1　絶対的中立性は存在しない　78
　　　2　公的判断過程における宗教　79

3　小　括　*80*

Ⅳ　カナダ最高裁モデルの可能性　*81*

　　　1　信教の自由の2つの視点　*81*
　　　2　公的判断過程に関する一般的見解　*82*
　　　3　道徳心理学の知見——ジョナサン・ハイトの議論　*83*

Ⅴ　日本への示唆　*88*

　　　1　完全分離を理想とする理由　*89*
　　　2　歴史的経緯との向き合い方　*91*
　　　3　結　論　*92*

補　論　カナダ最高裁による国家の宗教的中立性構想 …… *103*

Ⅰ　はじめに　*103*

Ⅱ　カナダ最高裁による国家の宗教的中立性構想　*103*

　　　1　チェンバレン判決——中立性の萌芽と政治過程における宗教　*103*
　　　2　ラフォンテーヌ判決——憲法上の国家の宗教的中立性の義務　*106*
　　　3　S. L. 判決——絶対的中立性の不可能性　*110*
　　　4　サグネ判決——中立性構想の集大成?　*113*

Ⅲ　整理と若干の検討　*119*

　　　1　宗教的中立性に関するカナダ最高裁の立場　*119*
　　　2　国家の宗教的中立性と公教育——多様な価値観に曝される学校?　*122*

Ⅳ　まとめ　*125*

第2部　信教の自由における承認と対話

第4章　信教の自由の保護範囲 …………………………… 133

　Ⅰ　はじめに　*133*

　Ⅱ　問題の所在　*133*
　　1　信教の自由における「宗教」の定義　*134*
　　2　信教の自由の権利内容──通説としての三分説　*135*

　Ⅲ　信教の自由における「宗教」とは何か　*136*
　　1　アムセルム判決──主観的な宗教の理解　*137*
　　2　主観的宗教理解の功罪　*141*
　　3　宗教制度主義による補完　*143*

　Ⅳ　信教の自由の権利内容　*147*
　　1　介入の禁止　*148*
　　2　是認の禁止　*151*

　Ⅴ　日本への示唆　*155*
　　1　主観的な宗教理解をめぐって　*156*
　　2　信教の自由の権利内容としての是認の禁止　*161*

第5章　カナダ人権法における合理的調整の法理 ………… 173

　Ⅰ　はじめに　*173*
　　1　問題の所在　*173*
　　2　人権法の仕組み　*175*

　Ⅱ　初期三部作　*177*
　　1　間接差別と合理的調整──オマリー判決　*177*
　　2　過度の負担の意味　*180*
　　3　直接差別と間接差別の2分岐アプローチ　*181*

Ⅲ　メイオリン判決とマギル大学判決　*182*
　　　　1　判断枠組みの統合——メイオリン判決　*182*
　　　　2　歩み寄りの重視——マギル大学判決　*185*

　　Ⅳ　検　討　*188*
　　　　1　合理的調整はマイノリティに対する過度の優遇か　*188*
　　　　2　合理的調整か制度変更か　*194*

　　Ⅴ　おわりに　*198*
　　　　1　本章のまとめ　*198*
　　　　2　日本の状況への示唆　*199*

第6章　信教の自由の制約とその正当化 …………………… *207*
　　　　——合理的調整の法理を契機に

　　Ⅰ　はじめに　*207*

　　Ⅱ　信教の自由と合理的調整の法理の展開　*209*
　　　　1　主観的宗教理解と合理的調整の法理——アムセルム判決　*209*
　　　　2　行政裁量と合理的調整の法理——ムルタニ判決　*210*
　　　　3　立法者と合理的調整の法理——ウィルソン・コロニー判決　*214*
　　　　4　他者の権利と合理的調整の衝突——N. S. 判決　*218*

　　Ⅲ　検　討　*222*
　　　　1　合理的調整の法理の射程　*222*
　　　　2　合理的調整の限界——憲法判例から　*226*
　　　　3　合理的調整と国家の中立性　*228*
　　　　4　行政裁量統制の審査枠組みの変動　*229*

　　Ⅳ　日本への示唆　*234*
　　　　1　信教の自由に対する「制約」の捉え方　*235*
　　　　2　行政裁量統制の審査枠組み　*239*
　　　　3　合理的調整の法理の視点　*243*

第7章　宗教的共同体の内部紛争と司法審査 ………… 255

- Ⅰ　はじめに　255
- Ⅱ　宗教的共同体の自律と手続的条件　257
    1. フッタライトとは　257
    2. ホファー判決——同意の観念　258
    3. レイクサイド・コロニー判決——自然的正義としての手続的公正　260
    4. 若干の検討——手続的介入の根拠　261
- Ⅲ　宗教的共同体の実体的ルールへの間接的な介入？　264
    1. 正統派ユダヤ教徒の離婚　265
    2. ブリュカー判決　266
    3. 若干の検討——宗教的共同体の実体ルールへの間接的な介入の条件　271
- Ⅳ　日本への示唆　276
    1. 宗教団体の内部問題と司法審査——議論状況の整理　278
    2. 法律上の争訟に該当させるための工夫　279
    3. 外在的制約下での審査方法　279

終　章　承認と対話の憲法理論 ………………………… 293
——その総括と課題

- Ⅰ　第1部のまとめ　293
- Ⅱ　第2部のまとめ　295

　　あとがき　301
　　初出一覧　307
　　主要判例索引　309
　　事項索引　312
　　人名索引　315

序　章　異なる価値観を持つ人が共生する社会と憲法

　多様性の時代ともいわれる現代社会において、異なる価値観を抱く人々との共生は切実な課題となっている。本書は、異なる価値観のなかでも、最も対立を招きやすく、多様性の受容にとって試金石となる、宗教的多様性の受容という問題——異なる宗教的価値観を抱く人々との共生の問題——に対して、憲法学がどのような貢献を為しうるかを、カナダの憲法判例・学説を主な比較検討素材として考察することを目的とする。

　　　　　　　　　　　　＊　＊　＊

　本書がカナダを比較対象とするのは、多文化主義を国是とするカナダの憲法判例・学説が、この問題に向き合い続けているからである。なかでも、本書は、〈憲法による多様性の管理〉という視点に着目する見解に強く影響を受けている[1]。
　だが、現在、ヨーロッパを中心に、多文化主義は「失敗」したという言説が拡散している。そこでは、多文化主義が社会の「分断」をもたらしたと糾弾されることすらある[2]。こうした言説に接する際に、注意が必要なのは、「多文化主義」という用語が、使われる国、地域、文脈によって多様な意味を持っていることである[3]。そのため、多文化主義を論じる際には、どのような「多文化主義」を想定するかが重要である。本書が想定する「多文化主義」は「カナダの多文化主義」であるが、その特徴と重要性については、第1章で詳述する。あらかじめごく簡単にその特徴を示しておくと、「カナダの多文化主義」は、社会統合を目的として、文化的・民族的マイノリティだけでなく、宗教的・性的マイノリティ等のアイデンティティをも公的に承認し、

社会における多様性を尊重するリベラルな多文化主義である。しかし、ヨーロッパで指摘される「多文化主義の失敗」がカナダにも当てはまるとすれば、カナダとの比較によってこの課題に取り組もうとする本書のアプローチは実り多いものとはいえないかもしれない。

序章では、まず、①上記のような指摘にもかかわらずカナダとの比較に十分な意義があること、②〈憲法による多様性の管理〉を重要な視点と考える理由、について敷衍する（→Ⅰ）。次に、日本社会においても（潜在的には）憲法による多様性の管理を必要としうること、及び本書の立ち位置と方法論を示す（→Ⅱ）。最後に、本書の構成を提示する（→Ⅲ）。

Ⅰ 憲法による宗教的多様性の管理

1 多文化主義の「失敗」言説から学ぶべきこと

(1) 多文化主義は失敗したのか？

1980年代以降の欧米諸国では、政治の場においても、多様な文化を承認し、マイノリティの権利を擁護・促進する多文化主義政策が進展した。しかし、2000年代に入り、多文化主義は「失敗した」という言説がヨーロッパを中心に拡散するようになった。2010年にはドイツのメルケル首相が、2012年にはイギリスのキャメロン首相がそれぞれ「多文化主義の失敗」を明言している[4]。

ここには、多文化主義が移民集団の文化や慣習を強く擁護するあまり、ホスト社会の文化との軋轢や社会の分断を生じさせたという認識が反映されている[5]。多文化主義は、居住区のゲットー化、移民の社会的孤立、移民の経済的困窮、移民の子どもの不十分な教育、福祉制度への依存、移民集団間での非リベラルな実践の横行、女性の権利・自由の制限、ムスリムの若者の間での政治過激主義等の原因であるとされた。こうして、ヨーロッパにおいては、多文化主義政策は後退し、市民統合政策に重点がおかれるようになっているとの理解が流布したのである[6]。

しかし、多文化主義の失敗、という言説は広く用いられるようになったが、

その実質的な証拠が存在するかは不確かである。たとえば、著名な政治理論家であるキース・バンティングとウィル・キムリッカは、多文化主義政策を評価する「多文化主義政策指数（Multiculturalism Policy Index）」を用いて、ヨーロッパにおける多文化主義政策を調査し、多文化主義の失敗言説がレトリックである――言説レベルでは「失敗」が語られるが政策レベルでは多文化主義政策が継続・強化されている――場合が多いと指摘する[7]。

この調査によれば[8]、2020年時点でも、オランダに代表される、多文化主義政策の推進からの方向転換が顕著な国家も存在するが、それがヨーロッパにおける支配的なパターンであるとは言い難い。多くの国（ベルギー、フィンランド、ギリシャ、アイルランド、ノルウェー、ポルトガル、スペイン、スウェーデン）では多文化主義政策は緩やかに強化されている。

(2) 統合のための多文化主義

ヨーロッパ諸国において、多文化主義の失敗が語られるとき、それと同時に、多文化主義政策の推進に代えて市民統合政策――移民がより完全に社会の主流に溶け込むことの重要性を強調する政策――を推進することが主張されている。市民統合においては、①雇用の確保、②自由及び民主主義の原則、平等と人権の尊重、法の支配といった基本的な自由民主主義的価値観を尊重すること、③ホスト社会の言語・歴史・制度に関する基本的な知識、④差別禁止法や政策、といった点が重視される[9]。ヨーロッパ全域における市民統合政策の統計的指標（civic integration index; CIVIX）を作成したサラ・グッドマンによれば、市民統合政策は、それがほとんど存在しなかった1997年から、2009年までの間に劇的に増加している[10]。

すなわち、ヨーロッパにおいては、多文化主義政策の緩やかな増加と市民統合政策の急激な増加が同時に起こっているといえる。注目すべきなのは、多文化主義の成功例と目されるカナダにおいて、多文化主義政策が統合政策の一環として推進されてきたという点である[11]。

詳しくは第1章で検討するが、カナダの多文化主義は、その導入の端緒から社会統合を意識したものであった。最終的に、「二言語の枠内での多文化

主義」を提言することになった連邦政府調査委員会は、異なる文化的アイデンティティや特性が主流な文化的アイデンティティに同化・吸収されることを意味する「同化 (assimilation)」と、文化的アイデンティティや母語等の独自性を保ったまま1つの社会の中で他者が共生する「統合 (integration)」を対置した上で、「統合」が望ましいという[12]。多様に異なる要素を調和的な社会へと統合することで「多様性を保った一体性 (diversity within unity)」を目指す[13]、というのがカナダの多文化主義の当初からの意図であったのである。

多文化主義政策が継続されていることが、多文化主義が「失敗」ではないことの証拠としてどれほど有効であるかは争いがありうるが、社会統合との関係を踏まえれば、ヨーロッパ諸国での失敗という言説は、それがもしレトリック以上の意味を持つとしても、マイノリティ集団の権利や多様性の尊重のみを強調したことの「失敗」であるとの理解を示唆している[14]。

2　憲法による多様性の管理
(1) 憲法と裁判所の役割
そうであれば、多様性の尊重と社会統合をバランス良く追求することが、多文化社会を安定的に運営するための鍵であるといえそうである。そして、バンティング＆キムリッカは、カナダにおいて、「1982年憲法」の第1編「権利及び自由に関するカナダ憲章」(以下、「憲章」)、及びカナダ最高裁による憲法解釈が、多様性の尊重と社会統合のバランスを保つことに貢献してきたと指摘する[15]。憲章は、マイノリティの承認や保護を促進する一方で、そこに一定の限界を設けることで「多文化主義」や「多様性の尊重」が暴走しないための歯止めにもなってきたのである。

(2) カナダ最高裁によるアクセルとブレーキ
カナダ最高裁による多様性の尊重の象徴的ケースとされるのが、シーク教徒のカーパン（金属製のダガーのようなもの）の学校への持ち込みを条件付きで認めないことが信教の自由を侵害すると判断したムルタニ判決[16]である。

この判決において、カナダ最高裁は準憲法的な（quasi-constitutional）法律と位置づけられる人権法（私人間の差別禁止を目的とする制定法）の領域で確立してきた合理的調整（reasonable accommodation）[17]と呼ばれる考え方を信教の自由のケースに導入した。合理的調整は、多様性の管理にとって有力な法的道具とみなされ、カナダ社会で定着しているが、他方で、宗教的マイノリティに対する譲歩の行き過ぎがあるのではないかという懸念も示されており、適切な調整のあり方が探求されている。宗教に対する合理的調整については第5章・第6章で詳述する。

　また、カナダの裁判所は、国家が、宗教的マイノリティに対して当該政治社会の完全な成員ではないといったような、シンボリックな「排除」のメッセージを発することを深刻な問題と解している[18]。学説においても、宗教的マイノリティが「当該社会からの排除」を感じることを、信教の自由の侵害と理解すべきとの見解が示されている[19]。信教の自由が何を保障すべきなのかについては第4章で検討する。

　さらに、カナダ最高裁は、同性の両親で構成される家族を描いた絵本を幼稚園の補助教材として使用することを許可しなかった教育委員会の決定が問題となったチェンバレン判決[20]において、公的機関である教育委員会の意思決定の場面を想定し、「宗教は人々の生活の不可欠の側面であるので、会議室のドアの前に置いてくることはできない」と述べている。この指摘は、公的領域における宗教の役割を肯定するものといえ、後述するリベラルな立憲主義の標準的な理解を超える含意を持つ。この指摘を肯定的に受け止めるウィンザー大学の憲法学者リチャード・ムーンは、公的生活に参加する際に、宗教的価値を隠しておくことを期待するのは非現実的であり、これを求めることは有意義な政治参加から排除する効果を有する、と述べている[21]。公的領域における宗教の問題については第3章で検討する。

　他方で、カナダ最高裁は、正統派ユダヤ教徒の「宗教法」上の離婚が問題となったブリュカー判決[22]において次のように述べている。「民族的・宗教的・文化的差異を認識し尊重するという承認を含む」多文化主義に対するカナダのコミットメントから、カナダ人は「差異への権利を保障されている」

が、この権利はジェンダー平等や個人の自律等を含む「カナダの基本的価値」と共存しなければならず、「差異への権利は保護されているが、そのような差異は常に支配的であるわけではない」、と。さらに、ニカブを着用した法廷での証言の可否が争われた N.S. 判決[23]におけるルベル裁判官の結論同意意見では、カナダは、憲章27条に規定されているように、社会生活の一部として多文化主義の重要性を受け入れているが、「同時に、多文化主義の承認は、憲法それ自体の環境の中で起こり、またそれは政治的ないし法的伝統に由来するのである」、と述べられている。他方、ある宗教的・文化的共同体が憲法的価値を共有しない場合、とりわけ、憲法的価値と相容れない共同体の実践を共同体内のマイノリティの構成員に強制する場合、どのようなアプローチをとるべきだろうか。この問題については、第7章で詳述する。

カナダ最高裁は多様性・差異の尊重を常に至上命題とするわけではなく、多文化主義を掲げつつも、多様性や差異の尊重を一定の憲法的枠組みの中で管理しようとしているといえる。

(3) 憲法による多様性の管理への批判的視座

ただし、こうした〈憲法による多様性の管理〉は批判的な検討に晒されてもいる。ヨーク大学オズグットホールロースクールの憲法学者ベンジャミン・L・バーガーは、カナダ最高裁はリベラルな価値観——個人主義、法の支配、他者加害の禁止、公私区分等——を前提に信教の自由の限界を画定し、リベラルな法の価値（これはマジョリティの価値観でもある）を妥協させない、と指摘している[24]。すなわち、法は構造的に文化や宗教に優位する管理者と描かれるのであるが、バーガーは、この説明によって、①法と宗教の間の緊張関係が解消されていないこと、②法が善意の（benignly）管理者ではない疑いがあることを指摘し、この枠組みの批判的な検討を行っている。

憲法による多様性の管理という暗に想定されてきた枠組みは維持されるべきなのであろうか。また、憲法を多様な（宗教的）価値観の管理者として据えるという枠組みを是認したとしても、憲法は果たしてマイノリティにとってよき管理者といえるのであろうか。この点、カナダの多文化主義が目指す

序　章　異なる価値観を持つ人が共生する社会と憲法

のはマイノリティに対する「承認」と異文化間「対話」の促進であるとし、カナダ憲法の解釈は「承認」と「対話」の原理を踏まえてなされるべきであるとの見解がある[25]。「承認」と「対話」の原理から憲法解釈を整理することは、憲法による多様性の管理がよきものといえるか、を検討する際の有力な視点となりうる。

　もっとも、憲法による多様性の管理は、自覚的かどうかは別にして、およそあらゆるリベラルな立憲主義国家によって実施されているものである。たとえば、日本国憲法のもとでは、「公共の福祉」によって憲法上の権利の制限が正当化される。用語法はともかく、リベラルな立憲主義国家にとって、憲法上の権利の制限が正当化されることは折り込み済みといえるだろう。よって、より重要な問いは、どのような憲法による多様性の管理が、多様な社会の管理にとってよきものであるか、というものである。本書は、第2章で憲法による多様性の管理の総論的な理論枠組みを検討し、第2部で信教の自由に関するより具体的な管理のあり方を分析する。なお、憲法上の権利に対する裁判所や学説による解釈論が、多様性の管理という問題につながっていることを自覚して行われることは——少なくとも日本においては——あまり一般的ではないと思われる。だが、多様性の問題に憲法学からアプローチする際、この観点を自覚的に論じる意義は大きいと考える。

　いずれにしても、多様性の尊重と社会統合をバランス良く追及することが、多文化社会を安定的に運営するための鍵であり、その重要な役割を憲法及びカナダ最高裁による憲法解釈が担っている[26]。ここに本書がカナダの憲法判例・学説を主な比較検討素材とすることの意義と理由がある。

II　宗教的多様性と日本の憲法学

1　宗教的多様性と日本社会

　本書が比較対象とするカナダは、世界でも有数の移民国家であり、宗教的多様性の程度は日本とは大きく異なる。しかし、程度の差はあるにしても日本社会も宗教的多様性を内包しており、同様の問題に向き合う必要があると

いえるのではないだろうか。

　かつて最高裁は、日本社会における宗教に関して、次のような認識を示したことがある。日本においては、「各種の宗教が多元的、重層的に発達、併存してきている」。また、「多くの国民は、地域社会の一員としては神道を、個人としては仏教を信仰するなどし、冠婚葬祭に際しても異なる宗教を使いわけてさしたる矛盾を感ずることがないというような宗教意識の雑居性が認められ、国民一般の宗教的関心度は必ずしも高いものとはいいがたい」[27]。

　この最高裁の認識が正しいとすれば、日本社会は、①そもそも宗教的多様性を内包しており（最高裁の指摘は正確には宗教的多元性・重層性であるが、これは社会の中に多様な宗教が存在することを前提とすると解される）、かつ、②一つの宗教に対する真摯な信仰を持つ者が少ないという意味での宗教的雑居性[28]を併せ持つ社会である。

　近年のある統計調査によれば[29]、2018年時点で、「宗教を信仰している」[30]との回答は36％であり、「信仰している宗教はない」との回答は62％であった。信仰している宗教の内訳としては、仏教が31％、神道が3％、キリスト教が1％である。これに対して、カナダは、2019年時点で、キリスト教が63％、ムスリムが3.7％、ヒンドゥー教が1.7％、仏教が1.4％、シーク教が1.4％、ユダヤ教が1％、その他が1.2％、無宗教などが26.3％である[31]。なお、アメリカ合衆国では、2020年時点で、約70％がキリスト教を信仰していると回答している[32]。なお、ユダヤ教が1％、ムスリムが1％、仏教が1％、ヒンドゥー教が0.5％、その他が1％であった。

　日本社会では、明確な信仰を持たない者が過半数を占めており、③そもそも信仰を有する者がマイノリティとなる社会であることが示唆される。「国民一般の宗教的関心度は必ずしも高いものとはいいがたい」との最高裁の指摘はここにも関わっている。

　また、欧米諸国ほどではないにしても、移民や外国人労働者の流入によって、従来の日本社会にとって馴染みの薄い宗教も増えている。たとえば、ある推計によれば、2019年時点の日本におけるムスリム人口は約23万人だとされる[33]。これは当時の日本の人口（約1億2610万人）の約0.18％である。

欧米諸国とは異なり、ムスリムの宗教的実践が憲法問題に発展した事例は確認されていないが、日常生活のレベルでは、食事（とくに学校給食）や衣装（職場などでのスカーフの着用など）、礼拝（礼拝所の確保）などの点で支障が生じている[34]。少なくとも、私人間における合理的調整を法律で規定するカナダのあり方から得られる示唆は多いと思われる（→第5章を参照）。

日本社会においても、宗教的多様性が増していくことが予測されるし、現時点でも、「多文化共生」が重要な政策課題となっている[35]。この点、②宗教的雑居性と③無宗教がマジョリティであるという日本社会の特性は、独特な宗教的寛容を生んでいる可能性もあるが、反面、信仰に対する深い理解があるわけではないことも示唆される。そうであれば、この宗教的「無頓着さ」故に、社会（のマジョリティ）が真摯な信仰を持つ者の懸念や訴えを十分に考慮し得ないかもしれないし、「何らかの拍子に、宗教的マイノリティに対する謂れのない恐怖や敵意に容易く転じる恐れ」もありうる[36]。異なる宗教的価値観に対する「承認」と「対話」というコンセプトは、日本社会、そして日本の憲法解釈論にこそ必要かもしれない[37]。

2　本書の位置づけと方法論
(1) 信教の自由の体系的解釈に向けて

信教の自由は、「諸自由権のうちでの花形役者」ともいわれるが[38]、日本における判例の少なさもあり、信教の自由の研究は主に比較憲法の手法によって行われてきた[39]。ただし、体系性をもった信教の自由の解釈論の展開は低調であった。本書もまた、この手法を採用するものであるが、本書は、「承認」と「対話」の観点に基づいて宗教的多様性を憲法によって管理するという視点から、信教の自由の体系的な解釈論の提示を試みる。また、この検討は、日本の信教の自由を上記視点から体系的に解釈するために筆者が重要と考える論点を抽出したうえで、カナダの憲法判例・学説と比較する形で行う。したがって、本書は、カナダの憲法判例・学説を比較検討の対象としているが、カナダの憲法判例・学説を徹底的・網羅的に検討し、その現状を明らかにすることそれ自体を目的としているわけではない。もっとも、カナダ憲法

研究は日本の比較憲法研究のメジャーな対象ではなかったため、日本におけるカナダ憲法に関する全体的な知見の蓄積は不十分である。この点に鑑み、必要な範囲で、カナダ憲法や憲法判例の展開、学説の議論状況を示す記述を行っている。日本の信教の自由論の現状と検討すべき論点については、第2部各章の中で詳述することにしたい。

なお、本書は直接的には信教の自由の解釈論を扱うが、筆者は信教の自由と思想・良心の自由の解釈論は基本的に同型であるべきではないかと考えている[40]。これ自体の検討は今後の課題であるが、本書の射程は、宗教的多様性の憲法による管理に留まらない可能性もあるだろう。

(2) リベラルな立憲主義と公的領域における宗教

異なる宗教的価値観を抱く人々の共生は、近代立憲主義にとっての根源的課題であるとされる。その背景にある標準的な歴史的説明は、宗教改革後のヨーロッパにおいて、対立するキリスト教諸宗派が互いを邪教として凄惨な抗争を繰り返した経験から、異なる宗教を信仰する人々が共生することの方が永続的な抗争状態の継続よりもまさると考えられ、各宗派に信教の自由を保障し、政治と宗教に一定の距離を置くという合意に至ったというものである[41]。そのため、憲法学は近代立憲主義あるいはリベラルな立憲主義の構想という次元でも、宗教的多様性の問題を考えてきた。

代表的な論者である長谷部恭男によるリベラルな立憲主義の構想は次のようなものである。リベラルな立憲主義は公私区分を前提に、各人の善き生の諸構想（自分の人生をどう生きるかに関する構想）に対する国家の中立性を要求する[42]。すなわち、私的領域では、各人の生き方に関わる価値の多元性とその比較不能性を前提として、各人は善き生の諸構想に基づく自己決定（選択）によって生を送るが、公的領域には善き生の諸構想に基づく主張を持ち込むことが禁止される。社会全体にあてはまる政策の善し悪しを論じる政治の場で、「同じ宗教を奉ずる人にしか理解できない理屈にもとづいて政策の当否を論じたり評価したりすべきではない」し、特定の宗教的価値観を持つ者が有利になるような社会生活の枠組みを設定するべきではないのである[43]。

なお、近代立憲主義は、基本的にはフランス人権宣言で述べられた「権利の保障」と「権力分立」を内容とする憲法による統治を指して用いられるが、「近代立憲主義」はリベラルな立憲主義と互換的に用いられる場合もある。これは、リベラリズム思想と重なり合う近代思想（公私区分、自由主義、個人主義、合理主義など）を反映した立憲主義が構想されているからである。

リベラルな立憲主義の構想は、公的領域の中立性を強調するが、その帰結として、「個々の道徳的観念に依拠する文化や自律的なコミュニティの価値を積極的に承認することは難しくな」り、それは、「やむを得ない代償として甘受しなければならない」ものとなりうると指摘されている[44]。また、リベラリズムは多文化主義に対して「警戒的」であるともされる[45]。

しかし、これは本当にやむを得ない代償なのだろうか。リベラルな立憲主義は、文化や自律的なコミュニティの価値を積極的に承認するような枠組みと両立し得ないのだろうか。本書の第1部第1章では、リベラルな立憲主義と両立しうる文化や宗教の多様性を公的領域で承認する「リベラルな多文化主義」を描き出す。とりわけ、公的領域（なかでも政治空間）において、宗教をどのように位置づけるかは、リベラルな立憲主義の構想にとって極めて論争的な問題であるため、第3章で詳述する。

(3) 訳語について

本書で用いるキーワードの一つに「合理的調整（reasonable accommodation）」がある。この言葉は、日本においても障害者差別の文脈で定着してきており、「合理的配慮」と訳出されることが多い[46]。また、アメリカ合衆国の信教の自由論を分析する論考の多くはアコモデーションを「便宜供与」と訳出してきた[47]。便宜供与と訳出することについては、「便宜を図ることには特別の利益を提供するといった意味が含まれ」ており、アコモデーションの含意は、宗教への利益の提供ではなく、宗教的活動が行いやすいように「気を配ること」にあるため、「宗教への配慮」と訳出すべきとの指摘がある[48]。

そうであれば、「合理的配慮」と訳出することが、日本での用語の定着からしても妥当と思われるが[49]、なおアコモデーションを「配慮」と訳出する

ことにも抵抗がある。本書で検討するカナダの "reasonable accommodation" には、マイノリティの信教の自由に気を配るという要素がないわけではないが、どちらかと言えば、対等な「対話」や「交渉」によって、互いにとって合理的な調整を実現することを含意する概念としての意味合いが強まっているように思われる[50]。これらを踏まえ、本書では "reasonable accommodation" を「合理的調整」と訳出することにした。ただし、明らかに配慮を意味している文脈では、"accommodation" を「配慮」と訳している。

(4) 用語法について

本書で頻繁に用いるカナダ憲法に関する用語について、簡単な整理をしておきたい。本書で「カナダの憲法」という場合、1982年憲法（Constitution Act, 1982) 52条2項がいう、(a) 1982年カナダ法、(b) 別表に列挙された法律及び命令、(c) それらに対する改正、を含む。中でも主要なものは、①カナダの統治機構について主要な規定をもつ1867年憲法と、②憲法上の権利を規定する1982年憲法の第1篇である「権利及び自由に関するカナダ憲章」である。なお、①は、イギリス議会の制定法として定められたものであり、その名称は「1867年英領北アメリカ法（British North America Act, 1867)」であった。同じく、イギリス議会の制定法である1982年カナダ法（the Canada Act 1982) によって、英国議会からカナダに憲法改正権を移管され、その別表Bで1982年憲法が導入される。このとき、1867年英領北アメリカ法の名称が「1867年憲法」に変更された。

「カナダの憲法」の一部であるという意味で、「1867年憲法法」、「1982年憲法法」と表記することが正確であると思われる——「憲法法」は "Constitution Act" の訳出である——が、日本でイメージされる「憲法」と機能的に異なるわけではないので、本書では便宜的にいずれも「憲法」と表記する。また、「権利及び自由に関するカナダ憲章」を指す場合には、「憲章」と表記する[51]。

本書のなかで頻出するが、定義が難しい「多様性（diversity)」という用語についても、ここで本書の基本的な理解を示しておく。多様性について、暫

定的に「ある集合の中に、異なった要素が含まれていること」という定義を提示するものがある[52]。これは、「何が異なっているか」を定義することを前提とする概念であり、「何が異なっているのか」は、状況によって変わりうるため、多様性は「関係的概念」の一つであるとされる[53]。この暫定的な定義によれば、ある集団における一定の共通項とそれとの比較で異なっている要素を括りだして多様性を認識するため、多様性の議論においては、マジョリティとマイノリティが認識される。本書でも、基本的にはこの暫定的な定義と同様に多様性を理解する。しかし、多様性それ自体にどのような価値があるのかをめぐっては様々な見解があり、議論の途上にあるといえる[54]。そのため、本書は、多様性それ自体の価値は何か、それはどの程度重要な価値か、ある集団内で多様性が増せば増すほど良いのか、どの程度の多様性が望ましいのか、といった点については立場を留保する。本書では、現に社会の構成員が多様であること、あるいは多様化しつつあるという事実を認識する用語として多様性を用いる。ただし、多様性の概念を用いて認識されたマイノリティに対する不利益の是正は必要である（第1章参照）。

Ⅲ　本書の構成

　以上を踏まえ、本書は以下のような構成を採る。
　第1部第1章及び第2章では、本書の依って立つ基本的な理論的枠組みを示す。
　第1章は、「カナダの多文化主義」がどのようなものかを明らかにすることを目的とする。本章では、まず、カナダの多文化主義の経緯を辿り、次に、カナダの多文化主義の理念を具体化する多文化主義法及びその制定過程から、カナダの多文化主義が「承認」と「対話」という理念を持つことを主張するキスロウィックの議論を参照し、カナダの多文化主義の輪郭をより明確にする。本章で明らかにするリベラルな多文化主義としてのカナダの多文化主義は、文化や宗教の多様性を公的領域で承認するものであるが、リベラルな立憲主義と両立しうると思われる。

第2章では、上記のリベラルな多文化主義を基礎とした憲法による多様性の管理という枠組み——法の下の多文化主義——そのものを批判的に検討し、この枠組みの維持可能性について評価する。本章では、この枠組みを批判的に検討するバーガーの憲法理論を吟味したうえで、現状では憲法による多様性の管理という枠組みを放棄することは妥当ではないが、この枠組み自体のマイナーな改良を行い続ける必要がある、ということを示すことになる。また、マイナーな改良の可能性を担保するために、法の優位を前提とした承認と対話が必要であることを確認する。

第3章では、宗教的に多様な社会における〈公的領域における宗教〉の問題を検討する。本章は、第1章・第2章とは異なり、本書の基本的な理論枠組みというわけではないが、公的領域において宗教をどのように位置づけるかという極めて論争的なテーマを分析することで、本書の描くリベラルな立憲主義のモデルの特徴を明確にする。具体的には、〈公的領域〉を分節化したうえで、カナダ最高裁による宗教的中立性理解や道徳心理学の知見に依拠し、公的決定過程から宗教を排除すべきでない理由を提示することを試みている。これは従来のリベラルな立憲主義の構想が想定してきた公的領域における政治的討議への参加条件の再考を試みるものでもある。

なお、第1部には、カナダ最高裁が国家の中立性構想を構築していく過程を描く補論をおく。カナダ最高裁の構想する宗教的中立性構想は、各宗教だけでなく、無神論や無宗教等を含む宗教に対する多様な価値観に「平等な価値」を認める「非絶対的な中立性」である。補論では、第3章では割愛しているカナダ最高裁の判例理論の形成過程を詳述する。また、個別領域に関わるものではあるが、本書が扱う問題にとって主戦場の一つであるため、宗教的中立性と公教育の関係についても若干の検討を行う。

本書の第2部（第4章～第7章）では、第1部の議論に応えうる信教の自由の憲法解釈論を考察する。第2部は、具体的な憲法による多様性の管理のあり方の各論的検討と言い換えられる。

第4章では、憲法上保護される信教の自由の実体的権利内容に関する論点を扱う。本章の課題は、①信教の自由が保護の対象とする「宗教」を如何に

定義すべきか、②個々人による多様な「宗教理解」をどのように位置づけるか、③信教の自由の保障内容として何が含まれるか、を提示することである。憲法上の信教の自由の保護範囲は、多様な宗教的実践を「承認」し、法的保護を与えうるかの入り口の問題であり、この段階で弾かれる宗教・宗教的理解・宗教的実践等はそもそも法的保護の対象とならないという強いメッセージを与えることになるが故に重要な意味を持つ論点である。

第5章・第6章では、宗教に対する合理的調整に関する論点を扱う。ここでの合理的調整は、諸個人らの有する多様な宗教的信念に由来する実践と一般に適用される法規範との衝突を調整する法的道具を意味する。カナダでは、法律による合理的調整が行われており、法律による合理的調整が憲法論に影響したという経緯がある。そこで、**第5章**では、私人間の差別禁止を目的とする制定法である人権法に基づく合理的調整の構造・影響力・限界を分析することで、合理的調整が、有用な法的道具でありうるのかを明らかにする。本章の分析は憲法を具体化する法律による宗教的多様性の管理の可能性を示唆するものでもある。

第6章では、憲法上の信教の自由の領域での合理的調整の射程、限界、国家の宗教的中立性との関係を明らかにする。憲法論としての合理的調整は、正当化審査の内に位置付けられているから、本章での検討は、信教の自由の制限・正当化に関する司法審査の一般的枠組みにも及ぶ。

第7章では、「マイノリティの中のマイノリティ」問題を念頭に置いて、宗教的共同体の内部紛争への司法的介入に関わる論点を検討する。多文化主義への警戒の主な要因が、①非リベラルな文化的コミュニティが構成員の意思を抑圧して、個人の自由を侵害すること、②リベラルな価値を共有しないコミュニティに対する不信感などにあるなら[55]、本章の検討はこの警戒レベルを下げることにも関わる。この論点は司法権の限界に関わるものであるが、この文脈で信教の自由の観点をどのように考慮すべきか、という論点でもある。本章では、宗教的共同体の内部紛争への司法的介入を回避すれば、宗教的共同体の自律を尊重する一方で、共同体内のマイノリティに対して抑圧的なルールを尊重することになってしまうというジレンマを解消ないし軽減す

る手法を探る。

終章では、本書の議論をまとめて、残された課題を示す。

注
1) Keith Banting & Will Kymlicka, "Is There Really a Backlash Against Multiculturalism Policies?" (2012) 4 GRITIM Working Paper 1; Benjamin L. Berger, *Law's Religion: Religious Difference and the Claims of Constitutionalism* (University of Toronto Press, 2015).
2) 「分断」もまたレトリックであることには注意を要する。
3) たとえば、ウィル・キムリッカ（稲田恭明＝施光恒訳）『多文化主義のゆくえ——国際化をめぐる苦闘』（法政大学出版局、2018年）16-20頁、67頁などを参照（原著は、Will Kymlicka, *Multicultural Odysseys: Navigating the New International Politics of Diversity* (Oxford University Press, 2007))。キムリッカは、多文化主義の定義が多様であることを自覚したうえで、自身は、「非支配的なエスノ文化的集団——それが『新しい』マイノリティ（移民や難民など）であれ、『古い』マイノリティ（昔から定住している少数民族や先住民族など）であれ——に対して何らかの公的承認・支援・包摂の提供を目的とした広範な政策を指す包摂的用語」として多文化主義を使うという（同16頁）。
4) 蔦木文湖「ヨーロッパにおける移民・難民問題と多文化主義」東洋学術研究55巻1号（2016年）51頁以下、大山彩子「多文化主義と多文化主義政策の動向」生活社会科学研究22号（2015年）79頁以下など参照。ヨーロッパ諸国の現状については、飯田文雄編著『多文化主義の政治学』（法政大学出版局、2020年）が詳しい。
5) Banting & Kymlicka, *supra* note 1 at 5.
6) *Ibid*.
7) Banting & Kymlicka, *supra* note 1 at 9-12. バンティング＆キムリッカは、「多文化主義政策」の普遍的な定義はなく、反差別政策、市民権政策、統合政策等の密接に関連する政策分野と明確に区別するような線引きもないため、この指数の一部が恣意的となる可能性もあることを自覚しつつも、比較研究を行う標準的な指数を提示するために多文化主義政策指数を導入すると述べている。なお、多文化主義政策指数を用いた調査については、クイーンズ大学のウェブサイト「現代民主主義における多文化主義政策」で公開されている。[https://www.queensu.ca/mcp/]。
8) より詳しい紹介は、山本健人「〈多文化主義による分断〉と多様性の管理——カナダにおける合理的配慮を中心に」新井誠ほか編『〈分断〉と憲法——法・政治・社会から考える』（弘文堂、2022年）79頁以下を参照。
9) Banting & Kymlicka, *supra* note 1 at 12. *See also*, Christian Joppke, "Immigrants and Civic Integration in Western Europe," in Keith Banting et al., eds. *Belonging? Diversity, Recognition and Shared Citizenship in Canada.* (Institute for Research on Public Policy, 2007).
10) Sara Goodman, "Integration Requirements for Integration's Sake? Identifying,

11) Banting & Kymlicka, *supra* note 1 at 13-14. オーストラリアの多文化主義についても、「統合」の側面が強調されていることについて、塩原良和『変革する多文化主義へ——オーストラリアからの展望』(法政大学出版会、2010年) 第2章を参照。
12) Royal Commission on Bilingualism and Biculturalism, *Book Ⅳ The Cultural Contribution of the Other Ethnic Groups* (Queen's Printer, 1969) at para 8.
13) *Ibid*. at para 19.
14) 石井真作「ヨーロッパの『移民問題』から何を学ぶか」嶺崎寛子編『日本に暮らすムスリム』(明石書店、2024年) 292頁も、ヨーロッパの失敗の要因を次のように推測している。「社会的統合や包摂の議論を伴わない『多文化主義』であったがために、社会の分断を促進してしまい、普遍的自由や個人の尊厳も、少数派の文化的承認も、いずれも保証しえなかったのではないか」。
15) Banting & Kymlicka, *supra* note 1 at 13-14; *see also*, Miriam Smith, "Diversity and Canadian Political Development" (2009) 42 Canadian Journal of Political Science 831.
16) *Multani v. Commission scolaire Marguerite-Bourgeoys*, [2006] 1 S. C. R. 256.
17) "reasonable accommodation" の定訳は「合理的配慮」であるが、本書で「合理的調整」と訳出する理由は後述する。
18) *e. g., Zylberberg v. Sudbury Board of Education*, [1988] 52 D. L. R. (4th) 577; *Mouvement laïque québécois v. Saguenay*, [2015] 2 S. C. R. 3.
19) Ricard Moon, "Government Support for Religious Practice" in Richard Moon ed., *Law and Religious Pluralism in Canada* (UBC Press, 2008) at 229-321.
20) *Chamberlain v. School District No. 36*, [2002] 4 S. C. R. 710.
21) Richard Moon, "Freedom of Religion under the Charter of Rights: the Limit of State Neutrality" (2012) 45 U. B. C. L. Rev. 497 at 516.
22) *Bruker v. Marcovitz*, [2007] 3 S. C. R. 607.
23) *R v. N. S.*, [2012] 3 S. C. R. 726.
24) Benjamin L. Berger, *Law's Religion: Religious Difference and the Claims of Constitutionalism* (University of Toronto Press, 2015).
25) Howard Kislowicz, "Freedom of Religion and Canada's Commitments to Multiculturalism" (2010) 31 N. J. C. L. 1.
26) もちろん、裁判所以外の国家機関による憲法解釈も重要であることは疑いないが、本書では裁判所の憲法解釈を中心に扱う。
27) 最大判昭和52年7月13日民集31巻4号539頁、544頁〔津地鎮祭事件〕。
28) 各宗教団体の自己申告により信者数をカウントしている文化庁『宗教年鑑』(令和5年版) によれば、神道系、仏教系、キリスト教系、諸教 (神道系、仏教系、キリスト教系のそのいずれとも特定しえない教団) の信者数の合計は、約1億8千万人となっており、日本の総人口を超えている。この統計は正確な信者数の把握としては信頼性を持たないが、少なくとも、一定数の日本国民が重複して各教団の活動に何らかの関

わり合いをもっていることを示唆すると思われる。
29) 小林利行「日本人の宗教的意識や行動はどう変わったか——ISSP 国際比較調査『宗教』・日本の結果から」放送研究と調査 2019 年 4 月号（2019 年）52 頁以下を参照した。
30) これは、「冠婚葬祭の時だけでの宗教でなく、あくまで、あなたご自身が、ふだん信仰している宗教をお答えください」との但し書きを付して、回答を求めたものである。
31) *See*, Louis Cornelissen, "Religiosity in Canada and its evolution from 1985 to 2019" Statistics Canada（2021）.〔https://www150.statcan.gc.ca/n1/pub/75-006-x/2021001/article/00010-eng.htm〕.
32) Pew Research Center, "About Three-in-Ten U. S. Adults Are Now Religiously Unaffiliated"（December 14, 2021）.〔https://www.pewforum.org/2021/12/14/about-three-in-ten-u-s-adults-are-now-religiouslyunaffiliated/〕.
33) 店田廣文「世界と日本のムスリム人口 2019・2020 年」RPMJ19 号（2021 年）〔https://www.imemgs.com/muslim-population-estimation/471/〕．この推計の意義と限界も含め、日本社会におけるムスリム研究として、嶺崎編『日本に暮らすムスリム』・前掲注 14) などを参照。
34) 佐藤兼永「ムスリム理解を考える——ムスリム"も"食べられるインクルーシブ給食と日本人ムスリマのヒジャーブの事例から」・同上『日本に暮らすムスリム』18 頁以下を参照。また、いくつかの対応例として、総務省中部管区行政評価局「宗教的配慮を要する外国人の受入環境整備等に関する調査——ムスリムを中心として」（2017 年 11 月）〔https://www.soumu.go.jp/kanku/chubu/menu_11.html〕などを参照。
35) 近藤敦『多文化共生と人権——諸外国の「移民」と日本の外国人』（明石書店、2020 年）などを参照。
36) 佐藤香寿実『承認のライシテとムスリムの場所づくり——「辺境の街」ストラスブールの実践』（人文書院、2023 年）370 頁。同書は、「宗教間対話」という社会的取組みを承認と対話の模範例として検討するものであり、本書とは専門領域もアプローチも異なるが、まさに、承認と対話の現場を明らかにする重要な研究である。
37) 関連して、「二一世紀の憲法学」には「雑種的・多種交配的な社会を念頭にした社会構想」が求められていると指摘するものとして、石川健治「多民族社会化と個人の人権」針生誠吉先生古稀記念論文集刊行委員会編『定本 憲法の二十一世紀的展開——針生誠吉先生古稀記念論文集』（明石書店、1997 年）87 頁。
38) 宮沢俊義（芦部信喜補訂）『全訂 日本国憲法』（日本評論社、1978 年）238 頁。
39) 代表的な研究書のみを挙げても、アメリカ合衆国を対象とするものとして、森口千弘『内心の自由——アメリカの二元的保護枠組みの考察と分析から』（日本評論社、2023 年）、山口智『信仰と法規制——アメリカ法の議論から』神戸外大研究叢書 55 号（2015 年）、瀧澤信彦『信教の自由——アメリカにおける宗教的自由の法理の形成』（信山社、2000 年）、フランスを対象とするものとして、大石眞『憲法と宗教制度』（有斐閣、1996 年）、小泉洋一『政教分離と宗教的自由——フランスのライシテ』（法律文化社、1998 年）など、ドイツを対象とするものとして、渡辺康行『内心の自由の法理』（岩波書店、2019 年）第 1 部、清水望『国家と宗教』（早稲田大学出版部、1991 年）などがある。なお、カナダの信教の自由に関する先行研究としては、富井幸雄「カナダ

における信教の自由」法学会雑誌48巻2号（2007年）181頁以下、同「カナダ憲法と世俗主義――宗教、教育、国家（一）～（二・完）」法学会雑誌49巻1号（2008年）201頁以下、49巻2号（2009年）123頁以下がある。

40) 山本健人「日本国憲法が信教の自由を規定することの意味」法学教室515号（2023年）46頁参照。
41) 長谷部恭男『憲法〔第8版〕』（新世社、2022年）197頁など。
42) ここでいう国家の中立性が、「国家行為の帰結の中立性」ではなく、「国家行為の正当化理由の中立性」であることを強調するものとして、阪口正二郎「『リベラリズム憲法学と国家の中立性』序説」法律時報72巻12号（2000年）98頁。
43) 長谷部恭男『憲法と平和を問い直す』（筑摩書房、2004年）48頁。また同第3章を参照。
44) 江藤祥平『近代立憲主義と他者』（岩波書店、2018年）85頁。
45) 江藤・同上92頁。その理由は、①非リベラルな文化的コミュニティが構成員の意思を抑圧して、個人の自由を侵害すること、及び②リベラルな価値を共有しないコミュニティに対する不信感などであるとされる。多文化主義からの挑戦と憲法学の関係については、石川・前掲注37)、山元一「多文化主義の挑戦を受ける〈フランス共和主義〉」同『現代フランス憲法理論』（信山社、2014年）109頁以下なども参照。
46) 杉山有沙『日本国憲法と合理的配慮法理』（成文堂、2020年）、川島聡ほか『合理的配慮――対話を開く、対話が拓く』（有斐閣、2016年）などを参照。
47) 長岡徹「宗教に対する便宜供与――マコネル（Michael W. McConnell）教授の所説に関するノート」佐藤幸治先生還暦記念『現代立憲主義と司法権』（青林書院、1998年）401頁以下、山崎英壽「宗教に対する便宜供与」憲法理論研究会編『憲法基礎理論の再検討』（敬文堂、2000年）75頁以下などを参照。
48) 高畑英一郎「宗教への配慮」宗教法19号（2000年）209-210頁。
49) 筆者自身もこれまで、「合理的配慮」と訳出してきた。
50) なお、障害者差別の文脈においても、諸外国では、"reasonable accommodation"に相当する概念として、"reasonable adjustment"が用いられている場合もある。これは文字通りの「合理的調整」と訳出すべきであろう。岡田順太「オーストラリア」杉山有沙ほか編『世界の合理的配慮（仮）』（ナカニシヤ出版、近刊予定）を参照。また、カナダ・ケベック研究においては、「妥当なる調整」ないし「妥当な和解」といった訳語が検討されている。飯笹佐代子「多文化社会ケベック、共存の模索」ケベック研究創刊号（2009年）62頁以下、仲村愛「ケベック州の『和解』の原理」ケベック研究4号（2012年）90頁以下などを参照。
51) 本書において、カナダの憲法に関する訳語は、松井茂記『カナダの憲法――多文化主義の国のかたち』（岩波書店、2012年）、髙橋和之『世界憲法集〔第2版〕』（岩波書店、2012年）〔佐々木雅寿執筆部分〕を参照している。
52) 若松良樹「多様性（概念、価値、デザイン）」日本法哲学会編『法哲学の現在 法哲学年報2023』（有斐閣、2024年）91頁。
53) 若松・同上91-92頁。
54) 若松・同上、浦山聖子「多様性主義の可能性・限界・課題――多文化主義の視点か

ら」76頁以下などを参照。なお、浦山は多文化主義には、「文化の多様性に価値を置き、社会における文化的多様性の実現を根拠とする構想」と「文化的少数派の不利益の是正を根拠とする」構想の2つがあるという（77-78頁）。第1章で検討する「カナダの多文化主義」はどちらの要素も持つように思われるが、どちらかといえば後者の要素が強いように思われる。

55) 江藤・前掲注44) 92頁。

第1部 リベラルな立憲主義と宗教的多様性

第1章　承認と対話を理念にもつ
　　　　リベラルな多文化主義とは何か
第2章　憲法による多様性の管理
　　　　法の下の多文化主義の批判的擁護
第3章　公的領域における宗教

第1章 承認と対話を理念にもつリベラルな多文化主義とは何か

I はじめに

　本章の目的は、「カナダの多文化主義」がどのようなものかを明らかにすることである[1]。

　序章で述べた通り、日本の憲法学では、しばしば多文化主義に対する警戒的な見方が示されている。それは、多文化主義を「集団の権利」を積極的に承認する思想ととらえて、個人主義や社会統合を弱めるとの認識からなされる場合もあれば[2]、承認の対象となる特定の民族的・文化的・宗教的共同体が非リベラルな実践を行っているのではないかとの懸念から示される場合もある[3]。しかし、「多文化主義」という語は、多様な意味合いをもっており、それを語る人や文脈によって、その内容は様々である[4]。そのため、どのような「多文化主義」を想定するかが重要となる。本書は、「リベラルな多文化主義」ということのできる「カナダの多文化主義」を想定するのであるが、それはどのようなものか。これを明らかにするのが、本章の目的である。

　なお、多文化主義を政策として掲げる国はカナダ以外にも存在するが、カナダの特徴として、㋐憲法に多文化主義条項（憲章27条）を有することと、㋑多文化主義の理念を具体化した多文化主義法が制定されていることが挙げられる。カナダの多文化主義が何かを明らかにするうえで、憲章27条と多文化主義法に着目するアプローチも有用であると思われる。この点、カルガリー大学の憲法学者ハーワード・キスロウィックは、憲章27条、多文化主義法の理念及びその制定過程の議論から、カナダの多文化主義の理念として、「承認」と「対話」という原理が引き出され、この原理に基づく憲法解釈がな

されるべきとする議論を展開しており、注目される[5]。

以上を踏まえて、本章は、まず、カナダの多文化主義が如何なるものかを、その導入の端緒であった政策の側面から検討し、その理論的基礎を提供するウィル・キムリッカの議論を紹介・検討する（→Ⅱ）。次に、キスロウィックの議論を参照し、多文化主義条項及び多文化主義法を素材に、カナダの多文化主義の理念として承認と対話という原理があることを示す。また、承認と対話についてキスロウィックが理論的基盤とするチャールズ・テイラーとビク・パレクの議論についても取り上げ、承認と対話の意味や相互関係をより明瞭に整理する（→Ⅲ）。

Ⅱ 「カナダの多文化主義」とは何か

1 ピエール・トルドー時代の多文化主義

カナダの多文化主義は、まず政治部門において、政策として導入された。1971年にピエール・エリオット・トルドー首相が、「二言語の枠内での多文化主義」の採用を宣言したときがその端緒である。トルドーが、多文化主義を採用することとなったのは、以下のような経緯があったからである。

まず、前提として、カナダにはその建国以来仏語ネイションを形成してきた「ケベック」が存在する。「ケベック」は、1960年代を通して近代化し、「静かな革命」を遂げ、カナダ社会からの分離独立を志向するようになる[6]。この段階になると、「ケベック」は、経済的にも力をつけており、その影響力は無視できないものとなっていた。そのため、連邦政府は、「ケベック」をカナダに留めて置くための策を練らなければならなくなった。そこで、連邦政府は、二言語二文化主義政府調査委員会（Royal Commission on Bilingualism and Biculturalism、以下 RCBB）を設置し、「ケベック」を連邦の中に留めておく手段として英系と仏系の文化を公定する二言語二文化主義を選択しようとしていた。

ところが、連邦政府のこうした動きは、当時影響力を強めてきていたウクライナ系・ドイツ系を中心とする移民集団からの反発を受けることになった。

カナダにおける英・仏系以外の文化的・民族的集団の貢献をも認めた上での社会統合政策の必要性を重く受け止めたトルドーは、「二言語の枠内での多文化主義」を採択することになったのである。すなわち、当初から、カナダにおける多文化主義は社会統合政策として開始されたのであった。トルドーは1971年の議会声明で、次のように述べている。

> 公式の言語が2つあることは事実だが、文化には公式のものは存在しないし、どの民族集団も他の民族集団に対し優位に立つことはない。……したがって、あらゆる人が平等に扱われるべきである。……国家的統合というものが深く個人的な感覚においてなんらかの意味をもつとすれば、それは各個人のアイデンティティに対する安定感を基礎として築かれるべきであろう。……強力な多文化主義はこうした原初的安定感を生み出す助けになるだろう[7]。

トルドー時代の多文化主義は、多様な文化を持つ集団が、その独自の文化を維持したままカナダ社会に統合されることを意図していた。結果的に「二言語の枠内での多文化主義」を提案することとなったRCBBは第4巻報告書において、「同化（assimilation）」に「統合（integration）」を対置した。そのうち、「同化」とは、異なる文化的集団に完全に吸収されることを意味し、それゆえ個人は自らが培った文化的なアイデンティティを放棄することになるが、「統合」は、個人のアイデンティティや特性、自身の言語と文化を失うことを意味しないとする。また、「同化」と「統合」は同時に起こるし、個人にはどちらを選ぶ自由もあるが、英・仏系以外の人々が望むのは明らかに「統合」であろうと述べる[8]。委員会は、カナダは多様に異なる要素を調和的な社会へと統合することで、「多様性を保った一体性（diversity within unity）」を図ることができるという[9]。

注意が必要なのは、トルドー時代の多文化主義は集団の文化的独自性を認める一方で、個人主義に立脚したものでもあることである。トルドーは声明の最後に、「強調しておきたいのは、二言語の枠内における多文化主義政策は基本的には個人の選択の自由を尊重する政策だと政府が考えていること

だ[10]」と述べている（強調点筆者）。つまり、個人の選択を重視し、文化的民族的共同体はそのような個人のアイデンティティを形成する上で必要であると考えていたのである。このような考え方は、個人主義・リベラリズムの考え方を否定するのではなく、それを前提とした上で、多様性の受容を強調していると解される。

2　キムリッカによる「リベラルな多文化主義」

冒頭で述べたように多文化主義には様々なバージョンがあるが、「カナダの多文化主義」は、社会統合をその目的として、個人主義・リベラリズムを基調とした多文化主義であるといえる。そして、このようなリベラリズムに基づく多文化主義という考え方（以下、「リベラルな多文化主義」）は、多文化主義を擁護する論者の中でも主流な立場の1つである[11]。多文化主義の最も著名な論客ともいえる政治理論家ウィル・キムリッカは、まさにリベラリズムの観点から多文化主義を擁護しているのである[12]。

ここでいうリベラルな多文化主義とは、「自由」の価値ないし「個人の権利」を最大限尊重することを基本的前提としながらも、その「自由」を実現可能とする諸条件として「文化」の重要性を主張するものである。彼は、自由は文化と親密に、かつ、深く結びついていると主張するのである[13]。以下、キムリッカの議論を概観し、カナダの多文化主義がリベラルな多文化主義の1バージョンであることを確認する。

(1) キムリッカの文化理解＝社会構成文化

まず、キムリッカは自身の定義する「社会構成文化（societal cultures）」とよばれる文化理解を採用する。「社会構成文化とは、社会生活、教育、宗教、遊び、経済生活を含む、公的領域と私的領域の双方を包含する人間の活動の全範囲にわたって、様々な有意義な生をそのメンバーに提供する文化である。この文化は、それぞれが一定の地域にまとまって存在する傾向にあり、共有された言語に基づく傾向がある[14]」。つまり、単なる文化的共同体ではなく、社会生活の基底となるような一定の制度を含むものを意味している。

それでは、社会構成文化と個人の自由、選択は如何にして結びついているのだろうか。キムリッカは、「端的に言って、自由とは様々な選択肢の中から選択を行うことを意味しており、そして、我々の社会構成文化はこうした選択肢を提供し、その選択肢を我々にとって意味あるものにしている」。また、「我々がどのような生を送るのかは、これらの文化的ナラティブに身を置くこと……で決定している」。したがって、「豊かで安定的な文化の構造を持つことによってのみ、人々は、はっきりとした仕方で利用可能な選択肢を自覚することができ、理性的にその価値を測ることができる」、という[15]。すなわち、キムリッカは、「自由」とは何か、個人にとっての「善き生」とは何か、といったことを考える際の「基準」となるものが「文化」であり、個人は何らかの文化に影響されつつ様々な選択を行う存在であると想定しているのである。ここには「自律」という要素も関連している。キムリッカの理解では、「自由」とは何か等を理解した上で、自身の生の在り方についての自己決定（選択）を行うことが出来る能力を持っているのが自律的な個人である[16]。

つまり、人間は「文化（多くの場合母文化）」を通して、様々な価値をはかる物差しを手に入れるのであり、「善き生」の構想において、「文化」は必要不可欠な位置を占めることになるというわけである。

(2) マイノリティ文化保護の正当化

ところで、従来のリベラリズムも、「善き生」の構想において「文化」の重要性を認識している点では多文化主義の立場と変わりはない。リベラリズムの立場は、あらゆる個人の「善き生」の構想に対して国家は中立であるべきとしたうえで、文化を私的な問題として捉えて、関わらないという選択をするものであった。

個人の自律を根拠にして国家によるマイノリティ文化の保護を正当化しようとするキムリッカの理論は、このリベラリズムの主張する国家の中立性を批判的に検討することによって、その説得力を増している。すなわち、個人の善き生には関わらないことを前提とするリベラルな国家の諸制度は、実際には、その国家内のマジョリティの文化を反映したものであり、その批判的

応答として、マイノリティ文化の保護が認められるべきであるとする。

　キムリッカがリベラルな国家の中立性を批判する根拠として提示するのは、国民国家が歴史上「ネイションビルディング国家（nation-building state）[17]」であったという点である。彼は、リベラルな国家は、一般的にその当時、その領域のマジョリティを形成していた文化に由来する「ネイションビルディングの道具」を用いて、自国の領土内のすべての市民が共通の言語で営まれる共通の公的制度に統合されるよう促し、時に強制したと分析する[18]。よって、キムリッカが主張するのは、国家の中立性を所与のものとして想定する文化的中立モデルではなく、国家が多数派に有利な体系でネイションビルディングを行うことで、国家形成を行ってきたことを自覚する「ネイションビルディング」モデル[19]である。つまり、今や、国家（マジョリティ）の側に、マイノリティに対して統合を求める制度に不正がないかを立証する責任が転嫁しているのである。

(3) ナショナル・マイノリティと移民集団等

　もっとも、キムリッカは自身の理論の対象とする集団を大きく2つに分類し、その射程を限定している。第1は、ナショナル・マイノリティ（national minority）であり、これは、「既存の国家に編入される前から特定の領土に集住し、自分たち自身の制度や文化、言語によって運営される社会を形成していた集団である」[20]。この集団に対しては、自治権や特別代表を含め広範な「マイノリティの権利」[21]が承認されるべきであるとする。先住民やカナダにおける「ケベック」等がこの類型にあたるといえよう。

　なお、キムリッカは「対内的制約（internal restriction）」と「対外的防御（external protection）」という概念[22]を設定し、ある集団の慣行に限界を設けている。対内的制約とは、集団が自らの集団のメンバーに対して行う権利要求であり、文化的伝統や宗教上の正統的教義の名の下に市民的・政治的諸権利を制約することを意図しているものである。他方、対外的防御とは、集団が外部の主流社会に対して行う権利要求であり、より強い政治的経済的力をもつ外部の決定から集団を保護することを目的とするものである。そして、

キムリッカは、対内的制約は認められないが、対外的防御は認められると主張する[23]。つまり、集団の実践は、集団内の個人の自由を抑圧しない限りで認められるのである。また、キムリッカの議論が、集団の権利（collective rights）の構想ではなく、集団別権利（group-differentiated rights）の構想である点も重要である。ここで焦点が当てられているのは、権利の享有主体が個人か集団かという問題ではなく、なぜ、ある集団に属していることを理由として特別の権利が認められるのか、ということである[24]。

第2は、ナショナル・マイノリティ以外のマイノリティ集団[25]であり、これは、国家がある程度形成された後に、国家に流入してきた移民や、独自の社会を維持するほどの力をもたないマイノリティ集団を指す。また民族（ethnic group）とは必ずしも直接関係しない宗教的マイノリティもこのグループに分類される。このような集団に対しては、ナショナル・マイノリティほどの強力な保障——特に自治権——は認められないし、集団自身もそのような権利を望んでおらず、当該集団は移住してきた国家の中でライフ・チャンスを得ることを望んでいるという。移民等に代表されるこのような集団が求めているのは、統合のための公正な条件と、統合の過程における暫定的な配慮、そして、統合を求められる公共の制度が、「移民のアイデンティティや習慣を尊重し、承認し、受容できる」公正なものであることだという[26]。

3 小 括

トルドー時代の多文化主義は、カナダという1つの連邦国家を維持するために、多文化を受容するという側面が強く、それゆえ、ある集団に対して特別な権利を認めない道具主義的な多文化主義であるといわれる[27]。他方、キムリッカの理論は、先住民や「ケベック」に自治権や特別代表権を付与する点でトルドー時代に政治的に宣言された多文化主義構想との間に違いがあるが、移民集団等への対応においては大差がない。もっとも、1982年憲法は先住民に特別な権利を付与し[28]、カナダの憲法及び法律は「ケベック」に対して特別な規定を備えている[29]。この点の説明としても、ナショナル・マイノリティとそれ以外を区別するキムリッカの議論が参考になるだろう。以上か

ら、「カナダの多文化主義」は「リベラルな多文化主義」の1バージョンであると理解してよいと思われる。

なお、1980年代以降、従来多文化主義が主要な対象としていた「民族」という問題だけでなく、「個人の属性」の問題も議論の対象に含まれるようになり、様々な事項に関する多様性の問題を扱うようになったといわれている[30]。すなわち、個人の信仰や性別、性的指向、障害等もその対象に含まれるようになったのであり、その射程が拡大している。

しかし、政策として導入されたカナダの多文化主義は、当初より社会統合原理としての機能を期待して導入されたものであり、先住民や「ケベック」に対する特別な扱いという修正が行われたり、対象となる範囲は拡大したりしたが、統合原理[31]としての意味合いは変わっていない。

Ⅲ 「承認」と「対話」

冒頭で述べたように、憲法に多文化主義条項を有すること、多文化主義の理念を具体化する多文化主義法を有することが、カナダの多文化主義の特徴である。

憲章27条は「この憲章は、カナダ国民の多文化的伝統の維持及び発展と一致する方法によって解釈されなければならない」と規定する。この条項の法的性質について、カナダ憲法学における有力な論者であり、通説的見解として紹介されることの多い元ヨーク大学オズグットホールロースクールの憲法学ピーター・ホッグは、憲章27条は「解釈指針であって、『カナダ市民の多元的文化の伝統』に関して何らかの保障を提供するものではなく、むしろ憲章がその伝統の維持及び発展と一致する方法によって解釈されることを要求する」という[32]。これに対して、憲章27条から解釈指針以上の実体的内容を導き出そうとする学説も多数存在する[33]。憲章27条については、いまだ通説の形成に至っていないといわれているが、解釈指針としての機能を持つ点では一致しているといえよう[34]。

そして、解釈指針としての多文化主義条項がどのような解釈を導くかをよ

り具体的に探求するものとして、キスロウィックの研究がある。キスロウィックは、多文化主義法やその制定過程における議論を参照し、憲章の解釈指針となる原理を導出している[35]。それが、マイノリティに対する「承認（recognition）」と異文化間の「対話（dialogue）」の奨励である。以下、キスロウィックの議論を参照し、「カナダの多文化主義」の理念として承認と対話という原理が存在することを確認する。

1　多文化主義法における「承認」と「対話」
(1) 多文化主義法と「承認」

まず、「承認」の原理について確認する。キスロウィックは、憲章27条が「多文化的伝統の維持及び発展」と規定していることで、多文化的伝統の存在が承認されているとし、その論証を始める[36]。しかし、彼によればより明快にこの原理を明らかにするのは、多文化主義法[37]である。

多文化主義法は、1988年にマーティン・マルルーニ首相の保守党政権時に制定された連邦法である。この法律の主要な機能は、多文化主義に関する年次報告書の作成を政府に義務付けることと、その政策に必要な財源を確保することである（8条、9条）。その一方で、多文化主義法は、「カナダの多文化主義」が如何なる理念によって成り立っているのかを示している。

まず、多文化主義法は、多文化主義が、「カナダ社会の文化的民族的多様性を反映しており、またカナダ社会の全ての構成員が自分たちの文化的遺産を維持し、発展させ、共有するための自由を有していることを承認するものであることを認識し、その理解を推進すること」（3条1項(a)）を目的とし、カナダの公的政策として、「特定の共通する出自（origin）を有する共同体の存在と、そのカナダ社会への歴史的貢献」の承認を宣言する（3条(1)(d)、3条1項(e)）[38]。また、「全ての個人が、法の下に平等な取り扱いを受け、平等に保護され、かつ多様性を尊重し価値あるものとする」（3条1項(e)）ともいう。ここでは2つの意味での「承認」が読み取れる。第一は、マイノリティ集団のカナダ社会への貢献を正当に認めるという意味での承認であり、第二は、マイノリティを含む全個人を平等な存在であるとともに多様な価値

観を有する者であると認めるという意味での承認である。

　この「承認」の原理は、多文化主義法に関する議会審議においても確認できる。ディビッド・クロンビー国務長官は、「カナダの多様性の財産とは何かを定義しようと試みてきた歴代の首相たちの中で、現在の首相――マルーニ氏――は昨年トロントで、次のように述べた」、すなわち、「多文化主義とは、あらゆる民族的・人種的背景を持つカナダ人が、この国において、平等な承認と平等な機会に対する権利を有するという我々の約束についての宣言なのである。したがって、多文化主義は、カナダという国の意義、この国についての私たちの認識のまさに中心として位置づけられるのである」と発言している[39]。また、多文化主義に関する常任委員会議長のガス・ミジスは、「私は、多文化主義法が、カナダ社会への完全で平等な参加を全てのカナダ人に対して承認するものであると信じている[40]」と述べる。

(2) 多文化主義法と「対話」

　次に「対話」の原理について確認する。多文化主義法は、文化的遺産の「共有 (sharing)」を促進することを約束し、「異なった出自の個人と共同体間の相互作用から生じる理解と創造力」（3条1項 (g)）を支援する。「共有」や「相互作用」等の文言から読み取れるように様々な異なる出自を有する者を「承認」した上で、異文化間での「対話」が行われることを示唆している。よって、「カナダ社会における異なった文化の認識及びその承認を促進し、それらの文化の反映……を助長する」（3条1項 (h)）ことを目的とするのである[41]。

　また、多文化主義法は、対話の成功のための前提条件として、「カナダの社会的、文化的、経済的、政治的制度の上で多文化的性格が尊重され、また、その内容に含まれるよう奨励し、促進する」（3条1項 (f)）ことを約束する。さらに、「カナダ社会のあらゆる側面における継続的な発展と発達における、あらゆる出自の個人及び共同体の完全で公平な参加を促進すること」（3条1項 (c)）を規定し、あらゆる人々がカナダ社会の完全な参加者となるべきことを支援する。

また、こうした「対話」の考え方は、議会審議の中でより強く意識されていたようである。当時の野党議員であったアルフォンス・ガリアーノは、「我々は一度でも、（文化の発展が繁栄を導くということを）理解し、認めれば、文化的対話を作り出すこと、さらに、ありとあらゆる人がこの対話の当事者であると認識することを容易にさせるであろう[42]」と述べている。さらに、多文化主義に関する常任委員会議長であるミジスは、「（新しい多文化主義は、）異なった出自をもつ個人ないし共同体の間での相互作用から生じる理解と創造を促進するだろう。それはカナダ社会の文化的多様性の承認と正確な理解を助長し、それぞれの文化の考え……を促進する[43]」と述べる。

2　「承認」と「対話」の理論

　キスロウィックは、多文化主義法及びその制定過程から、解釈指針としての憲章27条が承認と対話という2つのキーワードの下に理解されるべきだと指摘したのち、哲学者チャールズ・テイラーとビク・パレクの議論を中心に検討し、承認と対話の2原理が、「カナダの多文化主義」の中心となり、憲章27条の解釈指針に据えるにふさわしい原理であると論じる。ここでは、キスロウィックが依拠する、テイラーとパレクの議論を敷衍し、若干の整理を試みる。

(1) アイデンティティの承認

　多文化主義ないし多文化の受容において、「承認」の原理の重要性を強調し、検討を加えているのが、テイラーである[44]。彼が「承認」概念について検討した「承認をめぐる政治[45]」において、キーワードの1つとなるのが「アイデンティティ」である。テイラーによれば、従来アイデンティティは、その人の所属する社会的階級や地位によって固定されており、自分だけのものとして理解されているものではなかった。近代化による社会構造の転換にともない、「私に特有の、そして私が自らの内に見出すアイデンティティについて語ることが出来る」ようになったのであり、それは「私自身に、そして、私自身の特有な存在の仕方に忠実であるという理念とともに生じる」のであ

る[46]。

　さらに、テイラーのアイデンティティ理解は複合性を帯びていることも重要である。彼は、「人間のアイデンティティは、複合的なもので、それは普遍的な問題に関する諸要素を内に含むと同時に、特殊な背景に関する諸要素をも内包する[47]」といい、個人が複合的存在であることを強調している。「私は誰であるか？」を問う近代的な個人化されたアイデンティティは、ただ人間であることという普遍的な条件だけでなく、自身の生まれや属性といった各個人にとっての様々な特殊な条件が組み合わされることで構成されているのである。

　そして、アイデンティティの「承認」という問題を議論するのである。テイラーは、「我々のアイデンティティは、一部には、他者による承認、あるいはその不在、さらには歪められた承認（misrecognition）によって形成されるのであって、……不承認（nonrecognition）や歪められた承認は害を与え、抑圧の一形態となりうるのであり、それはその人を、偽りの、歪められ切り詰められた存在の形態の中に閉じ込めるのである[48]」という。そのため、特殊な背景に深く根付いたある個人のアイデンティティが承認されないことによって、自らのアイデンティティに対する「歪められた承認」あるいは「不承認」を経験する個人は、非常に深刻な侵害に耐えなければならないことになるのである。したがって、各個人に特有の背景が「承認」されることが必要となり、テイラーによれば、これが多文化主義の核心なのである[49]。

(2) テイラーのリベラリズム批判

　テイラーは、こうした「承認」とアイデンティティの連関を前提とし、従来のリベラリズムの思想――「平等な尊厳の政治（politics of equal dignity）」――と、自身の支持する別の形のリベラリズム――「差異の政治（politics of difference）」――との違いを論じる。

　まず、テイラーは「諸権利の平等化」を最大の目的とする「平等な尊厳の政治においては、実現されるものは普遍的に同一なものと想定されている」とする[50]。

他方、差異の政治については、「全ての人は、その人独自のアイデンティティに即して承認されるべき」であり、「差異の政治において、我々が認めることを求められているのは、ある集団の独自のアイデンティティ、すなわち、他の全ての人々からの区別なのである」[51]。

　もっとも、テイラーは、リベラリズムが目指した「諸権利の平等化」に基づいて全ての人を普遍的に扱うことの重要性を批判しているわけではない。アメリカでの公民権運動や初期のフェミニズムは、それぞれ、白人に認められていて黒人に認められていない、男性に認められており女性に認められてない権利があることを問題とし、それが平等に保障されることを目指して闘争が行われたのであり、リベラリズムの思想はその運動を後押ししていたのである。テイラーは、「普遍的な尊厳をめぐる政治は、市民がどう異なっているかを『顧慮しない』という差別禁止を求めて戦った。これに対して、差異の政治は、……我々に対して、これらの区別を、異なる処遇の基礎にすることを要求する[52]」という。つまり、テイラーの主張は、個々の差異を無視することによる画一的な平等を実現するだけではなく、その差異を意図的に考慮した上での実質的な平等を実現しようとするものなのである。

　そのため、テイラーの主張する差異の政治に基づくリベラリズムのモデルは、基本的かつ重大な諸権利——生命、自由、適法手続、自由な言論、宗教の自由な実践——を社会の構成員にすべて平等に与えることと、「ケベックにおけるフランス語文化の存続（survival）と繁栄」といったような特殊な集合的目標の追及を、「公的な政策」の問題として両立させようとするものである[53]。すなわち、リベラリズムが追及してきたような根本的な権利の保障とともに、差異をもつことが許されるような類のものに対しては、文化的なコンテクストに基づく差異を容認することが主張されているのである。

　テイラーの議論によれば、リベラリズムは意図的に差異を考慮するべきではないことを主張したが、実際にはそのような試みは個人のアイデンティティを捉えることに成功していない。さらに、キムリッカの分析を踏まえれば、国家は何らかの文化に依拠しているため、国家の依拠する主流な文化とは異なる文化に属する個人に対する抑圧の一形態ともなりうるのである[54]。よっ

て、リベラリズムの普遍的必要性を認めつつも、文化的な特殊な背景を公的な政治の世界で考慮に入れることを要求するのである。

(3) 多文化主義における異文化間対話の重要性

次に異文化間の「対話」の重要性について、政治哲学者であるパレクの議論を検討することにしたい[55]。パレクは、「文化の多様性それ自体が重要な価値」であるとするが、彼の立場は相対主義とは峻別されている[56]。多様な文化の存在自体を重要視しながらも普遍的価値の存在をも認めるパレクの議論の核心は異文化間の対話（cross-cultural dialogue）である[57]。パレクは、以下のように述べる。

> 相対主義は、異文化間で共有されている人間の特性を無視し、ある文化はしっかりと統合され、全体として自己完結的であり、その文化に所属するメンバーによって自決されており、そろいもそろって特徴的だと想定する誤りを犯している。一元主義（monism）は、擁護することのできないほどに、人間であるということのみ基づいており、それのみから道徳的価値を抽出することの不可能性を無視し、道徳的価値に関する文化的な媒介や再構成等を捉えることに失敗している。これは、最小限の普遍主義（minimum universalism）と呼ぶことのできるものにもいえる。……〔最小限の普遍主義は、〕普遍的価値は争いを生じさせず、一義的かつ説明不要のものであり、異文化間でも同様の意味を有すると、あまりにも素朴に想定している[58]。

ここでパレクは、相対主義と一元主義、そしてある種の普遍主義に対する批判を加えている。相対主義は、特殊な側面を一面的に強調し、人間であることそれ自体から導かれる普遍的な側面を無視しているため、誤っていると断じる。他方、「一元主義」は、相対主義とは反対に、人間の普遍性にのみ着目し、さまざまな特殊なコンテクストのなかに存在するという人間のもう1つの側面を無視するために採用しえないとするのである。これは、テイラーのいう、人間は普遍的な側面と特殊的な側面のそれぞれから構成される存在

であるという点とも重なる。

　パレクの重要な問題提起は、「最小限の普遍主義」と彼が呼ぶものに対しても批判を加えている点である。パレクは、普遍的価値の存在を否定するわけではないが、それは何の検討も要さないほどに自明で確立しているものではなく、あらゆる文化的コンテクストに属する人にとって理解可能なものではないと考える。パレクにとっての「普遍的価値」は、普遍的に、そして文化横断的に行われる「対話」によって獲得されうるものである。彼は次のように述べている。

> …普遍的価値に到達する最も満足のいく方法は、普遍的あるいは異文化間での対話という方法である。我々は〔自身の〕文化に組み込まれており、自身の有する価値を普遍化する傾向があるため、我々はこの傾向に対抗するために対話が必要であり、またこの対話は、我々に、必要とされる水準の理性的抽象論を提起することに役立つ。この対話は、異なる歴史的経験と文化的感覚（cultural sensibilities）を共有させ、我々が、あらゆる豊かな対話の中で人間について理解することを保障し、我々の到達する価値が、真に普遍的なものであり、人間に認知可能なものであることを保障する[59]。

　様々な文化的背景を有する人々と対話を行うことは、人々に対して、新規のものや重要な洞察に接することを提供し、また、個々人に対して、自身の文化的背景に対する批判的反復に従事する機会を提供する[60]。よって「対話」の原理は、多様な文化が混在する社会の中で、社会を統合するための「普遍的なもの」を求め続けることを意味し[61]、また、1つの文化からは得ることのできない豊かな価値の「明確化（articulation）」を可能とするのである[62]。

(4) 相互関係の整理

　承認と対話の原理はそれぞれ独立に観念できる部分もあるが、相互に関連しているとみるべきである。たとえば、テイラーは、「近代哲学の圧倒的で

独白的な傾向（monological bent）[63]」を退け、アイデンティティは「根本的に対話的」であると議論することによって、アイデンティティの承認が対話——すなわち、他者との対話による承認——と密接に関係すると説明している。曰く、

> 我々は、表現のための豊かな人間言語（human languages）を身につけることによって十全な人間主体となり、自らを理解し、自らのアイデンティティを定義づけることができるようになる。……しかし、我々はこれらの表現形態を他者との交渉を通じて学ぶのである[64]。

テイラーによれば、アイデンティティとは、それが特殊な状況をも含むがゆえに、自己完結的に定義され得るものではなく、他者との対話を通して「承認」されることによって、はじめて十全に獲得されるものである。

「承認」という言葉に込められているものは多義的であるが、「対話」との相互関連性や憲法学上の分析を試みることを前提とすれば、①対等な「対話」相手としての「承認」、②個人のアイデンティティの「承認」、③具体的な宗教的・文化的・民族的実践や権利の「承認」、を区別しておくことが重要であろう。③の意味での「承認」は当然ながら、様々な利益衡量の結果認められないことがあるだろうが、それは直ちに、マイノリティの「不承認」を意味するわけではない。彼らのアイデンティティや価値観を「承認」することと、それに基づく実践等を法的にどこまで認めるべきかは区別可能な別の問題である。

Ⅳ　おわりに

本章では、「カナダの多文化主義」はピエール・トルドー首相によって導入された当初から個人主義・リベラリズムに基づく社会統合のためのものであったことを明らかにした。また、その後、従来の多文化主義が主要な対象としていた「民族」だけでなく、「個人の属性」——個人の信仰や性別、性的指向、障害等——もその射程に含まれるようになった。いまや多文化主義は、

多様性に関する問題そのものを扱うようになったといわれているが、社会統合を目指すという当初からの意図は堅持されている。

　また、主として多文化主義法とその制定過程から、カナダの多文化主義は承認と対話という2つの原理を理念としていることを明らかにした。もっとも、カナダ最高裁が、このような承認と対話の原理に基づいて憲法解釈を行うと明言したことはない。しかし、本章で論じてきた承認や対話の原理は、多文化社会においてマイノリティを公正に社会に統合していくための道筋の1つとして魅力的なものといえる。そうであれば、承認と対話の原理を補助線として、カナダ憲法が宗教的多様性にどのように向き合ってきたかを整理・分析することには意味があると思われる。とりわけ、第2章で検討するように、カナダのリベラルな憲法文化がマジョリティに有利な枠組みになっているのだとすれば、承認と対話に基礎づけられる憲法解釈の実践を積み重ねていくことが、リベラルな憲法文化の改良にとって重要な意味を持つといえる。

　なお、多様な価値観を抱く人々との共生を目指すとき、テイラーが批判した従来のリベラリズムはいまなお有力な選択肢の1つである（またテイラーの意図もリベラリズムを根本的に変更することではなかった）[65]。本章で描き出した「カナダの多文化主義」は、文化や宗教の多様性を公的領域で承認するものであるが、リベラルな立憲主義との両立を試みるものでもある。カナダの憲法は、憲章27条を通じて、多文化主義の観点から憲法を解釈することを要請する構造となっている。日本国憲法に同様の憲法構造が存在するわけではないから、日本国憲法を同様の観点で解釈しなければならない、とする形での議論を展開することには無理がある。しかし、上記の通り、「カナダの多文化主義」は、リベラリズムの系譜の中に位置付けられるものである。そうであれば、「カナダの多文化主義」にとって鍵概念といえる「承認」と「対話」の観点を踏まえ、カナダの憲法判例・学説との比較を通じて、日本国憲法の解釈論あるいは日本の憲法学を念頭においた憲法理論を検討することは、少なくとも、全く荒唐無稽なアプローチを採用しようとするものではなく、比較参照するに値する相応の共通基盤を有するものといえるように思われる[66]。

第 1 部　リベラルな立憲主義と宗教的多様性

　本書は、リベラリズムの根本的意義を維持しつつ、承認と対話の観点を付け加える「リベラルな多文化主義」のモデルを提示し、このモデルに基づく、憲法解釈――主に信教の自由の解釈――のあり方を示すことを試みる（主に第 2 部）。日本においても、このようなリベラルな立憲主義のモデルを構想すべき理由を説得的に提示することは、本書全体を通じての目標でもあるが、本書の主張が説得的であるかは読者の判断に委ねるほかない。

注
1) カナダの多文化主義については、様々な学問領域で数多くの先行業績がある。ここでは、主要なものを挙げておく。田村知子「カナダ多文化主義の現実とジレンマ」加瀬龍平編『エスニシティと多文化主義』（同文館、1996 年）125 頁以下、加藤普章「カナダの多文化主義」油井大三郎＝遠藤泰生編『多文化主義のアメリカ――揺らぐナショナル・アイデンティティ』（東京大学出版会、1999 年）229 頁以下、中野秀一郎『エスニシティと現代国家』（有斐閣、1999 年）、大岡栄美「カナダにおける多文化市民意識の再構築」関根政美＝塩原良和編『多文化交差世界の市民意識と政治社会秩序形成』（慶應義塾大学出版会、2008 年）57 頁以下、石川涼子「カナダにおける多文化主義のユニナショナル・モデルとマルチナショナル・モデル」カナダ研究年報 28 号（2008 年）49 頁以下、新川敏光「カナダ多文化主義と国民国家」法学論叢 166 巻 6 号（2010 年）35 頁以下、同「カナダ多文化主義の再定義」法学論叢 176 巻 5・6 号（2015 年）85 頁以下、同「多文化主義による国民再統合――カナダを中心事例として」同編『国民再統合の政治』（ナカニシヤ出版、2017 年）69 頁以下、仲村愛「国民統合と多文化主義」明治大学社会科学研究所紀要 50 巻 2 号（2012 年）337 頁以下、アラン G. ガニョン＝ラファエル・イアコヴィーノ（丹羽卓監修）『マルチナショナリズム――ケベックとカナダ・連邦制・シティズンシップ』（彩流社、2012 年）。本章におけるカナダの多文化主義理解はこれらの先行研究に多くを負っている。
2) 樋口陽一が、トクヴィル＝多元主義モデルは「多元性の尊重の反面として遠心的分離の危険をはらむ」と指摘するとき、このことへの懸念が含まれていると思われる。『国法学――人権原論〔補訂版〕』（有斐閣、2007 年）101、152 頁。他方、日本国憲法の下でも集団の権利を認めうるとの主張も存在する。常本照樹「人権主体としての個人と集団」長谷部恭男編『リーディングズ現代の憲法』（日本評論社、1995 年）81 頁以下。なお、やや古くなったが議論状況を整理するものとして、高作正博「多文化主義の権利論――文化享有権の可能性」上智法学論集 42 巻 1 号（1996 年）173 頁以下を参照。
3) 江藤祥平『近代立憲主義と他者』（岩波書店、2018 年）92 頁。see also, Susan Moller Okin, *Is Multiculturalism Bad for Women?* (Princeton University Press, 1999).
4) 石山文彦「多文化主義の規範理論」法哲学年報 1996（1996 年）43 頁以下、時安邦治「多文化的シティズンシップ」木前利秋ほか編『葛藤するシティズンシップ』（白澤社、2012 年）165 頁以下、飯田文雄編『多文化主義の政治学』（法政大学出版会、2020 年）

などを参照。
5) Howard Kislowicz, "Freedom of Religion and Canada's Commitments to Multiculturalism" (2010) 31 N. J. C. L. 1.
6) 詳しくは、石川涼子「分離独立の規範的意義――カナダの事例を手がかりに」早稲田政治公法研究81号（2006年）35頁以下など参照。
7) *House of Commons Debates*, 8 (8 October 1971) at 8545 (Hon. Pierre Trudeau).
8) RCBB, *Book* Ⅳ *The Cultural Contribution of the Other Ethnic Groups*, (Ottawa: Queen's Printer, 1969) at para 8.
9) *Ibid*. at para 19.
10) *House of Commons Debates*, 8 (8 October 1971) at 8546 (Hon. Pierre Trudeau).
11) 多文化主義に関する理論的研究については、石山文彦「多文化主義理論の法哲学的意義に関する一考察（一）～（六・完）國家學會雑誌113巻1・2号1頁以下、7・8号607頁以下、11・12号986頁以下、114巻3・4号111頁以下、9・10号645頁以下、115巻9・10号72頁以下（2000-2002年）、浦山聖子「多文化主義の理論と制度」國家學會雑誌120巻3・4号（2007年）256頁以下、松元雅和『リベラルな多文化主義』（慶應義塾大学出版会、2007年）などを参照。
12) ウィル・キムリッカ（岡崎晴輝他監訳）『土着語の政治』（法政大学出版会、2012年）28-29頁〔土着語の政治〕。リベラリズムと多文化主義の関係については、松元・同上から多くの示唆を得た。
13) ウィル・キムリッカ（角田猛之他監訳）『多文化時代の市民権』（昇洋書房、1995年）112頁〔多文化時代の市民権〕。
14) 『多文化時代の市民権』113頁。たとえば、カナダにおける「ケベック」や「先住民」等の「独自の社会」を形成している集団が想起される。同様に、国民国家それ自体もまた社会構成文化の1つである。なお、浦山・前掲注11）87-88頁も参照。
15) 『土着語の政治』123頁。
16) Will Kymlicka, *Liberalism, community, and culture* (Clarendon Press, 1989) at 166. なお、キムリッカは、「我々の言語と歴史とは、利用可能な選択肢とその重要性を自覚するための媒介物（media）」であるともいう（at 165）。この点については、松元・前掲注11）第4章が詳しい。
17) ウィル・キムリッカ（千葉眞他訳）『新版　現代政治理論』（日本評論社、2005年）497-501頁〔現代政治理論〕。
18) 『土着語の政治』1頁。なお、彼のいう「ネイション形成の道具」とは、国籍法、教育法、言語法、公務員雇用政策、兵役、国営メディア等である。
19) 『現代政治理論』520-524頁。なお、キムリッカは国家がネイションビルディングを行うことを否定するわけではなく、奨励する。彼の議論はその公正さを問うているのである。こうした点から、キムリッカをリベラルナショナリストと位置づけることは正しい理解といえる。また、リベラル・ナショナリズムとリベラルな多文化主義はさほど距離のない議論といって差し支えないだろう。リベラル・ナショナリズムの視点から憲法論にアプローチするものとして、栗田佳泰『リベラル・ナショナリズム憲法学――日本のナショナリズムと文化的少数者の権利』（法律文化社、2020年）を参照。

20) 『土着語の政治』105 頁。
21) 詳しくは、『多文化時代の市民権』476 頁以下参照。
22) 『多文化時代の市民権』51-53 頁。
23) 『土着語の政治』30 頁。
24) 『多文化時代の市民権』63-68 頁。なお、集団別権利の構想に着目するものとして、時安・前掲注4)、栗田佳泰「言語権の憲法学的考察——カナダの憲法判例を素材に（一）」九大法学 87 号（2004 年）322 頁以下がある。
25) 『土着語の政治』105 頁。なお、その後このような集団をより細かく分類している。『現代政治理論』502-520 頁。
26) 『土着語の政治』229 頁以下、『現代政治理論』511 頁参照。
27) 中野・前掲注1) 70-71 頁。
28) 1982 年憲法の第 2 章は、「カナダの先住民族の権利」であり、35 条 1 項は、「カナダの先住民の現に存在する先住民族としての権利及び条約上の権利は、ここに承認され確定される」と規定する。なお、憲章の保障する権利・自由が先住民族の権利を廃止・減少させるものではないことを規定する憲章 25 条も参照。カナダにおける先住民族の権利については、守谷賢輔「先住民の「土地権（aboriginal title）」および条約上の権利をめぐる近年のカナダ憲法判例の一つの動向」関西大学法学論集 62 巻 4・5 号（2013 年）1625 頁以下などを参照。
29) 「ケベック」に対する配慮としては、まず、憲章 23 条の規定する「マイノリティ言語教育権」がある。このほかにも、たとえば、カナダ最高裁判事の構成についても配慮されている。カナダ最高裁の判事は 9 名であるが、うち 3 名は「ケベック」出身者でなければならないと最高裁判所法で規定されている。*Supreme Court Act*, R. S. C., 1985, c. S-26, s. 6. この点については、富井幸雄「カナダ最高裁の構成と立憲主義——カナダ最高裁判事任命無効判決」法学新報 121 巻 5・6 号（2014 年）227 頁以下等も参照。
30) 正躰朝香「カナダにおける多文化主義の萌芽・成立・変容」カナダ研究年報 16 号（1996 年）81 頁、関連して、河北陽介「カナダにおける同性婚の承認（一）」名城ロースクール・レビュー 32 号（2015 年）1 頁以下も参照。
31) 社会統合の観点から「カナダの多文化主義」を検討した代表的なものとして、新川・前掲注1) 35 頁以下を参照。
32) Peter. W. Hogg, *Canada Act 1982: Annotated* (Carswell, 1982), at 73.
33) *e. g.,* Faisal Bhabha, "Between Exclusion and Assimilation: Experimentalizing Multiculturalism" (2009) 54 McGill L. J. 45; Jack Jedwab, "To Preserve and Enhance : Canadian Multiculturalism Before and the Charter" (2003) 19 S. C. L. R. (2ed) 309 ; Walter S. Tarnopolsky, "The Equality Right (ss. 15, 27 and 28) " in W. Tarnopolsky and G. Beaudoin, *The Candian Charter Rights and Freedoms: Commentary* (Toronto Carswell, 1982); Joseph E. Magnet, "Multiculturalism ad Collective Rights" (2005) 27 S. C. L. R. (2ed) 431; Joseph E. Magnet, "Multiculturalism in the Canadian Charter of Rights and Freedoms" in Geralde-A. Beaudoin & Errol Mendes eds., *The Candian Charter of Rights and Freedoms 3 ed.*

第1章　承認と対話を理念にもつリベラルな多文化主義とは何か

(Toronto Carswell, 1989).

34) カナダの多文化主義条項については、日本でも既に紹介されている。代表的なものとして、佐々木雅寿「カナダ憲法における多文化主義条項」大阪市立大學法學雜誌 53 巻 4 号（2007 年）191 頁以下、菊池洋「多文化主義条項を持つ憲法の意義と可能性（2・完）」成城法学 81 号（2012 年）366 頁以下、佐藤信行「憲法化された多文化主義とカナダ最高裁判所」法學新報 119 巻 9・10 号（2013 年）381 頁以下。多文化主義条項の議論状況の多くは既にこれらの先行研究で論究されている。本章の新規性は、解釈指針として機能しうる承認と対話の原理に着目する点にある。

35) Kislowicz, *supra* note 5 at 11.

36) *Ibid* at 4. 以下の記述はキスロウィックに依拠するところが大きい。

37) *Canadian Multiculturalism Act*, R. S. C. 1985, c. 24（4th Supp）.

38) なお、多文化主義法についての政府による概説書によれば、「3 条（1）（d）は、連邦法として初めて、カナダの文化的に多様な共同体と彼らのカナダ社会に対する貢献の承認を宣言したものである」とされている。Multiculturalism and Citizenship Canada, *The Canadian Multiculturalism Act: A Guide for Canadians* (Multiculturalism and Citizenship Canada, 1990) at 13 [A Guide].

39) *House of Commons Debates*, 11（15 March 1988）at 13744（Hon. David Crombie）.

40) *House of Commons Debates*, 11（15 March 1988）at 13779（Hon. Gus Mitges）.

41) カナダ政府による多文化主義法の概説書によれば、「3 条（1）（g）は、カナダの社会、経済、文化的生活は、異なった背景を持つカナダ人によって共に担われることで強力になったということを承認している」。同様に、「3 条（1）（h）は、我々の多文化的遺産という表現が、我々の文化的経験の豊かさの一因となっていることを承認する。……政府は、カナダ人がカナダ全土における多くの文化的影響を理解し、享有することを手助けし、多様な文化的活動に参加することを奨励する」。A Guide, *supra* note 38 at 14.

42) *House of Commons Debates*, 11（23 March 1988）at 14048（Hon. Alfonso Gagliano）.

43) *House of Commons Debates*, 11（15 March 1988）at 13780（Hon. Gus Mitges）.

44) 日本におけるテイラー研究には数多くの先行業績が存在するが、「承認」論、多文化主義に焦点を当てた代表的なものとして、向山恭一「多文化主義と『承認』パラダイムの正論」法学研究 70 巻 2 号（1997 年）323 頁以下、中野剛充「チャールズ・テイラーの政治哲学——近代・多元主義的コミュニタリアニズムの可能性」相関社会科学 8 号（1998 年）49 頁以下、石川涼子「多様性と政治統合の基礎——ロールズ、コノリー、テイラーにおける多様性受容の構想」早稲田政治経済学雑誌 360 号（2005 年）2 頁以下、岡野八代「『承認の政治』に賭けられているもの——解放か権利の平等か」法社会学 64 号（2006 年）60 頁以下、栗田佳泰「多文化社会における憲法学の序論的考察——日本・アメリカ・カナダの信教の自由を素材に」法政理論 48 巻 4 号（2016 年）72 頁以下などを参照。なお、「承認」論については、近年、社会哲学などの学問分野で大きく進展している。承認論の現状を概観するものとして、田中拓道『承認——社会哲学と社会政策の対話』（法政大学出版会、2016 年）。承認論の進展を踏まえると、本章で提示する承認概念にはアップデートが必要になってくるかもしれないが、これ

は今後の課題としたい。

45）チャールズ・テイラー「承認をめぐる政治」エイミー・ガットマン編（佐々木毅＝辻康夫＝向山恭一訳）『マルチカルチュラリズム』（岩波書店、2007年）37頁以下〔「承認をめぐる政治」〕。

46）『承認をめぐる政治』41頁。このようなアイデンティティの理解を前提に多文化主義を捉えるものとして、山元一「多文化主義の挑戦を受ける〈フランス共和主義〉」同『現代フランス憲法理論』（信山社、2014年）115-117頁も参照。

47）チャールズ・テイラー（岩崎稔＝辻内鏡人訳）「多文化主義・承認・ヘーゲル」思想865号（1996年）12頁。なお、テイラーは、個人のアイデンティティの一部として集合的アイデンティティを捉えている。彼は次のように述べている。「ケベックの大勢の人々についていえば、かれらの複合的なアイデンティティの一部として、カナダないしケベックに属しているという共通意識があり……ここで、ケベックのアイデンティティと呼ぶようなものができますが、それは個人のアイデンティティのように完全な物語ではあることはありません。それは多くの人々が共有したり重ねもったりしているアイデンティティを横断するものです」。

　集合的アイデンティティは、あくまで、個人のアイデンティティの一部であって、個人に常に優先されるものとして考えられていない点には注意が必要である。テイラーが単なる「コミュニタリアン」として理解されるだけでなく、「多元主義者」としても理解されている点はここにあるように思われる。また、テイラーのほかに、このようなアイデンティティの複数性を主張する代表的なものとして、アマルティア・セン（大門毅監訳）『アイデンティティと暴力』（勁草書房、2011年）も参照。

48）「承認をめぐる政治」38頁。

49）もっとも、テイラーの「承認」論は、文化の価値を適切に評価するためには、未知の文化が評価者に判断可能な程度までなじみ深くなっていることが条件となっている。「承認をめぐる政治」92-97頁参照。より詳細には、向山・前掲注44）326-331頁参照。

50）「承認をめぐる政治」54-55頁。

51）「承認をめぐる政治」同上。

52）「承認をめぐる政治」56頁。

53）「承認をめぐる政治」79-81頁。テイラーの議論の前提には、全カナダにおいては、圧倒的に英語系が主流派を形成している中で、仏語を母語とする少数派集団としてその仏語文化を存続することを要求するケベックの存在が大きい。なお、ケベックの運動については、石川・前掲注6）35頁以下等参照。

54）国家の中立性に関する問題については、キムリッカほど詳細な検討を行っているわけではないが、テイラーも同様の指摘を行っている。「承認をめぐる政治」60-61頁参照。

55）パレクの議論については、松元・前掲注11）第5章も参照。

56）Bhiku Parekh, *Rethinking Multiculturalism 2nd ed.* (Palgrave Macmillan, 2006) at 167.

57）*Ibid* at 128.

58）*Ibid* at 127.

59）*Ibid* at 128.

60）*Ibid* at 167.
61）このようなプロジェクトにおいて到達する「普遍的な価値」は実際には暫定的なものと捉えるべきであるだろう。文字通り「普遍的なもの」というよりは、対話に参加した多様な文化的価値を背後に持つ者によって合意に到達できたものであり、参加者の顔ぶれが変われば、その結論は変化しうる。なお、暫定的な普遍的なものへの合意は、規範（norms）のレベルでの合意と捉えればよく、それを正当化する背景的事情（background justifications）への合意である必要はない。たとえば、法は人々を平等に扱うべきだ、という規範は、人は神によって等しく創られたからという理由で正当化することもできるし、そうでない理由によって正当化することもできるだろう。*See*, Charles Taylor "Conditions of an Unforced Consensus on Human Rights" in Joanne R Bauer & Daniel A. Bell, eds, *The East Asian Challenge for Human Rights* (Cambridge University Press, 1999) at 143.
62）Parekh, *supra* note 56 at 196.
63）「承認をめぐる政治」47頁。
64）「承認をめぐる政治」同上。
65）なお、「多様な価値観を抱く人々の共生」を目指す有力なモデルのうち何が「善い」か自体が比較不能な問題でありうると指摘するものとして、長谷部恭男「文化の多様性と立憲主義の未来」同『比較不能な価値の迷路――リベラル・デモクラシーの憲法理論〔増補新装版〕』（東京大学出版会、2018年）69-72頁。根本的なオルタナティブの可能性がありうるかについては第2章で検討する。
66）「比較」の方法も多様であるため、共通性のない素材を比較することで何らかの結論を得ようとする研究も成立するが、本書はそのようなタイプの比較を試みるものではない。この点については、横大道聡「比較憲法学についての一考察」江島晶子編『講座　立憲主義と憲法学〔第6巻〕　グローバルな立憲主義と憲法学』（信山社、2024年）277頁以下、山本健人「カナダ憲法の世界的な『影響力』」憲法研究10号（2022年）303頁以下も参照。

第2章 憲法による多様性の管理
法の下の多文化主義の批判的擁護

I　はじめに

　第2章の目的は、憲法による多様性の管理という枠組みそれ自体が擁護可能な枠組みであるかを検討することである。本章ではまず、主著『法の宗教——宗教的差異と立憲主義の諸問題』[1]において、カナダ最高裁が許容する信教の自由の主張はカナダのリベラルな憲法的価値に適合するものだけであると指摘し、このような「法の下の多文化主義（legal multiculturalism）」を批判的に検討するという視角から、カナダにおける法と宗教の関係を論じるヨーク大学オズグットホールロースクールの憲法学者ベンジャミン・L・バーガーの憲法理論を概観し、リベラルで多文化主義的なカナダ最高裁の信教の自由論に向けられた根本的な批判論を分析する（→II）。彼の議論は、極めて鋭い切れ味を持つ、近代立憲主義、リベラリズム、多文化主義批判である一方で、法の権威や機能を失墜させる諸刃の剣でもある。次に、バーガーの批判を踏まえてなお、現状では「法の下の多文化主義」を維持することが有益であること、しかし、法の下の多文化主義の継続的な見直しが必要であること、その見直しの視点として「承認」と「対話」の視点が有力であることを論じることにしたい（→III）。

II　法の下の多文化主義批判——バーガーの議論

1　法と宗教の物語

　まず、カナダにおける法と宗教の関係に関するバーガーの問題意識を確認しておこう。彼が問題とするのは、宗教的差異や文化的差異を法的に取り扱

う際に、法が常に宗教ないし文化に優位して、宗教的・文化的多様性の「管理者 (curator)」として描写される伝統的な説明の仕方である (at 12)。

　彼によれば、多文化主義という政治思想にコミットするカナダにおいても、法的領域における多文化主義は「憲法の下での法の支配 (constitutional rule of law)[2]それ自体を決して〔文化の中に〕含めることのない、法の下の多文化主義として想定される」のであり、したがって「法は文化の領域を離れて管理者の役割」を担っているのである (at 13)。たとえば、N.S. 判決におけるルイス・ルベル裁判官による結論同意意見では、宗教的な多文化主義はカナダ人の憲法に根差した生活の重要な一部であるけれど、「同時に、多文化主義の承認は、憲法それ自体の環境 (environment of the Constitution itself) の中で起こり、またそれは政治的ないし法的伝統に由来する」と述べられている[3]。バーガーは、このように構造的に文化に優位し、文化から切り離されたものとして法を位置付ける法と宗教の捉え方を「伝統的物語 (conventional story)」あるいは「法の下の多文化主義」と呼び、批判的に検討する必要があるとする。

　なぜなら、バーガーによると、この伝統的物語・法の下の多文化主義には次の2つの問題点があるからである。第一は、この伝統的説明によって、法と宗教の間の緊張関係は解消されていない、というものである。法の下の多文化主義は、「宗教と法の複雑な相互作用によって生じる基本的な緊張関係を解体するというより、温存している」。彼はその証左として宗教に対する合理的調整[4]や「ケベック価値憲章」をめぐる近年の議論[5]等を挙げている。現代においても、法と宗教の間の緊張関係は残っており、法と宗教の「永続的に不安定な関係」は、「法によるより良い宗教の管理」を検討しさえすればよいという伝統的物語が偽りであることを示しているのである (at 15)。明示的に多文化主義の政策、宗教的中立性・寛容の観念を採用し、それらを洗練させ、憲章がそれらをエントレンチしてきたカナダにおいても、「法と宗教の間の緊張関係は解消されていない」のである (ibid)。

　第二は、法が善意の (benignly) 管理者ではない疑いがある、というものである。実際、カナダの至る所で、マイノリティ宗教集団は自らが周辺化さ

れているという感覚を強くし[6]、ますます声高に自身の宗教的主張をするようになっており、典型的には裁判所で扱われる事件の多くに介入するようになっているとされる。つまり、「宗教的多文化主義や宗教に対する法的寛容へのカナダのコミットメントという緩和的なレトリック（palliative rhetoric）にもかかわらず、この関係について至る所で不満が見出され」ているのであり、マイノリティ宗教集団等の経験は、法規制が「善意の管理者的なもの（benignly curatorial）ではない」ことを示しているのである（at 16）。

　バーガーによると、このような問題は、法もまた（より複雑な）文化の1つであるという視点を欠いていることから生じるのであり、（憲）法と宗教の接触に関するダイナミズムを捉えるための新たなレンズが必要となる。バーガーがこのレンズとして試論的に検証するのが「異文化接触のモード」論と呼ばれる議論である。項を改めてこの議論を見ることとしよう。

2　「異文化接触のモード」論

　「異文化接触のモード」論は、アメリカの政治学者であるフレッド・ダルマイヤーによって提唱されたものであり、様々な文化間の接触を（非網羅的で乱雑な部分もあるが）類型化する試みである[7]。バーガーは、このダルマイヤーによる類型化を大きく3つに再分類する。

　第一の分類として、その方法は様々だが、「文化的な差異を否定するモード」が存在する。このモードには、①征服（conquest）、②改宗（conversion）、③同化（assimilation）、④文化変容（acculturation）の4つが該当する。征服とは、接触した文化の征服、完全な同化、消滅を意味する接触のモードであり、植民地主義が近代的な典型例である。征服は2つの文化間の力の優劣関係に基づいて行われる。次に、改宗とは、「人間の性質の共通性ないし固有性」というレトリックを用いた差異の否定である。たとえば、初期のキリスト教の宣教等がこの例にあたるとされている。同化と文化変容は、一般的に普及している生活様式への変更を間接的に動機付ける仕方での文化間接触である。その主要な対象は、一国内で周辺化されたマイノリティ集団であり、地位向上を望む彼らにマジョリティ文化への同化を誘因すること等がその例である。

差異を否定するこれらのモードの特徴は、その手法は様々だが、他者の文化を犠牲にして、単一の文化の形態の温存に献身するという点にある。すなわち、自分自身の文化の優位を確保することへのコミットメントである（at 108-109）[8]。

　第二の分類はリベラルのモードである。これは、リベラリズムの採用する一般的な態度である「最小限の接触」を意味する「無関心（relative indifference）」のモードである。すなわち、「文化的多様性に対する無視という姿勢を採用し、文化間の相互作用を緩和するために手続的ないし形式的メカニズムを使用することで、紛争を回避することを望む」ものである。ダルマイヤーによると、このモードは他者の差異を否定する文化的暴力を回避するが、それに留まる（at 109-110）[9]。

　第三の分類は、変容可能性のあるモードであり、このモードはリベラルのモードに似ているが、自文化の変容可能を認める点に特徴がある。このモードには、まず、❶「文化借用（cultural borrowing）」がある。これは他者の文化を学ぶプロセスを通して、自らのやり方を一部変容させることを意味する。次に、ダルマイヤーが「規範として最も称賛できるもの」と位置付ける、❷「対話による接触（dialogical engagement）」がある。このモードは、「2つの文化が相互に学習のプロセスを経験すると同時に、それぞれの伝統的差異の独自性を保持することを意図する思いやりのある尊重と討論による相互作用（agonistic mutuality）を要求」する。さらに「異文化接触の対話的モードは、多元主義ないし多様性を積極的に奨励し、他者〔の文化〕を通して、自分自身の方法が変化することを期待する」のである（at 110-112）[10]。

　以上、確認してきた異文化接触のモード論は、接触する2つの文化の両方に光を当てるものであり、それぞれのモードは「異文化接触の文脈における自他関係の性質あるいは可能性に関する想定ないし態度」の異なったあり方によって類型化されている。バーガーは、このようなレンズを通して、カナダの立憲主義——リベラルな価値に基づく法の下の多文化主義——という（法）文化と宗教的文化の相互作用を捉えなおすのである。

3 寛容の法的条件

　では、「異文化接触のモード」論というレンズを通じた、カナダにおける法と宗教の接触の再評価はどのようなものとなっているだろうか。バーガーは、カナダ最高裁の判例を分析し、これを示している。

(1) 判例の中の寛容と合理的調整

　バーガーは、憲章制定以降の信教の自由に関する議論の中心として寛容（tolerance）[11]そして、合理的調整が位置付けられるとする。たとえば、日曜日の休業を義務付ける連邦の主日法（Lord's Day Act）が信教の自由を制約するとして争われたビッグ M 薬局判決において、カナダ最高裁は、信教の自由の概念を自由な社会の本質と結びつけ、このような社会は、「多種多様な信念、多様な嗜好と探求、行動規範と慣習に配慮（accommodate）できる社会である」と述べる[12]。また、正統派ユダヤ教徒がマンションの約款に違反してバルコニーに宗教的建築物を建てたことが問題となったアムセルム判決において、カナダ最高裁は、「宗教的マイノリティの権利及び実践を尊重すること、あるいは、それらに寛容であることは、発展した民主主義の証のひとつである」と説明し、「相互の寛容は、すべての民主的社会の土台」であると宣言する[13]。さらに、別の判決においてカナダ最高裁は、カナダ社会を「多様で多文化な社会であり、多様性に対する合理的調整と寛容または尊重という価値によって結び付けられている」と特徴付ける[14]。判例における信教の自由は、寛容と合理的調整を中心に展開しているのである（at 113）。

　バーガーは、こうしたカナダ最高裁の立場は基本的に異文化接触のリベラルなモードである「無関心のモード」として捉えられるという。「法は、我々の社会は強く多文化主義に献身しており、このコミットメントは、表現の自由と文化的信念ないし実践の表明を含む、自分自身の生き方を選択するための方法として寛容を要求する」と考えているけれど、「宗教文化が提示する何らかの価値を法文化が借り入れるということは想定されて」おらず、「互いに変容をもたらす相対的に平等なものとしての対話には従事していない」のである。「法は多様性を支持するけれども、それはよそよそしい」（at 116）。

第1部　リベラルな立憲主義と宗教的多様性

　しかし、以上のような寛容や合理的調整が与えられるのは宗教が法の中心的問題と衝突しない場合に限られる。宗教が法の中心的関心事と衝突するとき、カナダの信教の自由に関する判例はまた違った顔をみせるのである。

(2)「法の受け入れられる宗教」と（近代）立憲主義的価値

　アムセルム判決は、「マイノリティの権利に対する尊重は、自由で民主的な社会の形成ないし機能の中心である社会的価値と共存しなければならない」ともいう[15]。信教の自由は、無制限の権利ではなく「公共の安全、秩序、健康、道徳、あるいは他者の基本的権利及び自由を保護する必要性のための制限には服する」のである。ここで注目すべきは、如何なる場合に宗教的実践が認められるのか、である。

　バーガーは、「(憲)法は、問題となっている宗教的実践が受け入れられる宗教（acceptable religion）から外れているかどうかを評価する」という。彼によると、ここで宗教的差異に寛容な態度をとること——あるいは合理的調整を行うこと——ができるか否かを決定する評価基準は、議論の対象となっている宗教が、①個人主義的な自律と選択を表しているものか、②公的領域を侵食するのか単に私的なものとして扱われているのか、③他者の自律ないし平等を制限するのか、である。しかも、この評価基準は、「リベラリズムという現代政治文化によって特徴付けられ」ている「カナダの立憲主義の文化それ自体の内部」から導かれるのである（at 62, 119-120）。

　バーガーは判例に則して具体的に説明を加える。まず、①個人主義的な自律と選択の反映については、ムルタニ判決[16]とB.（R.）判決[17]が対照的な判例として挙げられる。公立学校へのカーパン——金属製でダガーのような形状をしているシーク教の宗教的装飾物——の全面的な持ち込みの禁止が争われたムルタニ判決では、原告であるムルタニ少年本人の真摯な信仰に基づいた主張であるため、その宗教的主張は個人の自律と選択の反映しており、学校の安全や他者の権利への問題もないため、宗教が勝利する。その一方で、エホバの証人の両親による自身の子供（未熟児）に対する輸血拒否が争われたB.（R.）判決では、当事者であるエホバの証人の子供が、自身の信仰につ

第 2 章　憲法による多様性の管理

いて表明したことがなく、したがってその宗教的主張は個人の自律と選択を反映しないので、憲章 1 条の下で、両親の要求に反して、輸血を行うことが正当化されると判断された。当事者の個人の自律と選択に基づかない宗教的主張は裁判の場で敗北するというわけである（at 121-122）。

　②公私の関係については、TWU 判決[18]とチェンバレン判決[19]が対照される。同性愛を聖書上の罪とする行為規範（code of conduct）を教員、学生、スタッフに課すキリスト教系の私立大学が公立学校の教員養成プログラムを設置しようとしたことの是非が争われた TWU 判決において、カナダ最高裁は宗教的信念（belief）と宗教的行為（conduct）を区別し、TWU を卒業した教員が教室内で同性愛者に対して差別を行った等の具体的な証拠はなく、私的な領域である宗教的信念（内心）の問題に留まる限り、プログラムの設置を否定することは違法であると判断した。ここでの問題は公的領域に関わらないので、宗教が勝利したのである。他方、同性愛を宗教上認められない親への配慮等を背景に、幼稚園等での絵本の読み聞かせに関するカリキュラムから、両親が同性である家族を描く絵本を排除する教育委員会の決定が争われたチェンバレン判決では、公的な教育機関と親の教育の役割は異なり、公教育の役割は多様な見解を尊重することであるとした上で、上記のような教育委員会の決定を容認することは、一部の宗教的価値観のみを重視することになると判示された。バーガーによれば、本判決では、公教育に関する政策の決定過程において特定の宗教的価値観が支配的となることは、法の許容する「公私区分」を侵害するため、宗教が敗北したのである[20]（at 124-126）。

　③他者の権利等の制限に関係するのが、法廷における証人のニカブの着用と被告人の公正な裁判を受ける権利が衝突した N.S. 判決[21]である。本判決は、法廷での証人のニカブ着用の許否を判断する枠組みを提示するに留まるが[22]、その枠組みにしたがえば、被告人の公正な裁判を受ける権利を侵害しない限りで、ニカブの着用が許容される。したがって、宗教的主張は他者の権利と衝突しない限りで、限定的に容認されるに過ぎない（at 123-124）。

　以上のような判例の傾向についてバーガーは、「法が寛容するのは、カナダの憲法の下での法の支配の体系的規範、コミットメント、実践、象徴に挑

53

戦するような差異でない場合に限られる」と指摘する。さらに、法の設定した分析枠組みで常に判断が行われるため「法は、常に自分自身の文化的理解を正当化する」。すなわち、法の中心的問題と関わる「法と宗教の接触は、異文化接触の改宗あるいは同化のモードの際立った特徴を示すものとなる」のである。換言すると、（憲）法がある宗教的実践の規制を正当化できないのは、「その実践がカナダの立憲主義の基本的なコミットメントに違反していると、我々が誤って考えてしまった」場合——無関心でいられたにもかかわらず、誤って改宗あるいは同化のモードを発動してしまった場合——であり、反対に法規制を正当化できるのは、「その実践が、カナダの立憲主義の基本的なコミットメントに違反している」場合なのである（at 119-120）。

4 対話による接触の難点

以上のような分析を行うバーガーによれば、判例はいうまでもなく、ウィル・キムリッカのような多文化主義の理論家の議論も——カナダ最高裁のそれとはやや異なるが——リベラリズムの影響を受けた「法の優位」のもとに構成される「法の下の多文化主義」となる。そもそも、キムリッカはリベラルな多文化主義の論者であり、文化的マイノリティ集団が集団内に非リベラルな行為を強制することを認めない。そして、リベラルでない文化集団にリベラルな価値を押し付けるべきではないとはいうものの、集団内での内的変化を促すような間接的な介入は行うべきであると主張しているからである[23]。したがって、カナダの法文化は、（理論家による議論も含め）多文化主義や多様性の尊重というスローガンを掲げながらも、リベラリズムの影響を強く受けた「法」の優位を維持した「法の下の多文化主義」なのである（at 132-138）。

では、こうした状況を打開するためにダルマイヤーが提唱した、規範として最も称賛できる「対話による接触」のモードに転換すべきなのだろうか。バーガーは、このモードへの転換には違った意味での危険があるという。なぜなら、対話のモードは、互いを対等とした上で、相互の変容可能性を認めるモードであるからである。彼は、（近代）立憲主義の際立った特徴あるいは

重要性[24]を考えると、「法の優位」——すなわち法の最終的権威性——を議論の俎上に挙げることは躊躇われるというのである。カナダの法文化や判例法理に鋭い批判を向けてきたバーガーが（暫定的に[25]）採用するのは、結局、「無関心」のモードを再評価しつつその線引きを問い直すべきとするものである[26]。つまり、「法の優位」を否定する「対話による接触」は採用できないが、現在法が定立している基準——①個人の自律と選択、②公私区分、③他者の権利等——の要素や線引きの問い直しは継続されるべきであるとする。すなわち、法が無関心でいられる領域の永続的な再検討である（at 138-140）。

Ⅲ　検討——法の下の多文化主義の可能性

1　法の下の多文化主義の擁護可能性と課題

　バーガーの議論は、カナダ最高裁による信教の自由理解が、宗教に対する「法の優位」のもとに成り立っていることを明らかにし、リベラルな立憲主義の価値を反映した法の基準が、宗教——とりわけマイノリティ宗教——に不利な形で、設定されていることを暴いている。もっとも、こうした理解を不当と評価することは、バーガーが躊躇った「対話による接触」を採用し、「法の優位」すらも変容するものとして議論の遡上に挙げることを主張する覚悟を問うものとなりかねない。この点に自覚的なバーガーも（暫定的な）結論においては、「法の優位」を否定する「対話による接触」は採用できないとする。確かに、「対話による接触」も「法の下の多文化主義」も退けたうえで、より魅力的なオルタナティブなモデルを検討することは容易ではなく、そのようなものがありうるのかも含め極めて困難な課題といえるだろう[27]。

　そうだとすれば、暫定的には、「法の下の多文化主義」を問い続ける、という戦略が有効であると思われる[28]。もっとも、バーガーの議論は、「リベラルな多文化主義」あるいは「法の下の多文化主義」が、「法の優位」といった当該社会における秩序を保つための要請を離れ、宗教的マイノリティに対してマジョリティの価値を「立憲主義[29]」という普遍的・中立的なワードを使って強要する、という側面を持ち得ることを暴き出した点で傑出している。

第1部　リベラルな立憲主義と宗教的多様性

　法と宗教の接触において、法は、宗教的多様性をより良く管理するというよりも、法それ自身の規範を強要するという野望を有しているようにみえるのである[30]。この見解からは、「法の優位」というそれ自体は揺るがし難い一線と、その法の優位の下で法が判断する際の基準に反映されている「リベラルな立憲主義」の価値観——各国に固有の憲法文化を反映した価値観——とを区別することが示唆される。そして、後者のリベラルな立憲主義の価値に基づく法の基準については、それが一応のデフォルトになるが、変容可能性に開かれている、ということになるだろう。

　以上の点を踏まえると、法の下の多文化主義は、次の2つの課題を克服していく必要があるように思われる。第一に、バーガーは、宗教的実践に対する法規制は、当該宗教的実践が「カナダの立憲主義の基本的なコミットメントに違反していると、我々が誤って考えてしまった」場合に正当化されないとするが、我々が認識を改めることは容易ではない。法の下の多文化主義を受け入れるとしても、宗教的マイノリティの信仰ないし実践の意味を適切に理解するために、法の下の多文化主義の枠内で如何にして信教の自由の主張を展開するかを問題にしなければならないだろう。

　第二に、法の下の多文化主義の意義として、「法の優位」を揺るがすことは避けるべきだが、「法の受け入れられる宗教の基準」（以下、単に「法の基準」という）には変容可能性が残されている。換言すると、法的アリーナで寛容あるいは合理的調整が可能となる基準については、「継続的に改良し拡張すること」が求められているのである[31]。これは、ダルマイヤーの類型論によれば「文化借用」に類似するものである。しかし、「法の優位」あるいは多様な文化の「管理者としての法」という見方を維持した上で、どのようにして、「法の基準」を問い直せばいいのだろうか。バーガーは、宗教的実践の主張を扱う裁判所が宗教的文化と（憲）法文化の関係を協議するための場となるというが[32]、この戦略に成功の余地はあるだろうか。

　以下では、法の優位を前提に寛容と合理的調整を中心に運営される法の下の多文化主義の枠内での「対話」の重要性を説く議論を分析し、その後、バーガーの主張する戦略に基づき「法の基準」の変容可能性があるかを検討し、

ラディカルなパラダイムの転換を追求する議論によらない、安定的な多文化の受容を可能にする方途を探ってみたい。

2 「弱い対話」の必要性

　バーガー同様、異文化接触のモード論を意識しながら、「対話」の在り方と信教の自由の関係をより深く探求しようとするのがカルガリー大学の憲法学者ハーワード・キスロウィックである[33]。彼の議論は政治哲学者ビク・パレクによる次の指摘が前提となっている。「あらゆる文化的共同体は、他者の真っただ中で存在しており、それらの影響から逃れることは出来ない。……そのことは意識的あるいは無意識的に、ある文化共同体の信念と実践に影響を与え」ており、事実として、あらゆる文化的共同体は様々なレベルで相互に対話を行っている[34]。キスロウィックはこのパレクの指摘は信教の自由においても同様であり、異文化間の対話は信教の自由にとって不可避の問題だとする。さらに彼は、バーガーによる法の下の多文化主義批判を踏まえて、「法の優位」の下で、如何にして信教の自由訴訟における「対話」が為されるべきかを検討の主眼とする[35]。こうした前提に基づく対話を異文化接触のモード論のいう「対話による接触」と区別するために本書では「弱い対話」と呼ぶこととしたい[36]。

　キスロウィックは、「弱い対話」の位置付けを検討する前に、そもそも対話とは何を目的にしており、何を達成すれば対話が成功したことになるのかを整理する。彼によると、対話とは、「人々が共有された意味（shared meanings）を作り出すための象徴的なプロセス（symbolic process）」である。そして、異文化間対話の成功は、交渉事項の同意を意味するものではなく、対話に参加するすべての者が「対話の相手に対する尊重と自分自身の文化に付随する価値観の認識」という２つの重要な価値を獲得・維持することにある[37]。「相互の信頼と尊重（mutual trust and respect）は、意味ある異文化間の対話を達成するための鍵」となる[38]。ただし、「尊重は、異文化間の対話に従事する者は他者の文化的規範についてのあらゆる批判をやめなければならない、ということを示唆する」のではなく、これが要求しているのは、異

なった規範や法形式の排除を決定する前に、他者がそのような規範を正当化する背景の理解を試みることである[39]。また、自己認識（self-awareness）が重要なのは、自分自身の文化に付随する価値観についての認識を持つことが文化横断的な対話を効果的にするからだという。しかし、これは文化純粋主義（ある文化は他の文化から孤立して発展している）や文化本質主義（ある文化は不変的かつ静態的、そして没交渉的である）の立場を採ることではなく、自文化を内省するための視点を確保するためのものである[40]。

これらの視点を獲得できた場合を「成功」とする対話は、他者の価値観を理解するためのものさし（criteria）を手に入れることを目的とし、それぞれの文化的価値観そのものを許容することまでは含まない[41]。キスロウィックが重視する「弱い対話」は相互の変容可能性というよりも、ある見方ないし価値観に対する「見解の共有」が可能となることを目指すものである。

このような意義を持つ対話は、まず、市民社会内で文脈に応じて行われる当事者間の対話を意味するが[42]、市民社会内での対話によって問題解決が図られず、かつ、それが法的問題を含んでいるとき、対話の場は裁判所に移行する。

3　裁判所の中での「弱い対話」

対話のフィールドが裁判所に移ると、裁判所では法が優先するべきカナダの立憲主義の価値が設定されるため「不対等な対話」となるが[43]、キスロウィックは、裁判過程は「〔多様な〕規範の調整のための合理的な探求（rational search for normative reconciliation）」を反映しなければならず[44]、それは、究極的には当該事件に関連する多様なパースペクティブの統合を作り出すことである、という司法倫理を提示する。

そこで裁判官に求められるのは、オルタナティブな規範の提示に開かれていることであり、そのような規範は裁判の場で絶え間なく競われることで進化するのである。そのため、「異質な」あるいは「特異な」宗教的実践が、実はカナダの立憲主義に基づく価値と矛盾しないと裁判所で認められるためには――そして、それを超えて「法の基準」の再考を促すためには――、裁判

所における異文化間対話が必要である。その具体例証として、彼は、カナダの信教の自由に関するリーディングケースを社会学的な質的調査の手法を用いて分析し、裁判官にとって馴染のない宗教的実践が、カナダの立憲主義の価値と合致すると法的に翻訳されていく過程を論証する。ここではその具体例のうち最も著名なムルタニ判決に関する分析を紹介することにしたい。

(1) ムルタニ判決の事実の概要

　ムルタニ判決はシーク教徒のカーパンの位置付けが問題となった事例であるが、キスロウィックによると、このカーパンの位置付けに関する理解の変容が重要である。本件の当事者であるムルタニ少年は、シーク教徒であり、カーパンと呼ばれる宗教的装飾物を常に身に着けていなければならないと信じていた公立学校の生徒である。彼がある日、誤ってカーパンを落としてしまったためカーパンの着用が発覚し、何度かの交渉の後、最終的に教育委員会が、武器及び危険な物体の携帯を禁止した校則に対する違反を理由に学校の安全を守ることを最重要視して、カーパンの持ち込みを全面的に禁止した。本判決では、この決定の是非が争われた。

(2) ムルタニ判決における対話

　キスロウィックの分析によると、学校や教育委員会等との当初の交渉に際して、カーパンを武器、ナイフとして捉えることが先行し、さらにそれを暴力の象徴と捉える誤認があった[45]。カーパンに対する理解（誤承認）そしてシーク教への偏見を取り除くため、当事者は熱心な対話を継続するが、この理解の変容を促進させるきっかけのひとつとなったのが、世界シーク教機関（World Sikh Organization）からの弁護士の派遣であり、キスロウィックはある価値観と法に精通する弁護士の存在は文化横断的な対話を法的次元で行う際に極めて重要になるという。すなわち、弁護士は、クライアントの宗教的価値と法的価値を相互に翻訳し、両者を媒介する役割を担うのである[46]。そして、当該機関から派遣された弁護士は、カーパンには武器あるいはナイフとしての意味付けはないどころか、シーク教は、カースト制、女性に対する

第1部　リベラルな立憲主義と宗教的多様性

不平等な扱いに反抗するために生まれたのであり、カーパンはその象徴であること、さらにシーク教は個人の自律と表現の自由に好意的であること等を、口頭弁論等を含めて精力的に主張する。つまり、シーク教の思想、そしてカーパンの持つ意味がカナダの立憲主義の価値に適合的だとする主張が展開されていったのである[47]。

　こうした主張の結果、カナダ最高裁の法廷意見では、カーパンの位置付けについて注意が払われ、カーパンは、シーク教徒の重要な宗教的装飾物の1つであり、それは、「『慈悲（mercy）』あるいは『思いやり（kindness）』を意味する"kirpa"、そして、『栄誉（honour）』を意味する"aan"に由来するものである」、というシーク教の宗教家の供述書に言及がなされる[48]。その上で、カーパンの形状が、人を傷つけたり、殺害するために用いられる危険性がある刃物であるから、これを暴力の象徴として捉え、携帯することを禁止する議論は、「シーク教を信仰する者への軽蔑であり、多文化主義に基づくカナダの諸価値を考慮しないものである」と述べるに至った[49]。

(3) ムルタニ判決で「共有された意味」

　キスロウィックによると、このようにしてムルタニ判決における対話は、シーク教におけるカーパンの位置付けに関する「共有された意味」を作り出すことに成功したのである。これは、ある宗教的「実践がカナダの立憲主義の基本的なコミットメントに違反していると、我々が誤って考えてしまった」ことを立証するためにも「弱い対話」が必要であることを示唆している。

　以上のアプローチは、特異と思われていた宗教的実践が、実はカナダの立憲主義の基本的な価値に違反しないことを対話によって証明しようとするものであり、その意味で、「法の優位」を揺るがすものでも、「法の基準」の変更を迫るものでもない。しかし、「弱い対話」を前提に宗教的実践に関する主張を継続することは、「法の基準」に再考を促すものにもなりうると考えられる。

4　法の基準の変容可能性

　法の基準の変容可能性として、信教の自由の共同体的側面の容認が挙げられる（詳しくは、第4章を参照）。この点で示唆的なのが2015年に下されたロヨラ判決[50]である。

(1) ロヨラ判決の事実の概要

　本件は、ケベック州のカトリック系私立高校ロヨラが、ケベック州が州内の学校に義務的に課している倫理・宗教文化教育プログラム（Ethics and Religious Culture Program; ERCP）からの免除を求めた事例である。ERCPは2008年に導入され、ケベック州内の学校に公立・私立[51]、宗教系・非宗教系を問わず適用される中立的で客観的な宗教及び倫理観についての授業を卒業に必要な単位としてカリキュラムに組み込むことを義務付ける教育プログラムである[52]。なお、教育等担当大臣が私立学校の提供する独自のプログラムがERCPと同等のものと判断すれば、当該私立学校はERCPの設置を免除されるという規定も存在した[53]。ロヨラは、この免除措置を申請したが、担当大臣によってロヨラの設置するプログラムは宗派的で非中立的・非客観的であるため、ERCPと同等ではないと判断されたので、この担当大臣の判断の無効等が争われた。

(2) ロヨラ判決と信教の自由の共同体的側面

　本判決の法廷意見を執筆したロザリー・アベッラ裁判官は、宗教的信念には「個人的側面と共同体的側面の両方」があるとし、「憲章に基づく信教の自由」は、宗教的信念の性質を説明するだけでなく、その宗教的信念と共同体的な組織あるいは伝統を通して為される宗教的信念の表明の間にある深いつながりを説明しなければならないという[54]。そして、本件に関係する宗教の共同体的側面は、カトリックの宗教系私立学校を通して行われるカトリック信仰の表明ないし伝達であり、宗教の共同体的側面はロヨラの極めて重要な主張であるとする。

　カナダ最高裁は、カトリックの両親が自身の子供をカトリックとして純粋

に育てることが妨げられることを理由に、自身の子供のERCPからの免除を争ったS.L.判決において、「多様な宗教に触れさせる」ERCPは、「信教の自由の侵害とはならない」[55]と判断していた。しかし、アベッラ裁判官によれば、本件は、ロヨラが「カトリシズムの共同体的実践及びカトリックの信念の伝達のために設立された私的な宗教組織であるため、S.L.判決のケースとは区別される」という[56]。ただし、アベッラ裁判官は、宗教の共同体的側面は、個人の宗教的信念の「表明」として理解されているとし、宗教の共同体的側面に関する議論を個人主義に引き付ける形で展開している[57]。

本判決にはビバリー・マクラクリン裁判官とミシェル・モールデイバー裁判官による少数意見が付されているが、この少数意見はアベッラ裁判官の法廷意見よりも宗教の共同体的側面の容認を促進させるものである。少数意見は、個人の信教の自由を保護することは、「ロヨラのような宗教教育組織を含む宗教組織の信教の自由を保護することを意味する」と述べ、個人の自由と関連させつつも宗教的組織それ自体も信教の自由の享有主体となることを承認しているのである[58]。

(3) 法の基準の変容可能性の萌芽

このロヨラ判決は、カナダ社会にとって特異な宗教集団から提起されたものではないが、共同体的側面の考慮の必要性に言及しており、これまで個人主義に基づいて宗教的主張を許容してきた「法の基準」が変容可能であることを示唆するものと評価できよう[59]。

本判決において宗教の共同体的側面が認められたことに「弱い対話」がどのような効果を与えたかは、現在のところ明らかではなく、「法の基準」を抜本的に変容させたわけでもないが、「宗教的実践の主張が宗教的文化と（憲）法文化の関係を協議するための場」となり、「法の基準」を変容させる可能性を含め、信教の自由の理論を変化させたことは間違いない[60]。また、宗教の共同体的側面について、ロヨラ判決以前にもカナダ最高裁で訴訟当事者によって継続的に主張されていたことも見過ごせない[61]。

Ⅳ　おわりに

　本章の検討をまとめておこう。まず、バーガーによる法の下の多文化主義批判を概観することにより、信教の自由の主張を容認する基準がカナダの立憲主義の価値に適合する形で設定されているという点が明らかになった。しかし、この批判論を正面から受け止めてオルタナティブを提示しようとすると、「法の優位」そのものを議論の俎上に載せなければならないため、現状ではリベラルな多文化主義に親和的な、法の優位を前提に寛容と合理的調整を中心に運営される法の下の多文化主義が擁護されうることを主張した。そして、法の下の多文化主義においては、「法の優位」の枠内で「弱い対話」を前提に信教の自由の主張を展開する必要があること、また、主張の継続によって「法の基準」を変容させる可能性がありうることを指摘した。

　法の下の多文化主義にもいったんは批判のメスを入れたバーガーの議論は、まず、「法の優位」という揺るがしがたい一線の存在と、各国で様々な条件のもと歴史的に構築されてきた（リベラルな）「憲法文化」のもつ価値観を区別し、各国固有の憲法文化には変容可能性があることを示唆する。次に、多文化の受容の問題が、マイノリティの問題だけでなく、マジョリティの問題でもあることが示唆されよう。それゆえ、法の下の多文化主義——多様な宗教的・文化的価値観に対するリベラルな立憲主義の価値観の優位を一応の前提とする——という枠組みを前提にするとしても、その批判的分析の過程から、寛容ないし合理的調整というポジティブなイメージを喚起する言葉の裏で、「我々／マジョリティ」の価値観をマイノリティに押し付けているかもしれないことには自覚的でなければならない、という点が示唆される[62]。

　この点を自覚するのであれば、第1章でみた「承認」と「対話」の原理を踏まえた憲法解釈を行う重要性が際立つように思われる。マイノリティの宗教的実践を最終的に「承認」するかはともかく、少なくとも対等な「対話」の相手として「承認」し、異文化間対話を継続することが、法の下の多文化主義への不満を軽減し、より安定的な多文化の受容に寄与するように思われ

る。キスロウィックの議論が示唆するように「宗教的多様性に起因する難問を解決するためには対話が必要」であり、多元的価値の混在が加速する現代社会においては、他者との対話が不可避の出来事である[63]。その対話は、市民社会の領域に限られず、裁判官や弁護士を含め、司法の場においても求められているのである。

　本書は、憲法による多様性の管理を行うべきと主張しているが、その管理のあり方は上記のような意味での法の下の多文化主義によって行われるべきであると考えている。

注
1) Benjamin L. Berger, *Law's Religion: Religious Difference and the Claims of Constitutionalism* (University of Toronto Press, 2015). なお、本書の中心を為す論稿の初出は、"Law's Religion: Rendering Culture" (2007) Osgood Hall L. J. 277; "The Cultural Limits of Legal Tolerance" (2008) 21 Can. L. J. & Jur. 245. であり、その公表以来、バーガーの議論はカナダの信教の自由論に多大な影響を与えてきた。なお、本章Ⅱにおける本書からの引用は本文中の括弧内に引用頁を記す。
2) バーガーは、「立憲主義（constitutionalism）」と「憲法の下での法の支配（constitutional rule of law）」をほぼ互換的に用いている。バーガーの描く「立憲主義」は憲法を頂点とする（憲）法秩序による統治を意味すると考えられる。なお、カナダでは、しばしば立憲主義と法の支配が互換的に用いられている。*See*, Reference re Secession of Quebec, [1998] 2 S. C. R. 217 at para 49.
3) *R v. N. S.*, [2012] 3 S. C. R. 726 at para 72. [N. S.].
4) 合理的調整は社会的な現象としても知られており、ムルタニ判決を契機として、ケベック州を中心に合理的調整による宗教的少数派への譲歩の行き過ぎが国家的な議論となったのである。*See*, Gérard Bouchard & Charles Taylor, *Building the Future: A Time for Reconciliation* (Government of Quebec, 2008). 詳しくは、第5章・第6章を参照。
5) これは、2014年にケベック州で、公務員が職務を行うときや、公共のサービスを受ける際に宗教的シンボルの着用を禁止すること等を目的とする「ケベック価値憲章」と呼ばれるケベック人権憲章の改正を含む法案がケベック州議会選挙の争点となったことに起因する。この問題については、飯笹佐代子「『ケベック価値憲章』をめぐる論争」ケベック研究6号（2014年）30頁以下、山本健人「市民権取得と多文化国家カナダ——イスハーク判決の位置付けとその憲法問題」法政論叢53巻1号（2017年）135頁以下、丹羽卓「ケベックの「開かれたライシテ」——自由主義と共和主義の狭間で」『金城学院大学キリスト教文化研究所紀要』21号（2017年）45頁以下、伊達聖伸『もうひとつのライシテ——ケベックにおける間文化主義と宗教的なものの行方』（岩波書店、

2023 年）第 5 章などを参照。
6) *See*, Winnifred Fallers Sullivan, *The Impossibility of Religious Freedom* (Princeton University Press, 2005) at 153.
7) Fred Dallmayr, *Beyond Orientalism* (State University of New York Press, 1996). 邦訳として、フレッド・ダルマイヤー（片岡幸彦監訳）『オリエンタリズムを超えて』（新評論、2001 年）がある。
8) *See* also, Dallmayr, *Ibid* at 3-18.
9) *Ibid* at 24-27.
10) *Ibid* at 31.
11) バーガーは、現代リベラル社会における寛容を批判的に検討するウェンディ・ブラウンに依拠しつつ、カナダ最高裁の判例理論や多文化主義、リベラリズム理論が詳細な批判的検討なしに採用する「寛容」の言説にも批判の目を向けている。なおブラウンは、寛容の言説が常に支配的な社会権力あるいは政治権力のために文明と野蛮を区分すると鋭い批判を向けつつも、「いくつかの種類の暴力や虐待を和らげている寛容の価値まで自動的に否定されるわけではない」とも指摘しており、「寛容」の取扱いの難しさを示唆している。*See*, Wendy Brown, *Regulating Aversion* (Princeton University Press, 2006). 邦訳として、ウェンディ・ブラウン（向山恭一訳）『寛容の帝国』（法政大学出版局、2010 年）がある。
12) *R. v. Big M Drug Mart Ltd.*, [1985] 1 S. C. R. 295 at 336.
13) *Syndicat Northcrest v. Amselem*, [2004] 2 S. C. R. 551 at paras. 1, 87.
14) *Chamberlain v Surrey School District No 36*, [2002] 4 S. C. R. 710 at para 21 [Chamberlain].
15) *Amselem*, *supra* note 13 at para 1.
16) *Multani v. Commission scolaire Marguerite-Bourgeoys*, [2006] 1 S. C. R. 256 [Multani].
17) *B.(R.) v Children's Aid Society*, [1995] 1 S. C. R. 315.
18) *Trinity Western University v. College of Teachers*, [2001] 1 S. C. R. 772 [TWU]. なお、TWU については、その後、ロースクールの設置をめぐる問題も生じている。*See*, Law Society of British Columbia v. Trinity Western University, [2018] 2 S. C. R. 293. この事件については、牧野令「宗教系大学による法学教育は可能か――カナダ連邦最高裁判例の Law Society of British Columbia v. Trinity Western University 事件判決を題材として」大学院研究年報51号（2022年）3頁以下を参照。
19) Chamberlain, *supra* note 14.
20) チェンバレン判決の読み方については、第 3 章・補論を参照。
21) N. S., *supra* note 3.
22) この枠組みついては、本書第 5 章を参照。
23) ウィル・キムリッカ（角田猛之他監訳）『多文化時代の市民権』（晃洋書房、1998 年）226 頁以下。バーガーはキムリッカのほかに、多文化主義の理論としてアイヤレット・シャカールの理論を取り上げるが、彼女は、キムリッカの議論では集団内のヴァルネラブルな成員（主に女性や子供）への視点が不足していることを指摘し、この解

第 1 部　リベラルな立憲主義と宗教的多様性

　　　決策を示めす優れた理論を提示するものの、リベラルな多文化主義の枠を超えるものではないとする。またバーガーは、ジェームズ・タリーの議論も取り上げるが、対話的立憲主義を構想する彼の議論は、むしろ異文化接触のモード論における「対話的接触」に接近するとして、示唆的ではあるが採用できないとする。このようにバーガーは対話的接触にも批判的であるが、この点はすぐ後で取り上げる。*See,* Ayelet Shachar, *Multicultural Jurisdictions* (Cambridge University Press, 2001); James Tully, *Strange Multiplicity* (Cambridge University Press, 1995). タリーの議論については、長谷部恭男「文化の多様性と立憲主義の未来」同『比較不能な価値の迷路――リベラル・デモクラシーの憲法理論〔増補新装版〕』（東京大学出版会、2018 年）49 頁以下、高木康一「カナダ憲法における多文化主義」憲法問題 23 号（2012 年）47 頁以下も参照。

24) バーガーがカナダの近代立憲主義の際立った特徴として何を措定しているかは明示されていないが、彼の議論を見る限りでは、法の支配の要請、憲法上の権利ないし人権の保障、そして、リベラリズムの影響を強く受ける個人主義、個人の自律と選択、公私区分であると考えられる（ch1, ch2）。

25) バーガーは、より優れたオルタナティブな議論は何かを結論付けるまでには至っておらず、これを「当面の課題」としている。Berger, *supra* note 1 at 19, 148.

26) バーガーはこの企てを「無関心としての法の寛容（law's tolerance as indifference）」と呼び、この立場は「単純なものでも美徳のないものでもない」とする。Berger, *supra* note 1 at 129. なお関連して、本章での分析とはやや文脈が異なるが、（憲）法論としての「無関心＝インディフェレンツ」を論ずるものとして、石川健治「インディフェレンツ――〈私〉の憲法学」比較法学 42 巻 2 号（2009 年）145 頁以下がある。

27) この点に関連し、「法の優位」の下に宗教を位置づける筆者の見解に対する批判として、尾崎一郎「宗教の根源性と法の必要性――櫻井論文を承けて」法律時報 96 巻 2 号（2024 年）79-80 頁がある（直接には、山本健人「憲法学は宗教とどう向き合うのか」飯田高ほか編『リーガル・ラディカリズム』（有斐閣、2023 年）414 頁以下への応答である）。筆者の立場は、多様な宗教や多様な（宗教以外の）価値観を抱く人々の共生のためのルールとして「法」を構想するものである。「法をめぐるミスコミュニケーション」を主題化する尾崎の問題意識は重要なものと思われるが、多元的な社会において人々の共生のルールを規定する「法」と宗教の対話は、法の優位の下で行われるべきである。我々はもはや単一の宗教しかない社会に暮らしているのではないのだから、多様な宗教を信じるあるいは宗教を信じない社会の全構成員にとって受け入れ可能なルールが必要なのである。そして、法はそれを「企て」いる（井上達夫『法という企て』（東京大学出版会、2003 年）参照）。宗教がそうした企てを行うという可能性もありうるが、では、それはどのような構想なのか。それが示されたのち、はじめてこの意味で法と宗教は共生のルールとして競合しうる。

28) カナダの多文化主義の成功を多文化主義の「過小」にあるとする高木康一の診断は、ラディカルな多文化主義の危険性の裏返しとしても理解可能であろう。高木・前掲注 23) 56 頁。

29) さらにいえば、「立憲主義」という概念が多義的で、ともすれば融通無碍に利用できて

しまうことにも注意が必要である。日本での使用例への言及として、栗島智明「現代日本型立憲主義に関する一考察」山元一編『講座 立憲主義と憲法学 第1巻 憲法の基礎理論』(信山社、2022年) 59頁以下を参照。

30) Berger, *supra* note 1 at 148. この点、一般的に法に反映されるのが多数派の宗教的価値であるとすれば、その強要は「暴力性そのもの」となる場合もある。大屋雄裕「宗教の近代性とその責任――空知太神社事件」駒村圭吾編『テクストとしての判決――「近代」と「憲法」を読み解く』(有斐閣、2016年) 291頁。
31) Berger, *supra* note 1 at 129.
32) Berger, *ibid* at 128-129.
33) Howard Kislowicz, "Faithful Translations?: Cross-Cultural Communication in Canadian Religious Freedom Litigation" (2014) 52 Osgoode Hall L. J. 141.
34) Bhiku Parekh, *Rethinking Multiculturalism* 2nd ed. (Palgrave Macmillan, 2006) at 163.
35) Kislowicz, *supra* note 33 at 156-158.
36) なお、キスロウィックは、「コミュニケーション (communication)」という語を使うが、「対話による接触」との対称性を明らかにするため、本書では「弱い対話」とした。
37) Kislowicz, *supra* note 33 at 153.
38) Ken Tsutsumibayashi, "Fusion of Horizons or Confusion of Horizons?: Intercultural Dialogue and Its Risks" (2005) 11 Global Governance 103 at 111.
39) Kislowicz, *supra* note 33 at 153-154.
40) *Ibid*. 文化本質主義と合理的調整の関係については、Avigail Eisenberg, "Rights in the Age of Identity Politics" (2013) 50 Osgoode Hall L. J. 609. も参照。
41) Kislowicz, *ibid*.
42) この点、合理的調整はその手続的側面との関係で、広く市民社会での異文化間の対話を促進するものとして評価されるが、その検討・評価は (憲) 法学を専門とする筆者の能力を超えるものである。この側面については、飯笹佐代子「多文化社会ケベック、共存の模索」ケベック研究創刊号 (2009年) 62頁以下などを、合理的調整の法理の手続的側面については、第5章を参照。
43) なお、ここでの対話の主体は、(国家機関としての) 裁判所と宗教的な主張を行う当事者である。
44) Jeremy Webber, "A Judicial Ethic for a Pluralistic Age" in Omid Shabani, ed, *Multiculturalism and Law* (University of Wales Press, 2007) at 88.
45) たとえば、当事者へのインタビューから以下のようなやり取りが挙げられる。「私がナイフ等持ったことがないと言うと、……先生は、あなたが身に着けているのは武器もしくはナイフではないのかと言った。私は違うと言った。では、あなたが服の下に持っているものは何かと先生は尋ねた。私はカーパンだと答えた」。Kislowicz, *supra* note 33 at 171.
46) こうした観点から、弁護士の役割を論じるものとして、*see*, James Boyd White, *Justice as Translation* (University of Chicago Press, 1990).
47) Kislowicz, *supra* note 33 at 171-172.

48) Multani, *supra* note 16 at para. 37.
49) Multani, *ibid* at paras 70-71.
50) *Loyola High School v. Quebec (Attorney General)*, ［2015］ 1 S. C. R. 613［Loyola］. 本件は信教の自由の集団的側面に関する価値の問題の他にも審査枠組みに関する重要な論点を有している。この点については、第6章を参照。
51) *An Act Respecting Private Education*, CQLR, c E-9.1, s. 25, 35.
52) ERCPの主な目的は「他者の承認」と「共通善（common good）の学習」であり、これを達成するために、生徒が、①倫理的問題を自省する、②宗教的事象を理解する、③対話に従事する能力を発達させることを求める。Loyola, *supra* note 50 at para 11; Spencer Boudreau, "From Confessional to Cultural: Religious Education in the Schools of Quebec"（2011）38 Religion & Education 212 at 220.
53) *Regulation respecting the application of the Act respecting private education*, CQLR, c. E-9.1, r. 1, s. 22.
54) Loyola, *supra* note 50 at paras 59-60.
55) *S. L. v. Commission scolaire des Chênes*, ［2012］ 1 S. C. R. 235.
56) Loyola, *supra* note 50 at para 61.
57) Loyola, *ibid* at para 33. なお、アベッラ裁判官は、ERCPの免除条項の「同等」のプログラムの提供という文言に着目し、これはERCPとほとんど類似したプログラムを用意しなければならないことを意味せず、そのように理解した担当大臣の認定は、法律の目的と信教の自由の価値の比較衡量に失敗しているとする。その一方で、ロヨラは自由に宗教教育を行っていいわけではなく、平等、人権、民主主義を含む国家の中心的価値を促進させる正当な利益を州政府は有しているので、ロヨラの提示するオルタナティブがこれに適合するかを検討する必要が別途存在するとして、このような観点から大臣の認定を再考すべく、本件を差し戻している。
58) Loyola, *ibid*. at paras. 91-95. 少数意見は結論においても法廷意見よりラディカルで、差し戻して検討するまでもなく、ERCPからの免除を認めるべきだとする。
59) 法は宗教を個人主義の観点から認識してきたと論じるバーガーもこの判決の持つインパクトを認めている。Berger, *supra* note 1 at 77 foot note 52; *See also*, Howard Kislowicz, "Loyola High School v. Attorney General of Quebec: On Non-triviality and the Charter Value of Religious Freedom"（2015）71 S. C. L. R.（2ed）331. この点、法廷意見が、共同体的権利に親和的な見解を提示してきたディワイト・ニューマンの著作を引用している点も興味深い。Loyola, *supra* note 50, para. 60. *See*, Dwight Newman, *Community and Collective Rights*（Hart Publishing, 2011）.
60) Howard Kislowicz, "Developments in Religious Freedom: What Saguenay and Loyola Tell Us ─ and Don't ─ About the Trinity Western University Law School Cases"（2016）72 S. C. L. R.（2ed）75 at 81.
61) *See*, TWU, *supra* note 18; *Alberta v. Hutterian Brethren of Wilson Colony*, ［2009］ 2 S. C. R. 567.
62) この点に関連し、近代立憲主義を他者論の観点から批判的に検討するものとして、江藤祥平『近代立憲主義と他者』（岩波書店、2018年）がある。

63) 栗田佳泰「宗教の自由——いかなる場合であれば宗教上の理由に基づいて法的義務を免れることができるか？」大沢秀介＝大林啓吾編著『アメリカの憲法問題と司法審査』（成文堂、2016年）192頁。なお、栗田が指摘するように、当然ながら立法府にも他者との対話が求められるし、行政にも求められる。

第3章 公的領域における宗教

I　はじめに

　第3章の目的は、本書が主張しようとするリベラルな立憲主義のモデル——文化や宗教の多様性を公的領域で承認するリベラルな多文化主義に基づく立憲主義——にとって、〈公的領域における宗教〉はどのような位置づけを持ちうるのかを明らかにすることである。

　序章で述べたように、従来のリベラルな立憲主義は、公的領域——主に政治空間——から、宗教を排除することを求めている。しかし、近時、様々な学問分野において、かつ、多数の論者によって〈公的領域における宗教〉の役割を再評価する議論が行われている[1]。そして、その中には、リベラリズムに依拠している論者も含まれている。本章では、〈公的領域における宗教〉の役割を肯定的に評価する、カナダ最高裁による国家の宗教的中立構想の支持可能性を検討するが、この問題へのアプローチの仕方は、本書が主張しようとするリベラルな立憲主義のモデルの特徴をよく表すことになると思われる。

　本章では、まず、主に日本の憲法学の議論状況を念頭に置き、憲法学にとって、〈公的領域における宗教〉がどのような問題であるのかを整理する（→II）。次に、カナダ最高裁が構築した国家の宗教的中立性構想を「カナダ最高裁モデル」として定式化する（→III）。そして、このカナダ最高裁モデルが、信教の自由の観点からも支持可能であり、〈公的領域における宗教〉の問題状況にとって有益な視点を提供していることを示す（→IV）。最後に、これらの検討を踏まえ、日本への示唆を検討する（→V）。

　なお、〈公的領域における宗教〉という問題の現れ方は本章IIで確認する

通り多様だが、本章では、公的判断過程——議会、裁判所、行政機関等の制度化された統治権力がその権限行使につき判断する過程——において宗教[2]を如何に位置付けるべきか、という最も論争的な論点を中心に扱う。

II　問題の所在

1　リベラルな立憲主義と公的領域における宗教

序章で述べたことの繰り返しになる部分もあるが、まずは、リベラルな立憲主義が公的領域における宗教をどのように位置づけているかを確認しておくことにしたい。

(1)　リベラルな立憲主義の構想

リベラルな立憲主義は公私区分を前提に、各人の善き生の諸構想（自分の人生をどう生きるかに関する構想）に対する国家の中立性を要求する。代表的な論者である長谷部恭男は、私的領域では、各人の生き方に関わる価値の多元性とその比較不能性を前提として、各人は善き生の諸構想に基づく自己決定（選択）によって生を送るが、公的領域には善き生の諸構想に基づく主張を持ち込むことを禁止するものとしてリベラルな立憲主義を構想している[3]。

その背景にある標準的な歴史的説明は、宗教改革後のヨーロッパにおいて、対立するキリスト教諸宗派が互いを邪教として凄惨な抗争を繰り返した経験から、異なる宗教を信仰する人々が共生することの方が永続的な抗争状態の継続よりもまさると考えられ、各宗派に信教の自由を保障し、政治と宗教に一定の距離を置くという合意に至ったというものである。それゆえ、社会全体にあてはまる政策の善し悪しを論じる政治の場で、「同じ宗教を奉ずる人にしか理解できない理屈にもとづいて政策の当否を論じたり評価したりすべきではない」し、特定の宗教的価値観を持つ者が有利になるような社会生活の枠組みを設定するべきではないとされる[4]。

なお、「近代立憲主義」がリベラルな立憲主義と互換的に用いられる場合もある。これは、リベラリズム思想と重なり合う近代思想（公私区分、自由主

義、個人主義、合理主義等）を反映した立憲主義が構想されているからである。

(2) 理想の国家と宗教の関係？

　このようなリベラルな立憲主義の観点から、理想の国家と宗教の関係が導かれるという議論がある。駒村圭吾は、「近代立憲主義を確立するには、単に信教の自由を保障するだけでなく、国家と教会の一体性を解体し、神ではなく法の理論による統治が可能になる合理的な政治空間を開く必要があり、結局、政教分離原則の導入が不可避になろう」。「善き生の構想」の公共化をめぐる争いのなかでも宗教をめぐる争いは、調停不可能な絶対的対立を招来しかねないので、「公的領域では自己の信仰を持ち出さずに、宗教をあくまでも私的領域に閉じ込めておく必要がある。このように宗教は公私の領域区分を破壊しやすいので、かかる領域区分を保持するには政教分離を要請することが不可欠となる」、という [5]。

　憲法学において、国家が宗教に対してどのような態度をとるかは、各国家の歴史や社会状況、また時代によっても異なると認識されており、特定の宗教を国教とする国教型（イギリス）、複数の宗教団体に特別の法的地位を付与し公定する公認宗教型（ドイツ、イタリア）、特定の宗教を公認せず、特別な法的地位を付与しない政教分離型（アメリカ、フランス）といった分類がなされるのが通例である。各類型のいずれにおいても信教の自由が保障されていることが前提となっているが、特定の宗教を国教にしたり、公認したりしている点で、国教型や公認宗教型が特定の宗教にとって有利となる枠組みを採用しているのは確かである。そのため、国教型や公認宗教型を採用している国家は、近代立憲主義国ではない、という割り切りは（どの程度の実益があるかはさておき）理論上ありうる。あるいはここでいう政教分離は、国家が特定の宗教と結びついて他の宗教を圧迫禁制しないという薄い意味で想定されているのかもしれない [6]。そうであれば、近代立憲主義の必然的帰結とされた「政教分離」は、政祭一致体制の忌避及び信教の自由の確立を意味するものと解され、国教型や公認宗教型とも両立する。

　他方、大石眞は「宗教又は宗教的心意を完全な『私事』として取り扱い、

国民の公的生活から切り離すことが、立憲主義の普遍的原理として理想化すべきものかどうかは、必ずしも明らかではない」と指摘する[7]。ここには２つの含意があるように思われる。第一は、イギリスやドイツのように立憲主義国として疑問なく捉えられている国家を（近代）立憲主義国から外し、立憲主義の普遍的形態として政教分離を想定することに対する疑義である。これは「リベラルな」あるいは「近代」という形容にどの程度の意味を込めるかに依存しよう。第二は、国民の公的生活から宗教を切り離すことへの疑義である。リベラルな立憲主義においては、公私区分を前提に「公的領域では自己の信仰を持ち出さずに、宗教をあくまでも私的領域に閉じ込めておく必要がある」と説かれるが、ここでいう公的領域とは何を意味するのであろうか。大石の懸念は、「公的領域」が文字通りあらゆる公的領域を指すと捉えられ、公的領域から宗教が完全に排除されることにあるように思われる。

2　公的領域の分節化

　議論の見通しをよくするためには、「公的領域」を分節して捉える必要があると思われる。リベラルな立憲主義において念頭に置かれている公的領域は主に政治空間であるといえるだろう。しかし、我々の世界に「公共ないし社会とでもいうべき領域が存在」するとすれば[8]、非政治的な公的領域（非政治空間）を想定することが可能である。宗教団体がボランティア活動やチャリティ活動として社会問題等に関わるのは主にこの非政治空間であるといえる。

　次に、政治空間についても分節することが可能である。第一の指標が、公的な決定に関わる領域か否かである。議会・裁判所・行政機関等の制度化された統治権力がその権限行使につき決定するフォーマルな政治空間（国家的領域）と、新聞・雑誌・討論会・街頭演説等の公共的討議ないし熟議の場としてのインフォーマルな政治空間が区別可能である[9]。理論上、両者を含むすべての政治空間から宗教を排除すべきだという議論はありうるが、近時、リベラリズムの陣営においても、インフォーマルな政治空間においては宗教的言説を認めるべきとする見解が有力化しつつある[10]。宗教的心意を持つ人

に対し政治的議論をする際に世俗的言語を要求することの負担の大きさと、それゆえの熟議の場の衰退に対し公共討議の活性化を図ること等がその理由である。

　さらに進んで、第二の指標として、フォーマルな政治空間での決定過程と決定理由を区別することもできるだろう。「政治的な討議のなかに、宗教的なものであれ非宗教的なものであれ、自己の包括的教説を持ち込むことが許されている。ただし、その包括的教説が支持するとされる諸々の原理や政策にかんし、これを支持する公共的理由を、やがて適切なかたちで提示するという条件付きではあるが」、という後期ロールズの見解は[11]、公的判断の決定理由としては誰にでも理解可能な理由付けがなされなければならないが、そこに至る過程では宗教的に理由付けられた言説も許されるという見方を示唆するものとしても理解できる。すなわち、議会、裁判所、行政機関等の制度化された統治組織において、その権限行使の判断に関わるアクターが、判断過程で宗教的価値観に基づく見解を持ち込むことと、宗教的価値観のみを理由として決定を行うことの区別が可能である。

　このように「公的領域」は、①政治空間と②非政治空間（公共的・社会的領域）に区別でき、政治空間は、①Ａフォーマルな政治空間と①Ｂインフォーマルな政治空間に細分され[12]、フォーマルな政治空間はさらに、①Ａａ公的判断過程と①Ａｂ公的決定理由（の提示）場面に分けることができる。〈公的領域における宗教〉を問題とするとき、どの「公的領域」における宗教を問題にしているのかを明確にしておくことが重要であろう[13]。

　リベラルな立憲主義の立場からすれば、①Ａｂ公的決定理由として宗教的理由のみを用いることは許されない。これを許してしまえば、各人の善き生の構想に対する国家の中立性というリベラリズムの中核的要素に反してしまう。他方、リベラルな立憲主義内部でも多様な構想が可能であり、あらゆる公的領域の非宗教性を要求するような「リベラルな立憲主義」のモデルも構想しうるが[14]、一般に理解されるリベラルな立憲主義において、②非政治空間において宗教を排除することは、宗教に敵対的な立場をとることになり、むしろ国家の中立性に反することになろう。そして、①Ｂインフォーマルな

政治空間、① Aa 公的判断過程から宗教（に理由付けられた言説）を排除すべきかどうかは、特殊な「リベラルな立憲主義」のモデルを構想しない限り必然的な解答を得ることはできないように思われる。これらの領域からも宗教を排除すべきかどうかは、宗教的価値観に基づく公的討議によって、政治的分断が生じる可能性をどの程度高く見積もるかに依存するといえる。これは、各国の社会的状況に応じて、また、時代とともに変わりうる。

3　国家の宗教的中立性と憲法条項

以上は、リベラルな立憲主義の構想という実定憲法に先立つ理論的次元の考察である。憲法学の視点からはさらに進んで実定憲法の規定も問題となる。国家の統治の基本を定める各国の憲法が、国家と宗教／政治と宗教などの関係について規律するのであれば、各国の法秩序においては、憲法によってそのあり方が拘束されるからである。

日本国憲法は「政教分離」を定めているとされる。そのため、リベラルな立憲主義の要請が上記のものに留まるとしても、日本国憲法のもとでは政治空間から宗教を排除することが意図されていると考えられるかもしれない。しかし、日本国憲法のどこにも「『政治』と『宗教』は『分離（separate）』しなければならない、とは書かれていない」[15]。

日本国憲法の宗教条項について確認しておくと、まず、信教の自由を保障し（20条1項前段）、特に宗教上の行為・祝典・儀式・行事への参加を強制されないことを明記する（20条2項）。そして、国及びその機関が宗教教育やその他の宗教活動を行うこと（20条3項）、宗教団体に特権を付与すること、宗教団体が政治上の権力を行使すること[16]（20条1項後段）、宗教上の組織若しくは団体に公金を支出すること（89条）を禁止する（以下、まとめて「各政教分離規定」と呼ぶことがある）。各政教分離規定を有することから、日本国憲法は「政教分離」を保障しているといわれるが、文言上は、国家と宗教（団体）との一定の類型の関わり合いを問題にしているに過ぎない[17]。

最高裁は、津地鎮祭事件判決[18]において、憲法は「いわゆる政教分離の原則に基づく諸規定……を設けている」と述べる。この判示によれば、政教分

離原則という上位概念が存在し、日本国憲法上の各政教分離規定はそれを具現化したものとも考えられる。上位概念たる政教分離原則の解釈次第では政治と宗教の分離を導出したり、公的領域全般の非宗教性を引き出したりすることが可能であり、そのように解釈された政教分離原則を個別の事例に適用し解決するという道筋はありうるかもしれない[19]。現在の最高裁は、このような道筋を採用していないと思われるが[20]、他方で、「完全分離」を「理想」と述べたり、「宗教的中立性」と「非宗教性」を互換的に用いたりしている点で[21]、その理論構想には不明瞭な点が残されている[22]。

4　小　括

以上、〈公的領域における宗教〉をどのように位置づけるかに関して、公的領域の分節化を補助線にリベラルな立憲主義から絞り込める範囲（→1，2）、及び日本国憲法が各政教分離規定を有するとしても、それが必ずしも政治空間における宗教の排除を意味しないこと（→3）を確認した。しかし、日本の最高裁は、（現実には不可能と認識しつつも）国家と宗教の関係において、「完全分離」が「理想」とも言っている。

では、完全分離は本当に「理想」なのだろうか。また、リベラルな立憲主義からは留保される、①Bインフォーマルな政治的空間、①Aa公的判断過程における宗教をどのように位置づけることが望ましいのだろうか。以下では、思想喚起的なカナダ最高裁の宗教的中立性構想を手掛かりに、考察する。

Ⅲ　カナダ最高裁モデル

カナダの憲法は、憲章2条a項によって基本的権利の1つとして信教の自由を保障するが、国家と宗教に関する一般的な規定を持たない[23]。そのため国家の宗教的中立性の義務は信教の自由の解釈論としてカナダ最高裁によって構築されていくことなる（→その形成過程の詳細は補論を参照）。ここでは、そのエッセンスを紹介し、カナダ最高裁が構築した国家の宗教的中立性構想を「カナダ最高裁モデル」として定式化する。

第1部　リベラルな立憲主義と宗教的多様性

1　絶対的中立性は存在しない

カナダ最高裁による国家の宗教的中立性構想の主要な特徴の一つが、無神論者等も考慮に入れ、絶対的中立性は存在しないと明言した点である。カナダ最高裁は、S.L. 判決[24]において、ウィンザー大学の憲法学者リチャード・ムーンの学説を引用し、「哲学的観点から、我々は、絶対的な中立性が存在しないことを受け入れなければならない」と述べたのである（para 31）。この時に引用されたのが、ムーンによる以下の指摘である。

> 世俗主義や不可知論（secularism or agnosticism）を、宗教的信仰と同じ、一つの立場、世界観、文化的アイデンティティとして理解すれば、国家がエキュメニカルな宗教的実践を支援した場合でさえ、そのような構想を持つ者は、排除や周辺化を感じるだろう。しかし、同じように、公的領域から宗教を完全に排除すれば、宗教を信じる者は、自身の世界観が排除され、無宗教ないし世俗的観点（non-religious or secular perspective）が肯定されたと感じるだろう。……不可知論及び無神論（atheism）の進展に伴って、公的領域の中立性は不可能となった[25]。

この見解は、公的空間において、国家が宗教を排除すれば無宗教等を国家が支持することになり、反対に国家が何らかの宗教を支持すれば無宗教等を排除することになるため、厳格な世俗主義をとることがもはや宗教的に「中立」ではないという点を指摘している。カナダ最高裁はこの見解を受け入れ、宗教的中立性については、「非絶対的で現実的なアプローチ」に基づき、「国家の中立性は、国家が特定の宗教的信念を優遇したり、妨害したりしていない場合」、かつ、無宗教も含む「あらゆる宗教的態度に対して敬意を示す場合」に保たれていると述べるのである（at para 32）。

S.L. 判決で示されたこの立場は、2015年に下されたサグネ判決[26]によって確認されている。ここでカナダ最高裁は、「非絶対的中立性」を「真の中立性」と位置づける。さらに、憲章27条にも言及しつつ、国家は何らかの宗教的選好を表明しないことによって差別から自由な公的空間を保障するが、「中立な公的空間はその空間内部における私的プレイヤーの同質化を意味す

るものでない。中立性は公的組織及び政府に要求されているのであって、個人にではない」とする（at para 74）。さらに、カナダ最高裁によれば、このような国家の宗教的中立性は民主主義の基盤でもある。曰く、憲章は、「各人が信仰にかかわらず公的生活に自由に参加すること」を理想とする。従って、国家は、宗教的な選好を表明することによって、無宗教者を排除し、信仰を持つ者の参加を促進してはならないし、逆も同じである（at para 75）。

カナダ最高裁のこの指摘は、①Ｂインフォーマルな政治空間における市民による政治的討議・熟議に、国家の宗教的中立性の義務は課せられず、市民による公共的議論から宗教的な価値や見解が排除されないことを意味する。また、宗教団体等が②非政治空間で一定の活動をすることも許容されていると考えられよう。だが、公的組織及び政府においては、国家の宗教的中立性の義務が課せられる。では、その判断過程からは宗教的見解を排除しなければならないのだろうか。カナダ最高裁の立場はそうではない。

2　公的判断過程における宗教

公的判断過程における宗教について、カナダ最高裁が判断を示したのが、2002年に下されたチェンバレン判決[27]である。カナダ最高裁はこの判決において、公的判断過程——教育委員会の判断過程——において宗教的見解を考慮することを許容している。その一方で、カナダ最高裁は、憲章の価値を背後に持つ多様性への尊重といった観点から、その考慮の方法が、多様な（宗教的）見解に開かれたものであることを要求する。

カナダ最高裁によれば、教育委員会内部の協議や決定の過程において宗教的関心事に居場所がないわけではない。曰く、「宗教は人々の生活の不可欠の側面であるので、会議室のドアの外に置いてくる（be left at the boardroom door）ことはできない」のである。他方で、共同体内のある宗教的見解を、共同体内の別のメンバーが持つ価値の考慮を妨げるために用いることは許されない。教育委員会は自由に親の宗教的関心に取り組むことができるけれども、共同体の他のメンバーに対する「平等な承認と尊重」を与える方法でなさなければならない（at paras 18-19）。見解の多様性を尊重しなければならず、

特定の宗教的ないし道徳的観点を支配的なものとすることを許されていないのである (at para 25)。

このチェンバレン判決には、理論上2つの読み方が可能である。第一は、事案の性質[28]を踏まえ、公的判断過程で宗教について考慮することが許容されたに過ぎず、宗教的価値観に動機づけられた見解を公的判断者らが判断過程に持ち込むことまでを許したのではないとする読み方がある。第二に、とりわけ、「宗教は人々の生活の不可欠の側面であるので、会議室のドアの外に置いてくることはできない」との説示は、信仰を持つ者が公的生活においては、宗教的な思考と切り離した思考ができるという考えに無理があることを示唆するものであり、公的判断に関わる者が宗教に動機づけられた見解を判断過程で述べることも許容するという読み方がある[29]。憲法が信教の自由を保障する以上、宗教と関連のある公的判断の過程で宗教について考慮することは当然ともいえるため、第一の読み方が信教の自由から要請されることは疑いない。これを超えて、第二の読み方のように捉えるべきかは、論争的な問題であろう。どちらの読み方がカナダの判例法理上適切なのかについては一義的に判断困難であるが、本章では第二の読み方を選択した上で、考察を進めることにしたい[30]。

3　小　括

以上のエッセンスをまとめると、カナダ最高裁の構想した「非絶対的中立性」は、各宗教だけでなく無神論等を含む宗教に対する多様な見解に平等な価値を認めるものである。また、公的領域から宗教を排除しないが、国家が特定の宗教的信念を優遇したり、妨害したりすることを禁止し、宗教的問題への態度表明を控えさせる。さらに、この中立性構想は多文化主義条項とも関連し、民主主義の基盤ともなる。

この中立性が課せられるのは公的機関・公務員であるが、公的判断過程においては、見解の多様性を尊重し、特定の宗教的ないし道徳的観点を支配的なものとしない形であれば、宗教に基づき意見を述べることを含め宗教的見解を持ち込むことが許容される。

これらを踏まえ、本章では、法令や国家行為等の公的判断の帰結には宗教的中立性の義務が課されるが、その判断過程においては宗教に動機付けられた見解を述べることも許容されるという一見すると奇妙な立場を「カナダ最高裁モデル」と定式化する。

　上記で行った公的領域の分節化によれば、カナダ最高裁モデルは、①Ａフォーマルな政治空間（国家的領域）において、①Aa公的判断過程に宗教に動機づけられた見解を述べることが許容されるが、①Ab公的決定理由（の提示）場面で宗教的理由のみに基づく正当化は許されない、と整理できる。

Ⅳ　カナダ最高裁モデルの可能性

　本節では、このカナダ最高裁モデルが信教の自由の観点からも支持可能であり、〈公的領域における宗教〉の問題状況にとって有益な視点を提供していると主張する。

1　信教の自由の2つの視点

　カナダ最高裁モデルに関連して、信教の自由の観点から大別すれば2方向の指摘がなされている。

　第一は、信教の自由から、公的領域における宗教の居場所を認めることを肯定的に評価するものである。ムーンは、宗教的事柄は信者にとって、時として正義や共通善についての価値観の基礎となっているから、彼らが公的生活に参加する際に、宗教的価値観を隠しておくことを期待するのは非現実的であり、これを求めることは彼らを有意義な政治参加から排除する効果を有する、と指摘する[31]。また、ヨーク大学オズグットホールロースクールの憲法学者ベンジャミン・L・バーガーは、「道徳的問題と政治的立場を分断することを要求するリベラリズム、あるいは宗教に無関心な公的領域を要求するようなバージョンの世俗主義は、憲章によって保障されている信教の自由と折り合いがつかない」という[32]。これらは、憲法上の権利として信教の自由が規定されている以上、それが私的空間でのみ花開く権利と位置付けるべき

81

でないことを示唆している。

　第二は、信教の自由から、公的決定の帰結に宗教的見解が明示されることを懸念するものである。カルガリー大学の憲法学者ハーワード・キスロウィックは、主に裁判所の判断（判決）を念頭に置き、宗教的多様性を伴ったリベラル・デモクラシー国家において、裁判官が宗教的テクストや個人的な確信に依拠して法的紛争を解決することは、司法的判断によって当事者らが共有していない（宗教的）信念に従わされることを意味し、信教の自由の原理に大きく違反する、と指摘する[33]。至極全うなこの指摘は、必然的にカナダ最高裁モデルを批判するものではない。カナダ最高裁モデルは、公的判断の帰結には宗教的中立性の義務を課すため、この帰結及び帰結の決定の理由に特定の宗教的見解を用いることを許していない。そうであれば、キスロウィックの指摘とカナダ最高裁モデルは整合的に理解することも可能である。

　カナダ最高裁モデルは、〈公的領域における宗教〉に関して、信教の自由の観点から指摘される2つの指摘に答えうるものとなっている。

2　公的判断過程に関する一般的見解

　公的判断（過程）における宗教に対しては、次のような見解が一般的なものと思われる。国家の法は、共同体の全成員にとって受け入れられる理由に基づくべきであるから[34]、宗教的価値観は政治過程——① Aa 公的判断過程——から排除されるべきである。また、宗教的信念は、理性的判断ではないため、法形成の基礎として受け入れられる公共性を持たない、とするものである。冒頭で紹介した政教分離原則に関する憲法学説の一極もこのような見解を反映したものであるだろう[35]。

　他方、もう少し穏当なものとして、政治家の活動はたとえそれが深く宗教的性格に動機づけられていたとしても、最終的には非宗教的根拠によっても正当化することができなければならない、とする見解がある。既に述べたが、このような立場を代表するのはロールズである。『万民の法』に収録されている「公共的理性の観念・再考」においてロールズは、公的判断過程においても、各人が包括的教説に基づくことを許容するが、公的判断を下すまでに

は、公共的理性による正当化理由を用意する必要があるとする付帯条件を課した[36]。もちろん、よりラディカルな見解として、宗教的理由に基づく公的判断を認めるべきだとするものも想定可能であるが、キスロウィックが指摘したように信教の自由を保障するリベラル・デモクラシー国家を前提とすればこの立場はとりえない。

　カナダ最高裁モデルは、ロールズに代表されるような穏当な立場に類似するものである。この立場に対しては、入口の問題として、公的判断過程で宗教的価値観に基づくことが許されても、結局は宗教中立的な理由を必要とするのなら、そこに意味はあるのか、という疑問が付きまとう。

　同じ疑問は、第２章で検討した、法の下の多文化主義の視点からも生じる。カナダ最高裁モデルにおいて、宗教的中立性の義務を負う国家は、政治過程で宗教的見解・理由が発露されたとしても、中立性の義務に基づいて、宗教中立的な理由を調達しなければならない。また、宗教的理由に基づき決定された法令等が他の憲法上の価値に違反する場合、それは違憲となりうる。そうすると、入口の問題として、政治過程で宗教的価値観に基づく見解を持ち込むことが許されても、結局は、憲法の価値秩序に勝つことはできないということなる。しかもこの問題は、現行の憲法の価値秩序の中にマジョリティの（宗教的）価値観が分かち難く混入している場合[37]、より深刻な問題であるといえるだろう[38]。

3　道徳心理学の知見——ジョナサン・ハイトの議論

　この疑問に答えるため、本章では、実証的研究として発展している道徳心理学の知見を援用することにしたい。これは、多様な宗教的価値観をもつ人々が存在する社会で、共生し続けていくためには、宗教を排除しないほうが得策であることを道徳心理学の知見が教えてくれるからである。

　本章では、なかでも、道徳心理学興隆の火付け役[39]となったジョナサン・ハイト[40]の研究に着目したい。公的判断過程における宗教の問題と「道徳」を対象とする実証心理学の間にはなお距離があるように思われるかもしれないが、ハイトは道徳を「一連の価値観、美徳、規範、実践、アイデンティテ

ィ、制度、テクノロジー、そして進化のプロセスを通して獲得された心理的なメカニズムが連動し、利己主義を抑制し、もしくは統制して、協力的な社会の構築を可能にするもの」（強調点筆者）と定義しており（416-417頁）、さらに、この定義に基づき欧米社会（主にアメリカ合衆国）に浸透している政治的イデオロギーを検討していることから、ここで参照するに値する関連性を持つといえるだろう。また、ハイトが親族共同体を超えて「いかにして人類は、大規模な協力社会を築き上げたか」という問いに答えようとしている点も参照の関連性を補強するだろう。なお、極めて学際的なハイトの研究は、いくつかの共同研究を経て為されたものであり、また、提唱されている道徳心理学の理論は実験によって裏付けされている[41]。

(1) 道徳的判断は直観である

　まず、最初に注目するのは、道徳的な判断は、（情動的な反応も含め）すばやく直観（intuitions）によって自動的に下されていることを明らかにしている点である。道徳的な思考（理性）のほとんどは、直観によって既に決定済みの判断を正当化する理由を後から探そうとするものと位置付けられる。よって、この点においては、デイヴィッド・ヒューム——理性は情念の奴隷（slave）である[42]——が正しいと結論付ける（96頁）[43]。ただし、彼は、ヒュームが「理性は情念の〈奴隷〉だ」と述べたのは言い過ぎだという（122-123頁）。彼自身はヒューム・モデルを「理性は情念の召使（servant）」として再構成する。「奴隷」と述べた場合、主人たる情念の決定に疑問を呈することはできないが、実際には、一度下した道徳的判断を疑問に思ったり改めたりする場合があるからである。

　この点を踏まえ、彼は社会的直観モデルを提示する（92頁；下記の図も同頁を参照）。このモデルには、ある判断に関する他者との議論が進むにつれ、他者の提示する理由によって直観や判断に変更が生じることが組み込まれている。ただし、自己省察によって直観や判断が変更することはほとんどないとされる。

　ハイトは理性を軽視しているわけではなく、自己の判断の正当化というよ

第3章　公的領域における宗教

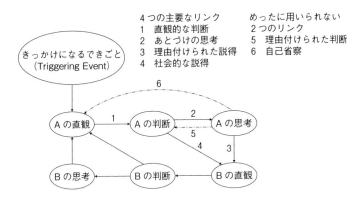

りも、他者を説得するため自身の考えうる最も強力な理由を提示しようとする理性（思考）に基づく対話による直観や判断の変更可能性を指摘している。ただし、注意を要するのは、直観に反することを信じさせようとしても、説得を受ける人は全力でそれを回避しようとし、回避の試みは、ほぼどんな場合でも成功する点である。非常に強力な「確証バイアス」のメカニズムや自己の所属する集団を支援し、集団への貢献を示そうとする心理的働き等によって（146-153頁）[44]、直観を考慮に入れない合理的な理性（思考）では他者の考えを変える可能性は著しく低い。それゆえ、ハイトは、「道徳や政治の議論で、誰かの心を本当に変えたいのなら」、相手の直観に語りかける必要があり、「自分の観点ばかりでなく、相手の観点からも、ものごとを見通せなければならない」と述べるのである（95頁）。

(2) 道徳基盤理論

次に注目するのは、直観の源泉となっている道徳心の基盤についてハイトらが提示した道徳基盤理論（Moral Foundations Theory）である。ハイトらは、西洋の（Western）、啓蒙化され（Educated）、産業化され（Industrialized）、裕福で（Rich）、民主主義的（Democratic）な文化（WEIRD）のみを対象としない——非西欧社会も含めた道徳の基盤を検討したところ[45]——、道徳には少なくとも6つの基盤（〈ケア／危害[46]〉、〈公正／欺瞞[47]〉、〈忠誠／背信[48]〉、〈権威／転覆[49]〉、〈神聖／堕落[50]〉、〈自由／抑圧[51]〉）が存在すると指摘する（246-

85

247, 287 頁)[52]。

　そして、これらを作動させるトリガーとしては、生存のための様々な適応課題に対応する過程で進化したオリジナル・トリガー（遺伝子的特質を前提とするため急速には変化しない）と、現代社会においてオリジナル・トリガーに関連して反応するカレント・トリガーが存在する。このカレント・トリガーは社会や文化の変化に応じて急速に変化する。ハイトの議論によれば、特定の判断や政策の支持を集めるためには、自身の主張が各道徳基盤のカレント・トリガーになるように主張すべきことになる。また、ハイトによれば、アメリカ合衆国内においても育った環境に応じてどの基盤が発達するかには違いが生じうる。なお、実際のアメリカ政治において、民主党（リベラル）の政策は〈ケア〉、〈公正〉、〈自由〉の3つに訴えかけることには成功しているが、この3つについては、共和党（保守）も民主党とは違った観点であるが訴えかけている。他方、残りの3つについては、共和党が強力に保護しようとするのに対して、民主党はさしたる関心を示さない。ハイトはこの傾向こそが人々が共和党に投票する理由だと述べる。

(3) 集団形成の手段としての宗教

　最後に、ハイトの宗教理解についても見ておこう。ハイトは、宗教を「超自然的な行為者に対する一連の信念として」ではなく、帰属に焦点を置いたデュルケームのアプローチと、ダーウィンの進化論にマルチレベル選択（集団レベルで働く自然選択）の観点を付け加えたアプローチを採用し、集団形成の観点から説明する。彼によれば、宗教は、集団に対する構成員の自己犠牲と献身を効果的に引き出し、集団内の信頼関係を発達させ、欺瞞やフリーライダーを抑制する点で人類にとって有益なものであった（380-421 頁）。

(4) 道徳心理学からの示唆

　本章の問題関心にとって、道徳心理学の知見から得られるのは、第一に、道徳的または政治的判断には無意識のうちに宗教的な背景が影響する可能性がある、ということである。公的判断過程に関わる個人の無意識下の決定も

含めて考えるのであれば、公的判断過程から宗教を排除することは文字通り不可能ということになろう。

　第二に、他者から支持を得、または他者を説得するためには、他者の思考（理性）に訴えかけるより、他者の直観に働きかける方が成功する公算が高い、という点である。ここからは、純粋に理性にのみ訴えかける議論では相手を説得できない可能性が高いという示唆を得ることができるだろう。

　第三は、道徳基盤の多様性に関連するものであり、より詳細には２つの示唆が含まれる。その１つは、自分自身が正しいと感じている道徳的直観及び思考（理性）は、他者にとっては自明ではないという点である。いま１つは、宗教的なものは、他者の道徳基盤（直観の源泉）の１つに訴えかけることを可能とするということである。宗教に限られるわけではないが、〈神聖〉の道徳基盤に宗教的なものが反応することは間違いないだろう。公的判断過程において、この基盤に刺激を与える可能性を初めから奪うのは適切ではないと思われる[53]。公的判断過程から、宗教的な言説のみを殊更に排除するのはアンフェアなのではないだろうか。

　第四に、ハイトの宗教理解、そして〈神聖／堕落〉基盤は、公的判断の帰結が特定の宗教のみに依拠すべきでないことを示唆する。〈神聖〉基盤が宗教に関わるといっても、宗教的に多様な社会において、特定の宗教のみに依拠した帰結を共同体の構成員に課すことは、当該宗教を信仰する共同体に帰属しない者にとっては、冒瀆になりえ、この闘争を可能にすれば、自集団への献身のために人々は文字通り何でも行ってしまう危険性があるからである[54]。

(5) 小　括

　以上、法令や国家行為等の公的判断の帰結には宗教的中立性の義務が課されるが、その判断過程においては宗教に動機づけられた見解を述べることも許容されるという一見すると奇妙な「カナダ最高裁モデル」を提示し、このモデルが信教の自由の観点からも支持可能であり、道徳心理学の観点からみたとき、〈公的領域における宗教〉の問題状況にとって有益な視点を提供し

ていることを主張した。とりわけ、道徳心理学の観点からは、個人の道徳的あるいは政治的な公的判断において宗教的要素の必然的混入という事実が示され、有効な説得の技法として判断過程において宗教的なものを排除しない利点があることが示唆される。もっとも道徳心理学の知見は、いわゆる①Ｂインフォーマルな政治空間での対話において最も威力を発揮する説得の技法ともなるだろう[55]。

Ⅴ　日本への示唆

　リベラルな立憲主義から直接的な解答を得ることができない、①Ｂインフォーマルな政治空間、①Ａａ公的判断過程から宗教（に理由付けられた言説）を排除すべきかという問題、及び日本国憲法の各政教分離規定の解釈として完全分離が理想であるのか（理想でないとすればどのような国家の宗教的中立性の理念がありうるのか）という問題に対して、本章は、いずれの公的領域からも宗教を排除しないカナダ最高裁モデルを提示した。

　本章の検討からは、「宗教をあくまでも私的領域に閉じ込めておく」べきであり、近代立憲主義がその意味での政教分離原則を求めているとするのは、公的判断過程をも含むという意味で捉えれば行き過ぎであるといえる。なお、この立場は、「近代立憲主義を確立するには、単に信教の自由を保障するだけでなく、国家と教会の一体性を解体し、神ではなく法の理論による統治が可能になる合理的な政治空間を開く必要があり、結局、政教分離原則の導入が不可避になろう」とも述べていた[56]。「神ではなく法の理論による統治」が近代立憲主義にとって必要である点は疑いない。しかし、それが「宗教をあくまでも私的領域に閉じ込めておく」という意味での政教分離原則である必要性はなく、必要なのは宗教に対する「法の優位」の確立ではないかと思われる（→第2章を参照）。

　本章では、公的領域から宗教を排除しない方が良いと思われる理由を提示した。これは、政治的決定に「多様な利害や信念を持っている人が共通して納得できる可能性のあるような、社会全体に共通する利益に基づく理由付け

が必要[57]」とすることには同意した上で、その理由は理性的なものに還元できずそれ自体に多様な幅があることを指摘したという意味である。だが、公職者も含め人が無意識下で直観的に判断を下していることを前提に、それゆえ、公的判断過程においても表面的には宗教を排除すべきという立場もありうるだろう。とりわけ、日本の最高裁が完全分離を理想としていることからすれば、日本国憲法のもとでは、公的判断過程においても表面的には宗教を排除すべきとする立場の方が親和的だとする議論がありうるように思われる。

最後に、日本国憲法の下でも公的領域から宗教を排除しない立場の導入可能性があるかを検討することにしたい。

1 完全分離を理想とする理由
(1) 最高裁の説明
日本国憲法の各政教分離規定そのものが、完全分離を理想とする政教分離原則を要請しているわけではないだろう。Ⅱで確認した通り、日本国憲法は国家と宗教／政治と宗教を分離せよとは書いていない。では、完全分離の理想は何を根拠に主張されているのであろうか。

津地鎮祭事件判決において、最高裁は、「国家と宗教との関係」は、「それぞれの国の歴史的・社会的条件によって異なる」という。最高裁によれば、日本には、㋐「明治維新以降国家と神道とが密接に結びつ」いたことで生じた種々の弊害という歴史的条件、㋑「キリスト教諸国や回教諸国等と異なり、各種の宗教が多元的、重層的に発達、併存してきている」という社会的条件がある。そして、「これらの諸点にかんがみると、憲法は、政教分離規定を設けるにあたり、国家と宗教との完全な分離を理想……としたもの、と解すべきである」と述べている。㋐については項を改めて検討することにし、まずは、㋑について検討しておきたい。

(2) 多重信仰は完全分離の根拠足りうるか
最高裁の㋑の判示について、調査官解説は次のように解説している。まず、（政教）分離型を採用する国家においても、歴史的・社会的条件に応じて、分

離のあり方が異なることは認識されている。その上で、日本の特徴は、「等しく宗教が多元的に併存するといっても、それが重層的に発展し多重信仰が行われてきたところ」にある。次に、この「多重信仰のもとでは、一宗教が他宗教を徹底的に排除する思想がなく、一種の宗教的寛容が存し、宗教間の対立抗争が激しくないため、信教の自由の保障がそれほど切実な問題として国民に意識されない。このような所では、国家と宗教の結びつきを妨げようとする国民の抑止力はそれほど強くなく、国家と宗教との結びつきが比較的起こり易い」とされる。そして、「〔最高裁は、〕このような宗教事情は、政教分離を必要とする要因の一つとなるものであり、しかもそれは、国家と宗教との完全な分離をその理想としていたと解すべきものであるとした」という[58]。

調査官解説を完全に最高裁の意図に代替することはできないが、宗教の重層的な発展、多重信仰という構造が政教分離を必要とする要因になるとの説明は相応の妥当性を持つように思われる。だが、この要因が「完全な分離をその理想」とするとの論理にはなお飛躍があるといえるだろう。この飛躍を埋める説明もありうるのかもしれないが、本章で検討してきた「カナダ最高裁モデル」が形成された経緯に改めて目を向けると、完全分離を理想とすることはできないと考える。

カナダ最高裁は、無宗教や無神論などを一つの宗教的価値観と位置づけて、国家の宗教的中立性を構想した。序章でも確認したように日本社会においては「信仰している宗教はない」とする者が過半数を超えている（62％）[59]。この状況において、完全分離を理想とすることは、国家が無宗教などを支持することになる。日本の最高裁及び調査官解説が考慮していない要因ではあるが、絶対的な宗教的中立性が不可能であるとの指摘は、キリスト教などの支配的宗教が存在する西欧諸国だけでなく（あるいは同程度に）、日本社会の特徴にも妥当するだろう。

よって、①の社会的条件は、完全分離を理想とする根拠として説得的ではないと考える。

2　歴史的経緯との向き合い方

次に、㋐の歴史的条件について検討することにしたい。

まず、最高裁は、「種々の弊害」として、「大日本帝国憲法……に信教の自由を保障する規定（28条）を設けていたものの、その保障は「安寧秩序ヲ妨ケス及臣民タルノ義務ニ背カサル限ニ於テ」という同条自体の制限を伴っていたばかりでなく、国家神道に対し事実上国教的な地位が与えられ、ときとして、それに対する信仰が要請され、あるいは一部の宗教団体に対しきびしい迫害が加えられた」ことを挙げる[60]。

ここに示される歴史的認識、とくに「国家神道」理解については、歴史学・宗教学の分野で修正の必要性が指摘されている[61]。また、明治憲法下の信教の自由理解として広く承認されてきた宮沢俊義の説明[62]——最高裁の説明にも符号する箇所が多い——が、「限定された時期に少数の学者が述べていた見解に過ぎなかった」と指摘するものもある[63]。ただし、小島慎司が指摘するように、最高裁や宮沢が説明した理解が、「明治憲法下の実践一般」ではなかったとしても、「戦前昭和初期」に存在したのであれば、「憲法学の解釈論」としては、「戦前昭和期の実践を繰り返さないことを出発点に置くという選択」をしたとも解される[64]。

では、このような歴史的条件は、完全分離を理想とするとまでいえるのだろうか。学説においても、「国家神道」に対する否定的評価という歴史的背景から徹底的な政教分離原則を導くと思われるものもある[65]。だが、この理解に対しては、「国家神道」という特定の宗教に対する否定的評価を宗教全般を巻き込む形で一般化する点に疑問を提起できる。

政教分離原則の解釈論として、政教分離原則の理想として完全分離を置かなくとも、特定の歴史的条件に対応した厳格な（あるいは完全な）分離を実現することは可能である。この方向性を示唆するのが、佐々木弘通らが主張する質的アプローチである[66]。これは、「国家が宗教とかかわり合う問題場面には質的に異なる様々なものがある」という視点から、政教分離が関わる問題を質的に区別するアプローチである[67]。佐々木は、日本国憲法における政教分離原則の原意の観点から質的区別をすべきだとし、「神道指令」の狙い

を原意と捉え、その目的である「軍国主義」と「過激なる国家主義」の根絶の観点から、「戦没者追悼の問題」と「天皇家の宗教」の問題を政教分離の主目的に関わる類型と位置付け、これらの類型に関しては質的に異なるルールによって問題を処理すべきだとする（「特殊的解決」）[68]。

ただし、続けて、佐々木が、日本国憲法の規範は、特殊的解決を普遍的原則に深めたものであるとし、「国家は、『特殊的解決』で設定された当該宗教との距離を基本として、他の諸々の宗教とも同様の距離を平等に保つべし」と主張している点には注意を要する[69]。佐々木のこの主張を徹底すれば、質的アプローチを主張する意義はほぼない。それは、歴史的条件を根拠として、日本国憲法の政教分離原則の規範を一元的に確定するに等しいからである。それゆえ、佐々木のこの主張は、「戦没者追悼」・「天皇家の宗教」に関する問題「特殊的解決」の方法が原意により固定されている事案類型については、いかなる宗教とのかかわり合いが問題になるとしても、同様の規範をもって問題を処理すべきという趣旨であると解される[70]。

質的な類型の取り出し方を種々の可能性に開けば、特定の宗教に対する否定的評価を宗教全般を巻き込む形で一般化しない解釈論を展開できるだろう。もし、完全分離が必要な事案類型があるとすれば、それは、その類型において実現すればよい。このように考えれば、国家と宗教の関係性全体に影響及ぼす、国家と宗教の関係の「理想」を語る次元で、完全分離を求める必然性はない。

3　結　論

以上の検討によれば、憲法に各政教分離規定をもち、上記のような歴史的・社会的条件をもつ日本においても、①Ｂインフォーマルな政治空間、①Ａａ公的判断過程から宗教（に理由付けられた言説）を排除しない、カナダ最高裁モデルの導入可能性があるといえるだろう。

確かに、政治的分断の回避を強調し、抗争の激化を招きかねない宗教をこの領域から遠ざけるべきだという見解がありうる。けれど、社会の多様性が増している現代社会においては、直接宗教問題に関する指摘ではないが、

「ライフ・スタイルや文化の『善さ』を議題にすることを避け」、対立する各派の「価値評価を相互不干渉の下で延命させる」ことには限界があり、各人の「善き生き方」を何らかの公共的討議に乗せる必要がある、という駒村圭吾の指摘に注目すべきだと思われる[71]。また、山本龍彦は、「討議に実質的に参加した宗教的少数派は、その討議の結果として自らに不利な行為がなされたとしても、自らをその共同体から排除・否認された存在とまでは感じない可能性がある」と述べ、マイノリティが公共討議に包摂されることの重要性を指摘する[72]。公的判断過程のプロセスをオープンで公平なものとするためには[73]——宗教的な市民を公的討議の完全な参加者とするためには——、宗教的な言説を判断過程から排除しない方がよいのではないか。これが本章の立場である。ある人の有する根底的な価値観から政治的道徳を分離させる能力にではなく、他者の有する深刻な問題関心や利益、あるいは共通善を他者とともに追求しうる我々の意思に着目する方向性を追求していくべきであるように思われる[74]。

カナダ最高裁は、このような方向性に進むための法解釈の枠組みを示したと評価できる。本章の指摘は、日本での導入可能性があることを指摘するに留まるものであるが、カナダ最高裁モデルは多様性の時代ともされる現代社会において、日本でもその導入を検討するべきモデルであると思われる[75]。

注
1) 文献は多いが、この問題を幅広く扱うものとして、島薗進＝磯前順一編著『宗教と公共空間——見直される宗教の役割』（東京大学出版会、2014年）、ユルゲン・ハーバーマスほか（箱田徹＝金城美幸訳）『公共圏に挑戦する宗教——ポスト世俗化時代における共棲のために』（岩波書店、2014年）を参照。
2) 本章で扱う「宗教」は、基本的に特定の世界観を教え込む「包括的教説」の一つとしての信念体系を想定しているが、特定の宗教団体に還元できる「宗教」を排除するものではない。
3) 長谷部恭男『憲法と平和を問い直す』（筑摩書房、2004年）第3章。
4) 長谷部・同上60頁。
5) 長谷部恭男編『注釈日本国憲法 (2)』（有斐閣、2017年）304頁〔駒村圭吾〕。
6) 芦部信喜『憲法学Ⅲ——人権各論 (1)〔増補版〕』（有斐閣、2000年）146頁。
7) 大石眞『憲法講義Ⅱ〔第2版〕』（有斐閣、2012年）156頁。

8) 片桐直人「政教分離の位置」法学セミナー 729 号（2015 年）44 頁。
9) 藤本龍児「二つの世俗主義——公共宗教論の更新」島薗ほか『宗教と公共空間』・前掲注 1 ）72 頁。
10) ユルゲン・ハーバーマス「政治的なもの」『公共圏に挑戦する宗教』・前掲注 1) 25-30 頁など参照。社会的領域とインフォーマルな政治空間は市民的公共圏とも呼び表せよう。市民的公共圏における宗教を再評価しようとするものとして、石川健治「精神的観念的基礎のない国家・公共は可能か？——津地鎮祭事件判決」駒村圭吾編『テクストとしての判決——「近代」と「憲法」を読み解く』（有斐閣、2016 年）226-229 頁も参照。
11) ジョン・ロールズ（中山竜一訳）「公共的理性の観念・再考」同『万民の法』（岩波書店、2006 年）208-209 頁。
12) ただし、ある種の熟議空間でもある①Ｂインフォーマルな政治空間と②非政治的空間の区別は相当程度相対的ではある。
13) この点、日本における宗教の公共的役割の再考を求める議論の多くは、宗教の社会貢献活動に着目してきた。よって、そこで指摘されるのは、②非政治空間——あるいは市民社会と呼んでもよい——の領域における宗教の役割の評価である。たとえば、憲法学の観点から、東日本大震災の際に注目された「読経ボランティア」などの活動を取り上げるものとして、田近肇「大規模自然災害の政教問題」臨床法務研究 13 号（2014 年）15 頁以下。
14) しかし、そのような構想は信教の自由を保障する憲法と折り合いがつくのだろうか。*See,* Benjamin L. Berger, "The Limits of Belieff: Freedom of Religion, Secularism, and the Liberal State" (2002) 17 C. J. L. S. 39 at 67.
15) 山本龍彦「政教分離と信教の自由」南野森編『憲法学の世界』（日本評論社、2013 年）205 頁〔強調点ママ〕。
16) ここでいう政治上の権力としては、「課税権」、「裁判権」などの「統治上の権力」と理解するのが一般的である。佐藤幸治『日本国憲法論〔第 2 版〕』（成文堂、2020 年）263 頁。したがって、宗教団体が統治的権力の主体となることは憲法が明文で禁止している。
17) 林知更「政教分離原則の構造」高見勝利ほか編『日本国憲法解釈の再検討』（有斐閣、2004 年）120 頁。
18) 最大判昭和 52 年 7 月 13 日民集 31 巻 4 号 533 頁。
19) ただし、この意味での政教分離原則は、それ自体「憲法法源」ではないと指摘するものとして、小嶋和司「いわゆる『政教分離』について」同『憲法解釈の諸問題』（木鐸社、1989 年）80-81 頁。
20) 最高裁の論理は、政教分離原則を観念し、各政教分離規定の解釈の指導原理としつつも、個別の事例の判断においては、当該国家行為が各政教分離規定に違反するか否かを論じるというものである。政教分離の射程が各政教分離規定の内容に限定されるのであれば、判例法理においても、日本国憲法の保障する政教分離の規律対象は国家による一定の宗教（団体）へのかかわり合いであると思われる。そして、空知太神社事件（最判平成 22 年 1 月 20 日民集 64 巻 1 号 1 頁）の調査官解説によれば、「我が国の

社会的、文化的諸条件に照らし相当とされる限度を超えるかかわり合いの禁止」が「基底的判断枠組み」であるとされる。これは、一定のかかわり合いが許容されていることを示している。清野正彦「判解」最高裁判所判例解説民事編平成22年度（上）（2014年）40頁。
21) 津地鎮祭事件判決は、「憲法は、政教分離規定を設けるにあたり、国家と宗教との完全な分離を理想とし、国家の非宗教性ないし宗教的中立性を確保しようとしたもの、と解すべきである。」という。なお、最高裁の理論構成を整理すると、①国家と宗教の関係の理想を述べる段階、②各政教分離規定の解釈の指導原理となる基底的判断枠組みの提示段階、③各政教分離規定を解釈する際の「着眼点提示部分」（目的効果基準、総合較量型審査）の段階、④提示された着眼点に基づく審査枠組みを当該事案にあてはめる段階、の4段階から構成されていると思われる。そして、①の段階で最高裁は完全分離を理想というのである。
22) この点に対する批判は、大石眞「愛媛玉串料訴訟上告審判決について」同『権利保障の諸相』（三省堂、2014年）306頁以下などを参照。なお、「宗教的中立性」と「非宗教」を互換的に用いているように見える点については、最高裁は、「政教分離原則とは、国家……は宗教そのものに干渉すべきではないとする、国家の非宗教性ないし宗教的中立性を意味する」と述べているため、政教分離原則の中に、〈非宗教という意味での政教分離原則〉と〈宗教的中立性という意味での政教分離原則〉があることを意図している可能性もある。この場合、憲法は、「国家と宗教との完全な分離を理想とし、国家の非宗教性ないし宗教的中立性を確保しようとしたもの」との判示の読解が問題となるが、この説示を、憲法は、完全分離という理想を掲げ、①その理想の実現である国家の非宗教性ないし②現実的な妥協としての宗教的中立性のいずれかを確保しようとしたもの、と読む余地もある。だが、この読解は技巧的に過ぎるようにも思われる。
23) ただし、1867年憲法93条は、教育に関する州の排他的な立法権を認めつつも、連邦結成当時に認められていた権利や学校に不利益を及ぼすことを制限している。そのため、オンタリオ州でのカトリック系学校、ケベック州でのプロテスタント系学校等が特別扱いとなっている。カナダ憲法秩序全体を見たとき、この規定と国家の宗教的中立性の関係も論点になるが、本章では主にカナダ最高裁が憲章2条の解釈として構想した国家の宗教的中立性の義務に焦点を充てるため、検討対象外とする。この規定と国家の宗教的中立性の関係については、富井幸雄「カナダ憲法と世俗主義――宗教、教育、国家（一）・（二・完）」法学会雑誌49巻1号（2008年）201頁以下・49巻2号（2009年）123頁以下を参照。
24) *S. L. v. Commission scolaire des Chênes*, [2012] 1 S. C. R. 235.
25) Richard Moon, "Government Support for Religious Practice" in Richard Moon ed., *Law and Religious Pluralism in Canada* (UBC Press, 2008) at 231. ムーンが世俗主義、不可知論、無宗教、無神論等を厳密な意味で用いていない点には注意を要する。
26) *Mouvement laïque québécois v. Saguenay*, [2015] 2 S. C. R. 3.
27) *Chamberlain v. School District No. 36*, [2002] 4 S. C. R. 710. なお、本判決は7対2で教育委員会の決定を不合理なものと判断しているが、その主な理由は、教育員会が、当該保護者の価値観のみに基づいており、同性の両親からなる家族の子どもたち

等が「学校教育システムの中で平等な承認と尊重を受ける」利益を決定過程で考慮していない、というものである。
28) このケースでは、ブリティッシュ・コロンビア州サレー市の教育委員会が、敬虔なキリスト教徒の保護者らの要求に基づき、同性の両親から構成される家族を描いた補助教材（3冊の絵本）の使用申請を拒否したことが問題となった。当該絵本の使用を希望していた幼稚園教諭のチェンバレン氏が教育委員会の決定は不合理だとして訴えを提起した。
29) この読み方を敷衍すれば、たとえば、尊厳死や安楽死といった生命倫理に関わる立法過程において、宗教的な動機や理由から意見を述べることが許容される。
30) 第二の読み方を支持していると解されるものとして、Howard Kislowicz, "Judging Religion and Judges' Religions"（2018）33 Journal of Law and Religion 42 at 53; Richard Moon, "Freedom of Religion under the Charter of Rights: the Limit of State Neutrality"（2012）45 U. B. C. L. Rev. 497 at 515.
31) Moon, *ibid* at 516.
32) Berger, *supra* note 14 at 67.
33) Kislowicz, *supra* note 30 at 42.
34) 井上達夫『法という企て』（東京大学出版会、2003年）序、第1章を参照。
35) たとえば、政教分離の主目的として、「宗教の非政治争点化」が挙げられることがある。高橋和之『立憲主義と日本国憲法〔第6版〕』（有斐閣、2024年）205-206頁。政教分離の目的論については、安西文雄「国家と宗教」憲法問題27号（2016年）31頁以下なども参照。
36) ロールズ・前掲注11）208-209頁。
37) 多文化主義の最大の功績は、マジョリティ文化を基軸にした既存の政治的領域における文化的マイノリティの不利益の存在を指摘したことにあるとも指摘される。浦山聖子「民族文化的少数者の権利」愛敬浩二編『人権の主体』（法律文化社、2010年）214頁。参照、ウィル・キムリッカ（角田猛之他監訳）『多文化時代の市民権』（晃洋書房、1998年）167-173頁。
38) この問題への筆者の考え方は第2章での検討を参照。
39) 唐沢穣「社会心理学における道徳判断研究の現状」社会と倫理28号（2013年）86頁。
40) Jonathan Haidt, *The Righteous Mind: Why Good People Are Divided by Politics and Religion*（Pantheon, 2012）. 邦訳として、ジョナサン・ハイト（高橋洋訳）『社会はなぜ左と右にわかれるのか——対立を超えるための道徳心理学』（紀伊国屋書店、2014年）がある。以下本書からの引用は本文中の括弧内に頁数を記す。なお、頁数は邦訳版のものだが、部分的に訳を変更したところがある。
41) 道徳の定義の中にも表れている通り、ハイトらの研究には道徳の心理メカニズムを進化の観点から説明する点でも特徴があるが、本章では十分触れることができない。もちろん、ハイトの研究も一切の反証の余地のない理論であるわけではない。
42) David Hume, *A Treatise of Human Nature*（Dover Publications, 2003）at 295.〔『人間本性論』の第2巻第3章3節4段落目〕。
43) ただし、ハイトの議論はいわゆる「感情」対「理性」の枠組みとも異なる。彼によれ

ば「直観」的な判断には感情が作用する／感情の作用を認知できるものもあれば、そうでないものもある。したがって、直観の中に感情が含まれるかは重要ではない。重要なのは「直観」対「理性」という認知モデルである（88-93頁）。

44) 確証バイアスについては、様々な研究があるが、ハイトが参照する中で興味深いのは、奇蹟を信じる認知メカニズムに関する研究である。人は何かを信じたい場合は、「XXは信じられるか」を問い、何かを信じたくない場合には、「XXは信じなければならないか」を問う。そして、前者でも後者でも1つでも信じられる／信じられない理由があればそれを信じる／信じないことができる、というものである。そして、検索エンジンに容易にアクセス可能になった現代社会においては、「ほとんどどんな主義主張であっても、ネット上で何らかの支持を得ることができる」のである。See, Thomas Gilovich, *How We Know What Isn't So* (Free Press, 1991)。また、集団主義的な側面については、世論研究の成果を参照し、人は自己の利益（利己心）からではなく、人種、地域、宗教、政治を問わず、自分が所属する集団に配慮する傾向があるとされる。また、この傾向は脳科学に基づく実験によっても裏付けられるとされる。See, Donald R. Kinder, "Opinion and Action in the Realm of Politics" in D. Gilbert, S. Fiske, & G. Lindzey eds., *Handbook of Social Psychology*, 4th ed, (Oxford University Press, 1998); Drew Westen, Pavel S. Blagov, Keith Harenski, Clint Kilts, & Stephan Hamann, "Neural Bases of Motivated Reasoning: An fMRI Study of Emotional Constraints on Partisan Political Judgment in the 2004 U. S. Presidential Election", (2006) 18 Journal of Cognitive Neuroscience 1947.

45) これは、文化心理学を専門とし、文化人類学者でもあるリチャード・シュウィーダらの研究に触発されたものである。See, Richard A. Shweder, Nancy C. Much, Manamohan Mahapatra, & Lawrence Park, "The "Big Three" of Morality (Autonomy, Community, Divinity) and the "Big Three" Explanations of Suffering" in Allan M. Brandt & Paul Rozin eds. *Morality and Health* (Routledge, 1997).

46) 〈ケア／危害〉は、自ら身を守る方法を持たない子どもをケアするという適応課題に対応して進化した。よって、元々は自身の子どもの苦痛への反応であるが、現在ではより多様な人々が被っている苦痛に反応する（215-220頁）。

47) 〈公正／欺瞞〉は、他人に付け込まれないようにしつつ協力関係を結ぶという適応課題に関連して進化した。よって、他者が自分に示す協力的、もしくは利己的な態度、さらには、人々の協力関係を破壊し、社会を崩壊にいたらしめかねない、ペテン師、怠け者、フリーライダーから共同体を守ろうとする人々の強い欲求に関わる。現在では、比例配分の原理がこの基盤との関連性が高く、現代において、過度にセーフティーネットに頼ろうとする者が批判されるのはこの点から説明できる（280-287頁）。

48) 〈忠誠／背信〉は、堅固な連合体を形成し維持するという適応課題に対応するものであり、自集団と他集団が争っているときに仲間と裏切り者とを区別するのに役立つあらゆる兆候が含まれている（224-229頁）。

49) 〈権威／転覆〉は、階層的な社会の中で有利な協力関係を形成するという適応課題に対応して進化した。よって、序列を示唆する外観や行動のパターンに関わり、現在では、服従／不服従、敬意／不敬、従属／反抗として解釈可能なあらゆる行為及び安定

をもたらすと考えられている伝統、制度、価値観を覆すような行為がこの基盤に関わる（230-235 頁）。

50) 〈神聖／堕落〉は、身体の接触や接近によって伝染する病原菌や寄生虫、あるいはその他の脅威を避ける必要性に対応して進化した。よって、モノや人に危険な病原菌が付着していることを知らせる、嗅覚、視覚等の感覚が関係する。たとえば、死体、排せつ物等。抗生物質が手に入るようになった現代において、この基盤の特徴は、悪い意味（汚れている）でも、良い意味（神聖なものを冒瀆から守る）でも、何か——もの（国旗、十字架等）、場所（メッカ等）、人物（聖者、英雄等）、原理（自由、平等、博愛等）——を「手を触れてはならないもの」として扱えるようにしている点にある。つまり、この基盤は集団の結束を強化するのに必要な、非合理的で神聖な価値を有する何かに人々の労力を投資させることを可能にする（235-245 頁）。

51) 〈自由／抑圧〉は、機会があれば他者を支配し、脅し、抑制しようとする個体とともに、小集団を形成して生きていかなければならないという適応課題に対応するために進化した。よって、支配の試みを示す兆候に関係する。現代においては、政治的な権力の濫用による支配だけでなく、富の蓄積／再配分にも関連する（270-279 頁）。

52) 当初この理論は、〈自由／抑圧〉を除く5つの基盤として提唱されていた。自由や平等の観点は〈公正／欺瞞〉に包摂されていたが、適正配分の観点と自由及び（実質的）平等の観点が整合しないことから、これらが括りだされ、この6つの基盤を設定した方がうまく現状を説明できるとされる（266-270 頁）。*See,* Jesse Graham, Jonathan Haidt, Brian A. Nosek, "Liberals and conservatives rely on different sets of moral foundations"（2009）96 Journal of Personality and Social Psychology 1029.

53) 第二と第三の点を踏まえた他者の価値観を理解するために如何なる対話を為すべきかについては、異文化コミュニケーション論の知見が有用だろう。既に第2章で検討しているが、その要点は、①他者の価値観を理解するための評価尺度を手に入れることを目指し、②対話相手に対する尊重と自分自身の文化に付随する価値観の認識を持ち、③文化純粋主義や文化本質主義の病理に陥らないことである。

54) この点は、公的判断の帰結たる「法令」や「国家行為」に特定のメッセージが付着するという問題意識とも関連しよう。これらがまさに当該国家における公認の証になり、人々にはそれを求める傾向があるということである。関連して、安西文雄「平等保護および政教分離の領域における『メッセージの害悪』」立教法学44号（1996年）81頁、福嶋敏明「法・政治行為の表現次元とその問題性に関する一考察」早稲田法学会誌54号（2004年）215頁、瑞慶山広大「『法の表示理論』の憲法論的意義と論点」法学政治学論究116号（2018年）103頁以下を参照。

55) 本章では、本書の問題関心に引き付ける形で道徳心理学の知見を接受したが、道徳心理学をはじめ実証的な各種心理学、進化論、神経科学といった実証研究の成果を踏まえた（憲）法理論の構築は非常に重要な課題であり、規範論を立てるとしてもその知見を無視することはできなくなってくるように思われる。関連して、神経科学と憲法学の架橋を試みるものとして、小久保智淳「神経法学の体系——神経科学技術の憲法的統制に向けて」法学政治学論究139号（2023年）133頁以下などがある。

56) 長谷部編『注釈日本国憲法（2）』・前掲注5）303頁〔駒村〕。

第 3 章　公的領域における宗教

57) 長谷部恭男『続・Interactive 憲法』（有斐閣、2011 年）26 頁など。
58) 越山安久「判解」最高裁判所判例解説民事篇昭和 52 年度（1981 年）222-225 頁。
59) 小林利行「日本人の宗教的意識や行動はどう変わったか――ISSP 国際比較調査『宗教』・日本の結果から」放送研究と調査 2019 年 4 月号（2019 年）52 頁以下。
60) 藤林ほか 5 名の裁判官による反対意見では、「大本教、ひとのみち教団、創価教育学会、日本基督教団などは、厳しい取締・禁圧を受け、各宗教は国家神道を中心とする国体観念と矛盾しない限度でその地位を認められたにすぎなかった」とされる。
61) 憲法学の基本理解と親和的なものとして、村上重良や島薗進の研究があるが（村上重良『国家神道』（岩波書店、1970 年）、島薗進『国家神道と日本人』（岩波書店、2010 年））、これに異を唱えるものとして坂本是丸による研究がある（坂本是丸『国家神道形成過程の研究』（岩波書店、1994 年））。関連して、石塚壮太郎＝藤本頼生「『神社は宗教ではない？』が示唆すること」山本龍彦ほか編『憲法判例から見る日本――法×政治×歴史×文化』（日本評論社、2016 年）114 頁以下も参照。
62) 宮沢俊義『憲法Ⅱ――基本的人権〔新版〕』（有斐閣、1971 年）347 頁以下を参照。
63) 須賀博志「学説史研究と憲法解釈――明治憲法における信教の自由」公法研究（2011 年）108 頁。また、同「宮沢俊義『国家神道』像の批判的検討」毛利透ほか編『比較憲法学の現状と展望――初宿正典先生古稀祝賀』（成文堂、2018 年）215 頁も参照。
64) 小島慎司「政教分離と信教の自由（上）」法律時報 96 巻 8 号（2024 年）89 頁。
65) たとえば、浦部法穂『憲法学教室〔第 3 版〕』（日本評論社、2016 年）146-148 頁。ただし浦部の見解は、徹底的な分離が神社神道と国家の関係に限られていると読む余地もある。また、津地鎮祭事件判決の藤林ほか 5 裁判官の反対意見は、「わが国における明治維新以降の歴史」を踏まえて、「憲法 20 条 1 項後段、同条 3 項及び 89 条に具現された政教分離原則は、国家と宗教との徹底的な分離、すなわち、国家と宗教とはそれぞれ独立して相互に結びつくべきではなく、国家は宗教の介入を受けずまた宗教に介入すべきではないという国家の非宗教性を意味するものと解すべきである」と述べる。ただし、この反対意見は、信教の自由の保障を「完全なものとするためには、何よりも先ず国家と宗教との結びつきを一切排除することが不可欠」としたうえで、その歴史的例証として、「わが国における明治維新以降の歴史」を参照するため、普遍的に完全分離を求める立場と位置付けるのが正確だろう。
66) 質的アプローチを支持するものとして、林知更「政教分離原則の構造」高見勝利ほか編『日本国憲法解釈の再検討』（有斐閣、2004 年）114 頁以下、宍戸常寿『憲法解釈論の応用と展開〔第 2 版〕』（日本評論社、2014 年）126-27 頁、同「政教分離」警察学論集 76 巻 4 号（2023 年）168-69 頁、西村裕一「政教分離に関する事案」横大道聡編『憲法判例の射程〔第 2 版〕』（弘文堂、2020 年）139 頁以下などがある。また、山本健人「国家と宗教」山本龍彦＝横大道聡編『憲法学の現在地』（日本評論社、2020 年）175-177 頁も参照。
67) 佐々木弘通「憲法学説は政教分離判例とどう対話するか」辻村みよ子＝長谷部恭男編『憲法理論の再創造』（日本評論社、2011 年）400 頁。
68) 佐々木弘通「信教の自由・政教分離」辻村みよ子編『基本憲法』（悠々社、2009 年）116 頁以下。ここで採用される特殊的解決は、占領統治下で GHQ によって採用されて

第1部　リベラルな立憲主義と宗教的多様性

いたルールである。戦没者追悼に関する特殊的解決は、次の3つに整理される。A「戦没者の葬儀や記念式典などは、私的になされるべきであり、公的な主催はむろん、公共施設の使用や弔慰金等の支給といったさまざまな形での公的支援も、また公職者による公的資格での参列も、認められない」。B「戦没者に敬意を表する記念碑や像（「忠魂碑」など）を、政府・自治体は建立してはならず、公有地に設置されたものは撤去せねばならない」。C「戦没者を祀る神社である、靖国神社と護国神社は、……完全廃棄の対象とはせずに、私的な宗教的主体として宗教活動を行うものとする」。また、天皇家の宗教の特殊的解決は、「国家機関たる天皇の関わる公的領域では非宗教性を徹底させ、私人たる裕仁氏・明仁氏の私的領域においてのみ皇室祭祀が行われるべきことを要請する」という。これら、原意からのアプローチは注目されるが、神道指令及びGHQの処理ルールを日本国憲法解釈の原意として、処理ルールを固定することには疑問がないではない。

69）佐々木・同上118-119頁。
70）なお、この佐々木の主張にも関連するが、質的アプローチの課題について、一言付言しておく。質的アプローチと法規範の平等な適用は重要な課題であるが、この時、〈何が平等か〉もまた容易に答えられない問題であることに留意すべきである。たとえば、日本国憲法14条1項は相対的平等を保障するというが、この平等概念は「等しいものは等しく、等しくないものは等しくなく」扱うと定式化される。相対的平等概念のもとでは、何をもって〈等しい〉というのか自体が重大な入り口の問題である。この点に照らせば、質的アプローチにおいては、何をもって同じ類型の事案と捉えるか、を明らかにしていくことが学説の重要な課題となる。質的アプローチそのものへの批判としては、相対的平等ではなく、絶対的平等の観点に基づき、法規範の適用を検討すべきとの主張がありうるだろう。
71）駒村圭吾「道徳立法と文化闘争——アメリカ最高裁におけるソドミー処罰法関連判例を素材に」法学研究78巻5号（2005年）119頁。
72）山本龍彦・前掲注15）212頁。
73）リベラルな卓越主義の立場から、同様の主張に至るジョセフ・チャンの議論も参照。*See*, Joseph Cham, "Legitimacy, Unanimity, and Perfectionism" (2000) 29 Philosophy & Public Affairs 5. チャンの議論の紹介として、大澤津「規範の役割」佐野亘＝松本雅和＝大澤津『政策と規範』（ミネルヴァ書房、2021年）149頁を参照。
　　本章で検討の対象としたのは宗教的価値観であるが、公的判断過程において、関連する問題への認識が多様化することは、基本的にはよい効果を持つと考えられよう。さらに、熟議や対話において、「一連の実証研究が示すところでは、人間は社会的な交流、とりわけ全く異なる視点を持ち込む人との交流を通じて、より効果的に論理立てて考えることができる」との指摘があることも重要であろう。クラウディア・シュワリーツ「熟議とガバナンスの新しい姿」OECD（経済協力開発機構）Open Government Unit『世界に学ぶミニ・パブリックス——くじ引きと熟議による民主主義のつくりかた』（学芸出版社、2023年）37頁。
74）Moon, *supra* note 30 at 520. ただし、ムーンはあらゆる宗教的見解が公的領域に持ち込み可能であるとは考えていない。彼は、カナダ判例は明示的ではないが、市民的あ

るいは世俗的問題に取り組む宗教的信念か、神の賛美や敬意に関心を持つ宗教的信念かを基準として、政治過程に持ち込むことを許容する宗教的見解を区別している。宗教にも、貧困者への教育、薬物の使用禁止、公然猥褻等に取り組む側面がある一方で、もちろん、神と個人の関係（禁忌となる食物、服装）等、市民的な問題に関わらない私的な側面がある。ムーンによれば、前者は政治過程に持ち込み可能だが、後者は持ち込み不可能である。「宗教」の分解の必要性については、本書では十分に検討できなかったが、セシル・ラボルドによる議論が注目されている。*See,* Cécile Laborde, *Liberalism's Religion*（Harvard University Press, 2017）．確かに、公的判断過程に持ち込むことができる宗教的言説と、信教の自由として主張可能な宗教実践ではあるが公的判断過程に持ち込むことを許容すべきでないものを区別することは、公的領域における議論を不必要に混乱させ、宗教的抗争の場としてしまわないためにも重要であると思われる。

　もっとも、こうした指摘については、何が市民的問題で何が私的な問題かを区別するメタ基準が必要となるが、この基準をどのように設定するかも問題となる。この基準が、一般化した（法的な）宗教理解、あるいは政治的行為の適切な範囲の一般的な認識に基づくのだとすれば、それ自体は中立的な観点とはいえないように思われる。この点は第2章で検討した立憲主義「文化」の問題とも関連する。また、あらゆる宗教が宗教体系内部で市民的課題と私的課題を区別するわけではないとすれば、公的領域に参加できる宗教と参加できない宗教を生み出す可能性もある。他方、基準設定のもう一つの可能性としては、公的領域においては、自己利益の追求ではなく、他者と協働する意志をもつことが参加条件となるという理解もありうる。公的領域で表明される主張が、宗教を根拠にするかどうかでは問題ではなく、それが自己利益の追求としてではなく、他者と協働するための道徳的ルール設計のための主張かどうかを問題とするというものである。リベラリズムのプロジェクトとして、信頼（trust）の確保を重視する政治哲学ケヴィン・ヴァリアの議論は、このような理解がありうることを示唆している。ヴァリアの議論はこの点に留まらない重要な視点を提示していると思われるが、いずれにせよ、これらの検討は今後の課題としたい。*See,* Kevin Vallier, *Trust in a Polarized Age*（Oxford University Press, 2021）．ヴァリアの議論を紹介するものとして、大澤津『仕事の正義』（弘文堂、2025）第2章を参照。

75) なお、より先の課題として、公的判断過程それぞれの特徴を踏まえた各論的検討が必要となることを指摘しておく。立法過程、行政過程、司法の判断過程は、それぞれ異なる特徴を持っている。区別の指標としては、①判断過程の公開性、②判断理由の公開性、③判断過程への参加者数、④考慮すべき事項の範囲などが挙げられる。これの指標を踏まえ、公的判断者であったとしても逃れられない認知メカニズムを考慮に入れた制度設計を検討する必要があるだろう。

補　論　カナダ最高裁による国家の宗教的中立性構想

I　はじめに

　補論の目的は、カナダ最高裁による国家の宗教的中立性構想がどのようなものかを明らかにすることである。カナダの憲法は政教分離規定を持たないが、信教の自由の解釈論として、国家の宗教的中立性を構想している。本書の各所でカナダにおける国家の宗教的中立性に関して言及することがあるが、この補論において、その概要を整理し、まとめて示しておきたい。また、国家の宗教的中立性と公教育の関係についても若干の検討を行う。

II　カナダ最高裁による国家の宗教的中立性構想

　カナダ最高裁が国家の宗教的中立性という問題に明示的な判断を加えていくのは 2000 年代以降のことである。チェンバレン判決[1]、ラフォンテーヌ判決[2]、S.L. 判決[3]、サグネ判決[4]の 4 判決が重要判決といえるだろう。本節では各判決について、順に紹介・整理する。

1　チェンバレン判決——中立性の萌芽と政治過程における宗教

　カナダ最高裁が国家の宗教的中立性構想の萌芽を示したと思われるのが、2002 年に下されたチェンバレン判決である。本判決は、制定法上の「世俗 (secular)」という文言の解釈によって事案を解決しており、本格的な憲法論を展開したものではないが、その「世俗」解釈で示された考え方は後の国家の宗教的中立性構想の輪郭を示している。

103

(1) 事実の概要

ブリティッシュ・コロンビア州（以下、「BC州」）サレー市の教育委員会は、敬虔なキリスト教徒の保護者らからの要求に基づき、同性の両親から構成される家族を描いた補助教材（3冊の絵本）の使用申請を拒否した。BC州の学校教育法（School Act, R. S. B. C. 1996, c. 412）85条（2）(b)項は、補助教材の決定権限を教育委員会に与えており、教師は教育委員会が許可した補助教材の中から使用するものを選択することができる、としていた。本件では、当該絵本を利用することを望んでいたサレー市の幼稚園教諭チェンバレン氏が、教育委員会の決定は不合理だと主張した。なお、教育委員会は選挙で選出される公職の地位にあり、学校教育法76条は教育委員会に対して、「厳格に世俗的で、非宗派的な原理（strictly secular and non-sectarian principles）に基づいて行動」することを要求していた。

本判決は、7対2となり、ビバリー・マクラクリン裁判官によって法廷意見が執筆された。

(2) 判　旨

以下は、マクラクリン裁判官による法廷意見のうち、国家の宗教的中立性に関わる部分の要旨である。

①チェンバレン氏は教育委員会の制定法上の義務違反の問題と憲法上の権利侵害の問題を主張するが、制定法上の問題として解決が図られるべきである（at paras 1-3）。

②学校教育法76条は、学校や教育委員会に「厳格に世俗的で、非宗派的な原理に基づいて行動」することを要求しているが、学校教育法の要求する世俗主義は、教育委員会内部の協議や決定の過程に宗教的関心事の居場所がないことを意味しない。「宗教は人々の生活の不可欠の側面であるので、会議室のドアの前に置いてくる（be left at the boardroom door）ことはできない」のである（at paras 18-19）。

③学校教育法の「世俗主義」が排除するのは、コミュニティ内のある宗教的見解を、コミュニティ内の別のメンバーが持つ価値観の考慮を妨げるため

に用いることである。教育委員会は自由に親の宗教的関心事に取り組むことができるけれども、コミュニティの他のメンバーに対する「平等な承認と尊重」を与える方法でなさなければならない（at paras 18-19）。「学校教育法による世俗主義の強調は、カナダが多様で多文化な社会であり、合理的調整、寛容、多様性への尊重という価値によって結びついているという事実を反映しており、このような価値は、平等とマイノリティの権利保障という我々の憲法のコミットメント」に基づいている（at para 21）。教育委員会は、制定法の「世俗主義」に基づき、寛容の雰囲気を促進し、見解の多様性を尊重しなければならず、特定の宗教的ないし道徳的観点を支配的なものとすることを許されていない（at para 25）。

④教育委員会は、同性の両親からなる家族について、幼稚園児や小学校１年次の子どもに教えることは、多くの場合で、家庭で教えられることと学校で教えられることとの間で不一致を起こし、子どもを混乱させるため、年齢に不相応な内容であると判断している。だが、このような「認知的不協和（cognitive dissonance）」[5]は、多文化社会であるカナダにおいて日常的に起こっているため、それ自体が排除の理由にはならない（at para 65）。当該絵本の持つ影響力は、教室内に実際に同性の両親からなる家族の子どもが存在すること以上の部分について考慮されるべきであり、それは「寛容のメッセージ」を伝えることである。寛容の問題は「常に年相応（age-apporopriate）」の問題なのである（at para 69）

⑤教育委員会は敬虔なキリスト教徒の保護者の宗教的価値観に基づいて行動していいが、本件では、当該保護者の価値観のみに基づいており、同性の両親からなる家族の子どもたち等が「学校教育システムの中で平等な承認と尊重を受ける」利益を決定過程で考慮していない（at para 58）（強調点筆者）。したがって、本件決定は不合理であり、当裁判所が示した基準に基づき決定を再考することを教育委員会に命じる（at paras 73-74）。

(3) 整　理

本判決について、まず注目すべき点は強引ともいえる「世俗」解釈であろ

う（②・③）。カルガリー大学の憲法学者ハーワード・キスロウィックは、この解釈について、「宗教とのつながりが全くないこと」として通常定義される「世俗」という言葉の意味が、「寛容の価値」——あるいは多様な価値観に対する「平等な承認と尊重」——に変化しており、「他の価値観を排除しないこと」という意味になっていると指摘する[6]。制定法の文言を解釈する文脈であるが、カナダ最高裁が宗教を私事とみなす（と通常定義される）「世俗主義」の採用を回避したことを示唆する。

　このことは、選挙で選ばれる公職である教育委員会の意思決定過程において、「宗教は人々の生活の不可欠の側面であるので、会議室のドアの前に置いてくることはできない」と述べ、宗教的価値観に居場所を認めていることにも表れている[7]。カナダ最高裁が想定するのは、公的領域の脱宗教化という意味での世俗主義ではなく、公的領域における宗教的価値観をはじめとする多様な価値観の「平等な承認と尊重」であることが示されている。

　本判決において、憲法論は上記のような制定法解釈を正当化する根拠の1つとして言及されているに過ぎない。このような解釈の根拠となっている憲法がこれと矛盾する国家と宗教の関係を構想することは想定し難いが、チェンバレン判決では具体的な憲法上の国家と宗教の関係は明示されなかった。

　なお、国家の宗教的中立性と教育の関係についてはまとめて後述する。

2　ラフォンテーヌ判決——憲法上の国家の宗教的中立性の義務

　憲法上の国家と宗教の関係に明示的に言及したのが、2004年のラフォンテーヌ判決におけるルイス・ルベル裁判官の反対意見である。反対意見のレベルではあるが、後の判決でこの部分の説示は多数意見によっても否定されていないと強調されており[8]、国家の宗教的中立性構想にとって重要な説示といえる。

(1) 事実の概要

　ケベック州内の地方自治体ラフォンテーヌ（以下、「自治体」）は、制定法に基づき内部規則を定め、都市計画のため土地の利用を制限していた。自治体

近郊の「エホバの証人」の会衆（Congregation）（以下、「本件会衆」）は、礼拝所である「王国（Kingdom Hall）」を建設するための土地を探したが、礼拝所の設置が許可されている「コミュニティゾーン」に適合的な土地を見つけることができなかった。本件会衆は、「住宅ゾーン」に適合的な土地を発見し、自治体がゾーニングの修正を行うことを条件に土地の所有者と売買交渉を開始するとともに、自治体に当該申請を行ったが、自治体は税法上の理由に基づきこの申請を拒否した。

本件会衆は、再度、コミュニティゾーンに適合的な土地がないかを探すが、やはり発見することはできなかったので、400メートル先に別の礼拝所が設置されている「商業ゾーン」の土地に目星を付け、自治体に再度ゾーニングの修正を申請したが、今度は理由を付されることなく拒否された。本件会衆は三度、コミュニティゾーンに適合的な土地がないかを丹念に探す（土地の所有者を一軒一軒訪ねた）が、やはり発見できなかったので、2回目の申請と同様の土地でゾーニングの修正を申請したが同じく理由を付されることなく拒否された。そのため、本件会衆は、ゾーニングの修正が拒否されたことが信教の自由を制約するという宣言的判決及びゾーニングの修正等を求めて出訴した。

本判決は、5対4となり、マクラクリン裁判官によって法廷意見が執筆されているが、マクラクリン裁判官による法廷意見は、行政法上の手続的公正の原則に争点を絞り、理由を付すことなく申請を拒否した2回目と3回目の自治体の決定はこの原則に違反すると判断し、2回目と3回目の決定の再考を命じている。一方、ルベル裁判官による反対意見は、憲章2条（a）項の保障する信教の自由侵害の論点に立ち入り、そこで、国家の宗教的中立性の義務について論じている。

(2) 判　旨

以下は、ルベル裁判官の反対意見における国家の宗教的中立性の義務に関わる説示部分の要旨である。

①信教の自由は、国家及び公的機関に対して、「寛容を保障する宗教的中

立性の義務を課している」。国家の宗教的中立性の義務によって、「すべての個人の尊厳及び平等」が保護されるのである（at para 65）。

②中立性の義務は西洋社会の発展の中で形成されてきたものであり、カナダの歴史もこの一例を示している（at para 66）。カナダの社会の変化——人口の増加、都市化、産業化——や哲学的・政治的・法的理論の発展に伴って、「徐々に教会と国家の機能の分離」が導かれてきた。この進展は、「宗教と教会を公的議論の領域から排除しないが、宗教的行為及び宗教の選択が個人の私的生活ないし自発的結社」と関係を深めていることを示している。そのような社会的変化は、中立性の義務のもと、「教会と公的機関との間に明らかな分離を作り出す傾向がある」。しかし、「中立性の構想は、社会的問題が発生している場合、教会ないしそのメンバーが公的領域で重要な役割を演じることを許容する」（強調点筆者）。他方、この構想に基づく政府の活動の本質は、「諸宗派間及び諸宗派と市民社会の間の関係を中立に媒介することである」（at para 67）。

③このような文脈において、国家は特定の宗教に対する積極的な支援を与えるべきではない。国家は容易に調和することのない多様な価値観を尊重しなければならないのである。「国家は宗教が関わる問題について行動することを慎むべきである」。国家の活動は、信教の自由を保障する、社会的・法的フレームワークを構築することに限定されている。こうした観点を踏まえて、自治体のような公的機関の義務を評価しなければならない（at para 68）。

④第１審による事実認定は部分的に回復されるべきである——コミュニティゾーンには本件会衆に購入可能な土地が２つあるとした事実認定のうち、１つの土地の購入可能性は非現実的だが、もう１つの土地は購入可能である——ため、本件会衆は、コミュニティゾーンの土地に礼拝所として王国を建設することが可能である。そうである以上、ゾーニングによって礼拝所が建設できなくなっていないため、信教の自由が制約されていると主張することはできない（at para 70）。

⑤もっとも、自治体は宗教的問題に対して中立であることが要求されているので、ゾーニング規則は、信教の自由の行使を不必要に妨げることを回避

する構造でなければならない。本件ゾーニング規制は、礼拝所の設置を認めていないわけではなく、不必要に信教の自由を妨げる構造をもっているとはいえない（at para 71）。

(3) 整　理

　ルベル反対意見の意義として次の 3 点を指摘できるだろう。まずは、憲章 2 条 (a) 項で保障された信教の自由が、国家に宗教的中立性の義務を課すという点が明示されたことである（①）。カナダの憲法は政教分離に関する規定を持たないため、国家の宗教的中立性の義務を信教の自由から導くという構成はありうる妥当なものといえる。

　次に、公的領域を非宗教化しないことを明示している点である。ルベル裁判官は、「教会と国家の機能の分離」、「教会と公的機関との間に明らかな分離」を強調しつつも、国家の宗教的中立性は、「宗教と教会を公的議論の領域から排除しない」とし、「社会的問題が発生している場合、教会ないしそのメンバーが公的領域で重要な役割を演じること」を認めている（②）。この説示は、基本的にはチェンバレン判決の延長線上にあるものと理解できるが、チェンバレン判決が政治過程においても宗教的価値観を表明することを許容したと読みうる一方で、ルベル反対意見がそこまでの含意を含んでいるかは不鮮明である。

　第 3 に、宗教的問題に関して、国家は行動を慎むべきとし、その役割を、❶宗教間及び宗教と市民社会の関係を中立に媒介することと、❷信教の自由が確保されるための社会的・法的フレームワークを構築すること、に限定した点である（③）。このうち、❷については、宗教団体の法的根拠となる「非営利法人」の地位を獲得するための法制度[9]や、慈善団体として宗教団体に所得税の免除を規定する法制度[10]の整備、宗教団体による聖職者雇用に対する特別措置等[11]に反映されているといえるだろう。❶については、宗教間ないし宗教団体と市民社会の間で重要な政策、立法をめぐる対話のためのプラットフォームとして国家が機能することを想定しているともとらえられるが[12]、具体的に何が想定されているのか定かではない。

以上のような国家の宗教的中立性の義務を信教の自由の解釈として示したルベル裁判官の反対意見は重要な意義を持つが、いまだ少数意見のレベルにとどまっていた。

3　S. L. 判決——絶対的中立性の不可能性

　多数意見のレベルで国家の宗教的中立性の義務に明示的に言及したのが 2012 年の S. L. 判決におけるマリー・デシャン裁判官の法廷意見である。本判決は、多数意見において国家の宗教的中立性の義務に言及した上、無宗教や無神論の観点を踏まえてこれを構想した点で決定的な重要性を持っている。

(1) 事実の概要

　ケベック州は、1960 年頃まで非常に宗教的な州であり、主にカトリック教会に関連する機関によって学校教育が運営されていた。この状況からの変化は 1960 年代に始まった「静かな革命」によってもたらされた。漸進的に世俗化——教育省の設立によるケベック州政府の公教育に関するコントロールの取得、ケベック州内での宗派教育委員会 (denominational school boards) の廃止、1867 年憲法 93 条の教育条項からのケベック州の離脱等[13]——が進展し、2000 年に入って全ての公立学校が世俗化された（それまでは公立学校でも「宗教教育」が行われていた）。こうした世俗化の流れの総仕上げとして登場したのが、中立的に宗教及び倫理観について教育をおこなう「倫理・宗教文化教育プログラム (Ethics and Religious Culture Program)」（以下、「ERCP」）である。S. L. 判決ではこの ERCP が問題となった。

　ERCP は客観的・中立的な方法で、世界の宗教について及び倫理的問題に関する教育を課すプログラムであり、2008 年から、ケベック州のすべての小・中・高校に、私立・公立を問わず卒業に必要な必修科目としてカリキュラムに組み込まれた。ERCP の目的は、「他者に対する承認」と、「共通善 (common good)」について学習することであり、この目的を達成するための到達目標は、(a) 世界の宗教についての理解、(b) 倫理的問題について自省する能力を獲得すること、(c) 対話に従事する能力を発達させること、であ

る[14]。

 S. L. 判決では、ケベック州の公立学校に自らの子供を通わせているローマカトリックを信仰する親らが、中立的な観点からカトリシズムについての教育が行われることは、子供に自身の宗教に基づく教育を行う権利を侵害するとして、ERCP が憲章及びケベック価値違反であるという宣言的判決等が求められた。

 本判決は全員一致（結論同意意見を含む）で下されており、デシャン裁判官による法廷意見は、ケベック州政府の採用した「中立」な方法が、信教の自由と整合するか、という視点から国家の宗教的中立性について言及し、宗教中立的な ERCP が如何なる意味で原告らの信教の自由を制約するのかを原告らが証明することに成功していないので、信教の自由に対する制約はないと判断している。

(2) 判　旨

 以下は、デシャン裁判官による法廷意見における国家の宗教的中立性構想に関わる部分の要旨である。

 ①カナダの判例法における「国家の宗教的中立性の概念は、カナダの多文化的構造（multicultural makeup）とマイノリティの保護」に対する鋭敏な感覚に沿って発展してきた（at paras 17-21）。

 ②〔ウィンザー大学の憲法学者〕リチャード・ムーン教授は、「世俗主義や不可知論（secularism or agnosticism）を、宗教的信仰と同じ、1 つの立場、世界観、文化的アイデンティティとして理解すれば、国家がエキュメニカルな宗教的実践を支援した場合でさえ、そのような構想を持つ者は、排除や周辺化を感じるだろう。しかし、同じように、公的領域から宗教を完全に排除すれば、宗教を信じる者は、自身の世界観が排除され、無宗教ないし世俗的観点（non-religious or secular perspective）が肯定されたと感じるだろう。……不可知論及び無神論の進展に伴って、公的領域の中立性は不可能となった」のである[15]、と述べている（at para 30）。「哲学的観点から、我々は、絶対的な中立性が存在しないことを受け入れなければならない」。それゆえ、「非絶

対的で現実的なアプローチ」に基づき、「国家の中立性は、国家が特定の宗教的信念を優遇したり、妨害したりしていない場合」、かつ、競合する個人の憲法上の権利に配慮し、無宗教も含む「あらゆる宗教的態度に対して敬意を示す場合」に保たれているのである（at paras 31-32）。

③客観的・中立的な方法で宗教・倫理について教えるERCPは「非絶対的な中立性」に違反するものではない。カナダのような「多文化社会において、成長過程の子供が認知的不協和に出会うこと」は避けがたく、自身の家族の環境とは異なる多様な宗教・倫理・文化に触れされること自体が、原告の信教の自由を制約すると客観的に証明されていないため、信教の自由制約を認定することはできない（at paras 39-41）[16]。

(3) 整 理

本判決の最大の意義は「非絶対的で現実的な」中立性を構想したことにある（②）。カナダ最高裁は、ムーンの見解を引きつつ[17]、国家の宗教的中立性の構想として、公的領域を「脱宗教化」することを志向しなかった。ムーンの指摘は、公的領域において、国家が宗教を排除すれば無宗教等を国家が支持することになり、反対に国家が何らかの宗教を支持すれば無宗教等を排除することになるため、厳格な世俗主義をとることがもはや宗教的に「中立」ではないという点を指摘した点で重要である。非絶対的な国家の宗教的中立性構想はチェンバレン判決やラフォンテーヌ判決の趣旨とも合致するが、多数意見で憲法解釈論としてこの点が確認された意義は大きい。

また、本判決は、国家の中立性がどのような場合に保たれるかを示すことで、これに違反する場合を提示している（②）。すなわち、「国家が特定の宗教的信念を優遇したり、妨害したりして」おらず、無宗教も含む「あらゆる宗教的態度に対して敬意を示」していれば国家の宗教的中立性は保たれている。しかし、本判決の実際のあてはめ部分では、信教の自由に対する制約の有無の問題として審査が行われており、「信教の自由」の審査と、「国家の宗教的中立性の義務」の審査においてどのような異同があるのかは明確でないようにみえる。

4 サグネ判決――中立性構想の集大成?

カナダ最高裁がこれまでに下してきた国家の宗教的中立性の義務に関する判例を纏め上げ、カナダにおける国家の宗教的中立性の義務の範囲及びその審査方法を提示したのが、2015年のサグネ判決におけるクレメント・ガスコン裁判官の法廷意見である。なお、本件は人権法に淵源を持つものであるため、第5章での説明と重複する部分もあるが、人権法の仕組みについて簡単に触れておく。

カナダでは主に私人間の差別（公的サービスの提供における差別も含む）を禁止する人権法（Human Rights Act／Human Rights Code）が連邦及び州で制定されている。具体的には、雇用や施設・サービスの利用等の領域において、人種、信条、宗教、年齢、性別、性的指向、ジェンダー・アイデンティティ、肌の色、身体的及び精神的障害、結婚等に関する地位等を理由とする差別を禁止する。人権法に基づく申し立ては、差別を受けたと感じた個人が、人権法によって設置される人権委員会へ申し立てを行うことから始まる。人権委員会は、差別の可能性のある申し立てを調査し、調整等を行う。人権委員会による調整が成功しなかった場合、その申し立ては同じく人権法によって設置される人権審判所によって審理される（州によっては人権審判所が設置されていない場合もある）。人権審判所の審決に異議がある場合は、通常の司法裁判所に訴えを提起することが可能である。

なお、本件で争点となるケベック州における人権法の役割を担うケベック憲章（*Charter of Human Rights and Freedoms*, R. S. Q., c. C-12）は、基本的権利を定める形で制定されており、ケベック憲章3条の保障する信教の自由が問題となる場合、憲章2条（a）項と同様のものとして解釈することが判例上確立されている[18]。

(1) 事実の概要

ケベック州サグネ市は2002年に7つの市の合併により誕生した。サグネ市議会では、パブリックミーティングの開会時に、市長及び市議会議員が起立し、カトリック式のお祈りを行っていた。具体的には、市長が起立し、十

字を切ったのち、マイクを用いてカトリック式のお祈りを行い、市議会議員及び市の公務員がその場で起立し、これに続く。サグネ市に居住している真摯な無神論者であるシモノーは自治体政治に関心を持ち、定期的に市議会のパブリックミーティングに参加していたが、当該お祈りに接し、居心地の悪さを感じていた。シモノーは 2006 年 12 月に市長に対しお祈りをやめるよう求めたが、市長がこれを拒否したため、ケベック憲章に基づき人権委員会に書面で不平を訴えた。人権委員会は当事者に直接インタビュー調査を行い、人権審判所に訴え出るに値すると判断した。2008 年 7 月、シモノーら――シモノーも所属するケベック州の厳格な世俗化を求める非政府組織 Mouvement laïque québécois も訴訟に参加――は、当該お祈りは自身の信教の自由を差別的な方法で侵害しており、市は国家の宗教的中立性の義務に従うべきであるとして、お祈りをやめること等を求め人権審判所に訴えを提起した。

　これに対し、サグネ市は、2008 年 11 月 3 日に、お祈りに関する内部規則を制定し、お祈りを法的に規律するとともに、お祈りの文言をエキュメニカルでかつ伝統への尊重を示すものに変更し、お祈りの終わりと正式な議会の開始の間に 2 分間のギャップを設けた。この 2 分間のギャップは、市議会のパブリックミーティングに参加することを望むものの、お祈りに居心地の悪さを感じる個人に対する調整案として市が行ったものであり、お祈りの時間中は退出し、その後、パブリックミーティングの開始に合わせて入場することを可能にする。これを受けて、シモノーは当該内部規則の無効等を請求に追加した。人権審判所は当該お祈りが差別に該当すると認定したため、サグネ市側がケベック控訴審に控訴し、控訴審ではサグネ市側の主張が認められたため、シモノー側がカナダ最高裁に上告した。

(2) 判　旨

　カナダ最高裁における国家の宗教的中立性構想の集大成的な判決であるため、やや長くなるが、ガスコン裁判官の法廷意見における国家の宗教的中立性の義務に関する説示の要旨は以下の通りである（部分的に判旨の順序を入れ替えている)[19]。

①本件の核心的問題に答えるために、「良心及び信教の自由の文脈において、国家の中立性の義務の範囲を確立することによって議論を始める」。また、「制定法や規則の制定、国家行為において、国家が中立性の義務に違反したかどうかを決定することのできる基準を検討する」(at para 64)。なお、ケベック憲章3条は、憲章2条（a）項との類似性から、憲章の適用事例において発展してきた原則を踏まえて解釈されるべきである（at para 65）。

②ケベック憲章もカナダ憲章も明示的に国家に宗教的中立性の義務を課していない。この義務は、憲章2条（a）項及びケベック憲章3条に基づく良心及び信教の自由の解釈から発展してきた。ラフォンテーヌ判決のルベル反対意見によれば、カナダ社会の発展は、国家は宗教ないし信仰に介入してはならないという中立性の構想を提示した。この中立性は、国家は特定の信仰を優遇したり妨害したりしてはならないことを要求するが、それは無宗教にも当てはまる。国家は宗教的問題について何らかの立場を表明してはならず、特定の宗教を支持することを避けなければならない（at paras 71-72）。

③国家は何らかの宗教的選好を表明しないことによって差別から自由な公的領域を保障するが、「中立な公的領域はその領域内部における私的プレイヤーの同質化を意味しない。中立性は公的組織及び国家に要求されているのであって、個人にではない」。精神的な問題に関する公的権威の一部による強制・圧力・判断から自由である中立な公的領域は、「信仰に関する各人の平等な価値」、「個人の自由及び尊厳を保護することを意図している」(at para 74)。

④それゆえ、「公的領域の中立性は、憲章27条に謳われるカナダ社会の多文化的性質を保護し、促進する」。憲章27条は、国家の宗教的中立性の義務を、多様性を促進しより良くする見解と一致する方法で解釈することを要求する（at para 74）。これに加え、国家の宗教的中立性の義務は「民主主義の不可欠の基礎」でもある。「自由で民主的な社会」というケベック憲章及びカナダ憲章の理想は、国家に「各人が信仰にかかわらず公的生活に自由に参加することを奨励するよう要求する」。国家は、宗教的な選好を表明することによって、無宗教者を排除し、信仰を持つ者の参加を促進してはならない

し、逆も同じである。結局のところ、国家が各人の良心及び信教の自由を保護する義務は、公的生活における特定の信仰を持つ者ないし持たない者の参加を促進するために、その他の者に損害をもたらすような方法でその権限を行使することを禁止するのである（at para 75）。「今日、国家の中立性の義務は、ケベック憲章及びカナダ憲章に謳われる良心及び信教の自由の必然的帰結となっている」（at para 76）。

⑤ S. L. 判決で述べられたとおり、絶対的中立性は不可能である。「真の中立性」は、「非絶対的中立性」であり、この立場は、「国家が宗教的問題について何らかの立場を表明することを控えさせる」。「微妙な違いではあるが、国家が宗教的問題への立場表明を控えることと、無神論や不可知論の支持とは区別される」。たとえば、国家は市議会の開会の際に神を否定することはできない。これは神の存在を信じるものを排除するから、中立性の義務に違反する。だが、国家によるこの沈黙から、国家の無神論等への優遇といった結論を導き出すことはできない（at paras 130-134）。

⑥国家の中立性の義務と一致しない宗教的目的を有する法律・規則・内部規則は無効である。たとえば、特定の宗教的行為の遵守を目的とした法律の制定は国家の中立性の義務に反する。この目的の審査の指標には、法令の前文や構造等と同様に、その文脈や立法過程を用いることができる。しかし、本件においては厳密には法令が問題になっているわけではない。サグネ市はお祈りを規律する内部規則を制定したが、それは原告が人権審判所に訴えを提起した後であった。法令が問題となっている行為を規律する場合は、当該行為を考慮に入れて分析を行わなければならない（at paras 80-82）。

⑦本件のような国家行為に基づく宗教的差別のケースでは、「〔1〕国家が他のすべての信仰を排除して、ある宗教的信仰を、公言あるいは、採用・選好していること及び〔2〕当該排除が原告の信教の自由を制約していること」が証明されれば、国家の宗教的中立性の義務違反が認められる（括弧内の数字は筆者が付したもの）。これは、第1に、国家がある宗教的信念をほかの全てを排除するために、公言したり・採用したり・選好したりしてはならないことを意味する。当然ながら国家それ自体が宗教的活動をすることはできな

い。そのため、対象となるのは1人ないし複数人の公務員が、自身の職務を果たすための権限行使である。この場合の基準は、宗教に基づく、排除・区別・優遇が存在するか否かである。第2に、信教の自由に対する制約の有無は、それが「取るに足らないか、非実質的でないか」によって判断する（at paras 83-87）。

⑧「問題となっている行為が法令によって規律されている場合」、国家はその差別的効果の正当化を試みることができる。この正当化審査としては、オークス・テスト[20]として定式化されている基準を適用する（at paras 89-90）。

⑨内部規則制定前のお祈りは明らかにカトリック的なものであり、宗教的性質を免れない。国家の宗教的中立性の義務は、国家が宗教的遺産を祝賀し、保持することを控えることは要求しない。しかし、国家が宗教的目的で差別的行為を行うことは正当化できない。市長の証言から、本件お祈りの採用は、有神論的観点を表明するという単なる文化的伝統の表明以上のものを含んでいることが明らかである（at paras 113-119）。内部規則による文言の変更も「神」に言及するその本質を変更するものではない（at paras 135-140）。

⑩当該お祈りによって、同様の信仰を持つ者は自治体の民主主義に心地よく参加できるが、その信仰を持たない者は、民主主義に参加するために、孤独や排除、スティグマを感じることを支払わなければならない。これはシモノーの信教の自由を実質的に制約している。サグネ市は2分間のギャップによる合理的調整措置を行ったことを強調するが、このような宗教的実践からの退出という調整案は、宗教的マイノリティに対して、マジョリティに自身の信仰を暴露することを強制し、スティグマを与えるため、信教の自由制約を和らげない。このことは既に過去の裁判例[21]によっても示されている（at paras 120-127）。

⑪内部規則の制定は正当化の可能性を開くが、この立証責任はサグネ市にあり、サグネ市は、この点について実質的な主張を行っていないので、これ以上は議論しない（at para 128）。

(3) 整 理

 まず、本判決は、ラフォンテーヌ判決のルベル反対意見、SL 判決のデシャン法廷意見を明確に引き継いだ形で国家の宗教的中立性の義務の範囲を提示した（②・⑤）。この核心部分は、国家が特定の宗教を優遇すること、あるいは、妨害することを禁止するものである。ここでは、無神論等も含む宗教に関する各人の多様な考え方に対する平等な尊重が図られている。そのため、国家が宗教を支持・選好・優遇することと同様に、国家が公的領域から宗教を排除することも中立性に違反する。国家は宗教的問題への態度表明を控えるべき——宗教的問題に対して沈黙するべき——との規範は、一見すると、無宗教を支持するかに見えるが、最高裁は、周到にも国家が宗教的問題について意見の表明を控えることが無神論等への優遇につながらないという予防線をも張っている（⑤）。そうすることによって、差別から自由な公的領域が作り出され、「信仰に関する各人の平等な価値」、「個人の自由及び尊厳」が保護されるのである。また、カナダ最高裁は、「中立な公的領域はその空間内部における私的プレイヤーの同質化を意味しない。中立性は公的組織及び国家に要求されているのであって、個人にではない」とも述べ、中立性の義務が及ぶ対象を国家及び公的機関に限定している（③）。つまり、この文脈でもこれまでの判例を引き継ぎ、公的領域において宗教性を帯びる私的な個人ないし団体が活動することを禁じていないと解される。

 カナダ最高裁によれば、このような国家の宗教的中立性の義務は、多文化主義の促進と民主主義にとって不可欠な基礎としても観念されている（④）。多文化主義との関係について、ムーンは、国家によって「カナダのナショナル・アイデンティティに特定の宗教的伝統を結び付けることは、多文化社会というこの国の自己構想に反する」と指摘している[22]。カナダ最高裁は、国家がシンボリックに何らかの宗教と結びつき、当該宗教以外の信仰を持つ者にアウトサイダーであるとのメッセージを発することを危惧していると考えられる。このようなメッセージは、宗教的マイノリティに対し、当該社会における不承認ないしマジョリティに有利な「不公正」な承認の契機として受け取られることになり、彼らを社会への不完全な参加者とみなしてしまう危

険性が高いからである。そして、このような効果が民主主義政治からマイノリティの参加者を遠ざける効果を持つことが懸念されているのである。多文化社会における民主政の衰退防止――あるいは活性化――という観点からも、カナダ最高裁は国家の宗教的中立性の意義を評価している（④・⑩）。

　カナダ最高裁は、国家の宗教的中立性違反の判断方法として、まず、「〔1〕国家が他のすべての信仰を排除して、ある宗教的信仰を表明あるいは採用・選好していること、及び〔2〕当該排除が原告の信教の自由を制約していること」の証明を求めている（⑦）。その上で、問題となる国家の行為が法令に基づく場合については、〔1〕〔2〕が証明されたのちに、正当化可能かが審査される。明言されているわけではないが、問題となる国家行為に法令上の根拠がない場合については、正当化審査には進まず、〔1〕〔2〕の証明によって宗教的中立性の違反が認定されるものと推測される。なお、正当化審査は、構造化された比例原則であるオークス・テストによって行われるとされているが（⑧）、サグネ判決ではこの審査が具体的に行われていないため（⑪）、通常の信教の自由のケースと同様の適用となるのか、国家の宗教的中立性の義務のケースの場合には何らかの修正が加えられるのかは明らかではない。

III　整理と若干の検討

　以下では、まず、IIでみてきたカナダ最高裁の構想を整理する。次に、国家の宗教的中立性と関わる論点である学校教育との関係について若干の検討を行う。

1　宗教的中立性に関するカナダ最高裁の立場
(1)「真の中立性」としての非絶対的中立性

　カナダ最高裁は、S.L.判決においてムーンの見解に依拠し、絶対的中立性が存在しないことを受け入れた上で、「非絶対的中立性」として国家の宗教的中立性を構想した。そして、サグネ判決では、この非絶対的中立性こそが「真の中立性」であると位置付けるに至っている。このような中立性構想は、

公的領域から宗教を排除しないが、国家は宗教的問題への態度表明を控えるべき、というものである。すなわち、国家が、特定の宗教ないし宗教自体を公言、採用、選好すること、あるいは妨害することを禁止している。

　カナダ最高裁による中立性構想において特筆すべきは、各宗教だけでなく無神論等を含む宗教に対する多様な見解に平等な価値を認めている点であり、だからこそ、国家が宗教的問題に対して沈黙することを要請していることである。このような理解を前提にすれば、もはや公的領域の世俗化、脱宗教化は適切な解決策にならない。まさに各宗教に関する見解を「中立」に扱うことが目指されるのである。上述のように、カナダ最高裁によればこのような中立性の構想は多文化主義と民主主義の促進にとって重要な基礎となっている。

　念のため付言しておくと、カナダ最高裁は宗教的問題に対する国家の完全な沈黙を求めているわけではない。サグネ判決においても、「国家が宗教的遺産を祝賀し、保持すること」を認めている。カナダ最高裁の構想した国家の宗教的中立性は、宗教に関する多様な見解それぞれに「平等な価値」を認めて、各見解から「中立」であるために、宗教的問題に関する態度表明を国家は控えるべきだというものである。そのため、宗教的な問題に国家が何らかの態度を示した場合、それを判断する基準が設定される。

(2) 中立性違反の判断方法

　カナダ最高裁は、国家の宗教的中立性の義務違反の判断する際に、まず、「〔1〕国家が他のすべての信仰を排除して、ある宗教的信仰を表明あるいは採用・選好していること、及び〔2〕当該排除が原告の信教の自由を制約していること」の証明を求めている。

　〔1〕については、「他のすべての信仰」という言い回しになっている点が興味深い。「他のすべての信仰」を排除しないやり方は中立性の義務に違反しない可能性が留保されているようにも思われる。たとえば、無神論等を含む各信仰に「アクセス機会の公平性」を認めるような方法[23]は国家の宗教的中立性の義務に違反しない可能性がある。また、この基準に該当するか否か

は、当該法令が制定された文脈——あるいは当該行為が行われた文脈——を細かく審査することになる。

〔2〕については、国家の宗教的中立性義務違反の判定基準の中に原告の信教の自由侵害を組み込むものであるが、この基準については、「余剰」ではないかという指摘がある[24]。「〔1〕国家が他のすべての信仰を排除して、ある宗教的信仰を公言あるいは採用・選好している」ことが証明された場合、当然に当該信仰ないし信仰自体を持たない者の信教の自由が制約されていると想定できるからである。ムーンは、この2段階目のテストをカナダ最高裁が設定した理由として、次の2つの可能性を想定する。第1は、カナダ最高裁は実は、中立性の義務を真剣に採用する気がなく、実質的には個人に対する強制や介入の契機をもって国家の宗教的中立性の義務違反を判定しようとしている、というものである。この指摘はむしろ1段階目のテストが余剰であるとの指摘であるように思われる。確かに、カナダの裁判所はサグネ判決のように国家の宗教的中立性が問題となると構成しうる事案にも信教の自由に対する制約を認めてきた経緯がある[25]。だが、もし、カナダ最高裁の意図がこのようなものであるとすれば、そもそも、国家の宗教的中立性の構想を提起する必要はなく、法廷意見のなかでこれほど力強くこの構想を論じていることに違和感を覚える。

第2は、公務員による宗教的シンボルの着用という将来のケース——信教の自由と国家の宗教的中立性の交差事例——を予期しているというものである。つまり、たとえば、ヒジャブを着用する公務員は他の宗教よりもある宗教（イスラーム）を支持していることを表明しているため、国家の宗教的中立性の義務に反するかに見えるが、それは誰の信教の自由も制約していないという可能性を残したという理解である[26]。この他に、たとえば、自然災害や火災、テロ等で宗教的施設が損害を受けた場合に、国家が再建、補修のために財政的支援を行うといったケースも想定できる。この場合、何者かの信教の自由を制約するような方法でなければ支援が許容されるということになるだろう。

いずれにせよ、2段階のテストをカナダ最高裁が採用した真の意図につい

ては今後の判例の展開を持つほかない[27]。

2　国家の宗教的中立性と公教育──多様な価値観に曝される学校？

　教育──とりわけ公教育──は、宗教的多様性と国家の宗教的中立性をめぐる議論の主戦場であり、カナダにおいては、歴史的な背景と深く結びついている問題であるとともに[28]、現在でも、宗教的多様性と如何に向き合うか、という難問に関する最も論争的な領域だとされている[29]。

　ここでは、チェンバレン判決とS.L.判決を踏まえ、多文化社会における公教育と宗教的中立性のもとでの国家の役割に関するカナダでの議論について、簡単なものに留まるが、若干の検討を行うことにしたい。

(1) 認知的不協和という日常

　チェンバレン判決におけるマクラクリン裁判官の判示には、まず事実認識のレベルで、多文化社会における認知的不協和が日常の出来事であり、回避不能の現象であることが示されている（④）。その上で、認知的不協和に曝されることが、寛容や他者の尊重を学ぶために必要であると述べている（④）。したがって、子どもたちが認知的不協和に曝されることを理由にして、補助教材の認可を拒否するのは誤っているとされたのである。この判示に、子どもたちを認知的不協和に曝さなければならないという規範的レベルの主張が含まれるかは、微妙なところである。

　ムーンは、サグネ判決が国家の宗教的中立性違反を判断する枠組みに、信教の自由侵害の有無を組み込む判断枠組みを採用した可能性として、ヒジャブ（以下、単に「スカーフ」とする）を着用する公務員のケースを見据えたものとする見方を提示していたが、これは認知的不協和を多文化社会の日常と考えれば次のように説明できる。

　カナダにおいて[30]──また日本の憲法学おいても──、公立学校に通う生徒のスカーフ着用についてはこれを認めるべきとする見解が支配的と思われるが、教師が身に着ける場合については必ずしも意見が一致していない[31]。小学校の教師等、未だ人格的自律の形成が不十分な生徒に接する職にある人

物（公教育を担う教員）に対しては、一見すると宗教的シンボルを身につけるべきでないという規範が成り立つようにもみえる。

　しかし、この点、認知的不協和を日常と想定する立場からは、実際には当該生徒らは様々な文化が混在する多文化社会の中で成長してきたのであるから、様々な宗教的シンボルを着用した人物との接触による刺激を日常の生活の中で受けていることが前提となり、したがって、教師が改宗を促したり、自身の宗教を教え込んだりすることは問題だが、教師が宗教的シンボルを身に付けていることそれ自体の影響はさほど大きくないと評価できる[32]。また、寛容の精神を身に付けるために認知的不協和を経験することが必要であるのなら、教師のスカーフの着用を認める根拠ともなり[33]、これは誰の信教の自由も制約しないから、国家の宗教的中立性に違反しない。

(2) 多様な価値観に曝す国家の義務？

　S.L. 判決はチェンバレン判決で示された多文化社会における認知的不協和が日常の生活の一部であるという理解を踏襲しているが、ヨーク大学オズグットホールロースクールの憲法学者ベンジャミン・L・バーガーは、デシャン裁判官はチェンバレン判決よりも踏み込んだ説示を行っていると理解する。バーガーによれば、デシャン裁判官は「カナダ社会の多文化的現実」が、政府に対して、子供たちを、彼ら自身を取り巻く様々な宗教的・文化的現実に曝す「義務」を課すことを示唆している[34]。この理解によれば、多文化社会のおける学校教育において子どもたちを認知的不協和に曝すことが規範的に求められる。

　バーガーは、教育を「我々の世界に子供たちを引き込む装置」と捉える哲学者ハンナ・アーレントの議論を参照し[35]、あらゆる教育に価値を注入する側面があることを否定できないとしつつも、カナダ最高裁の用いる「教え込み（indoctrination）」という概念に着目し、子供たちを認知的不協和に曝すような教育カリキュラムを正当化する。バーガーによれば、阻止されるべき教え込みは、「対象について熟慮された選択肢とオルタナティブを抑圧し制限する意図がある」教育である。これに対して、カナダ政府が行っている教育

は、子どもたちの「地平を制限する (horizon-limiting)」ような——子どもたちの世界を閉ざすような——プロジェクトではなく、「現在、数学や科学の基本的な知識に匹敵する重要な市民のスキル」となっている「異文化の知識、寛容の習慣、差異に敬意を払った相互交流」といった他者と共生するスキルを発達させるものだとする[36]。また、哲学者ジョスリン・マクルーとチャールズ・テイラーも、「我々が一般的なアイデンティティに関連した差異の範囲を知るために学ぶことが、多様な社会における平和的な共生にとって必要であること」を強調する[37]。

国家が市民の形成を担うことを正当化できるかについても問題となろう。ERCPのような教育カリキュラムは、宗教的な親や共同体にとって、自分たちが家や共同体内で教えている宗教理解とは異なる客観的な宗教理解を子どもたちに教えるものであるので、同じくマクルー＆テイラーが指摘するように、この種の教育は、親が自身の信念を子どもに伝えることを困難にし、マイノリティ共同体が社会からの影響から自身を守ろうと望むことは一層困難になる[38]。マイノリティ共同体にとって、年少の構成員の教育は共同体の生き残りのために死活問題であろう。確かに、国家が教育の全般的状況のあらゆる考慮を独占し、「子どもの形成において共同体、家族、宗教的価値を締め出すことは、愚かで抑圧的である」[39]。

しかし、カナダ政府は、教育に関する責任と役割を、国家と親、共同体等とで分担することを前提としている。その上で場合によっては、国家の役割が優越すると位置付けられている。チェンバレン判決のマクラクリン法廷意見は、親が子供の教育について強い利益を持つこと、教育に親が参加することの重要性を認めつつも、「親の見解は重要かもしれないが、コミュニティ内の多様性を反映し、差異に対する寛容と理解を教えるBC州の公立学校の絶対必須の地位に勝ることはできない」と判示している[40]。バーガーはこの点について、事実として、家族や共同体の世界と区別される我々の共通世界が、「真実や宗教的多様性、性的多様性、豊かな文化的差異に関して相争われている主張の一つであるとき」、「国家は、共同体ないし家族と一般社会の間の移行に子どもたちを備えさせる責任を有する」という。また、「我々の

世界についての重要な政治的事実として、深い多元主義（deep pluralism）[41]と世俗主義が絡み合っている場合、市民形成における国家の中心的な役割は、還元不能な公的機能（irreducible public function）」であるとも指摘する[42]。

多様な価値観が複雑に交錯し競合している「我々の世界」での共生を重要な課題とし、共生の作法を身に着けるための有効な手段である教育において、共同体や家族には担うことのできない国家の役割があるとするバーガーの指摘は正当なものであろう。また、チェンバレン判決における国家の役割の優越は、「差異に対する寛容と理解を教える」という点において認められるのであり、その役割の拡大を無制限に認めるものではないと解される。そうであれば、少数派共同体もまた、周囲の環境から独立して存在しているわけではない以上――ある文化は他の文化から孤立して発展しているとする「文化純粋主義（cultural purity）」やある文化は不変的かつ静態的、そして没交渉的であると捉えるような（文化）「本質主義（essentialism）」は多文化共生・異文化理解において病理の一種として理解されよう[43]――、彼らが「共生のための制約」を一定程度被ることは正当化可能といえるように思われる。

こうした議論は、S. L. 判決を起点としつつも、その趣旨をやや拡張する形で展開されていることは否めない。しかし、憲法上、そのような教育を行う国家の義務が導かれるかはともかく、そのような教育を行うことは、国家の宗教的中立性に違反しないとはいえる。それは、「〔1〕国家が他のすべての信仰を排除して、ある宗教的信仰を表明あるいは採用・選好している」わけではなく、「〔2〕当該排除が原告の信教の自由を制約していること」もないと解されるからである。

Ⅳ　まとめ

補論では、カナダ最高裁による国家の宗教的中立性構想を素描し、若干の検討を行った。補論での検討を簡単にまとめておく。カナダ最高裁による国家の宗教的中立性構成は、各宗教だけでなく、無神論や無宗教等を含む宗教に対する多様な価値観に「平等な価値」を認める「非絶対的な中立性」とし

て構想された。これは、国家が宗教的問題に態度を表明することを控えさせる一方で、公的領域における宗教的価値観も含む多様な価値観を持つ者同士の対話・討議を奨励しうるものと解される。

　チャンバレン判決で「世俗」という文言に強引な解釈を加えたカナダ最高裁であったが、ラフォンテーヌ判決、S.L.判決、サグネ判決を通して、「宗教的中立性」と「世俗主義」あるいは「(国家の)非宗教性」を明確に区別している。加えて、S.L.判決以降、絶対的中立性が不可能であり、また、中立性構想としては「理想」でもないことを示している。絶対的中立性・完全分離は社会の多様性及び民主主義にとって有害であるとさえ解されているといえるだろう。

　また、補論では、国家の宗教的中立性と公教育の問題についても若干の検討を行った。その検討によれば、チェンバレン判決で学校における（公）教育の中で、多様な価値観に曝されること、そして、認知的不協和を経験することが、多文化社会における日常であり、これらを通して寛容の価値の学習が可能であることが示された。さらに、S.L.判決では、自らを取り巻く多様な宗教的・文化的現実に子どもたちを曝すことが政府の義務となる場合もあることが示唆された。そして、このような要求が、「多様な社会における平和的な共生」のために、「異文化の知識、寛容の習慣、差異に敬意を払った相互交流」といったスキルを子どもたちに身に付けさせ、彼らの「地平を拓く」教育であるという観点から肯定できることを示した。このような教育の在り方を、多文化社会における教育モデルとしてどのように具体化していくべきかはさらなる検討が必要であるが、多様に異なる価値観を有する他者と真に共生していくためには、他者との交流を排した価値世界に自閉し、相互不干渉のもとに単に並存することを目指すよりも、異なる価値観に曝され、自身の価値観を自省しつつ共生のための作法を学ぶ必要があるとする指摘には説得力があるだろう。そして、こうした教育モデルはカナダ最高裁が示す国家の宗教的中立性構想に基づく限り、国家の宗教的中立性に違反しない。

補　論　カナダ最高裁による国家の宗教的中立性構想

注
1) *Chamberlain v. School District No. 36*, [2002] 4 S. C. R. 710 [Chamberlain].
2) *Congrégation des témoins de Jéhova de St-Jérôe-Lafontaine v. Lafontanie*, [2004] 2 S. C. R. 650.
3) *S. L. v. Commission scolaire des Chênes*, [2012] 1 S. C. R. 235 [S. L.].　本判決の評釈として、栗田佳泰「判批」法政理論 49 巻 3・4 号（2017 年）226 頁以下。
4) *Mouvement laïque québécois v. Saguenay (City)*, [2015] 2 S. C. R. 3 [Saguenay].
5) ここで認知的不協和は、自己の中で矛盾する情報に接し不快感を覚える状態を意味する。認知的不協和は、この状態を緩和する心理的働きを説明する認知的不協和理論として社会心理学者のレオン・フェスティンガーによって提唱されたものである。See, Leon Festinger, *A Theory of Cognitive Dissonance* (Stanford University Press, 1954).　同書の邦訳として、レオン・フェスティンガー（末永俊郎監訳）『認知的不協和の理論――社会心理学序説』（誠信書房、1965 年）。
6) Howard Kislowicz, "Freedom of Religion and Canada's Commitments to Multiculturalism" (2010) 31 N. J. C. L. 1 at 18-19.
7) なお、マクラクリン裁判官は、本件教育委員会と立法者や市長を区別しているが（at paras 26-28)、これは、教育委員会の裁量の幅を決定する文脈であるため、この説示は、宗教的な価値観の居場所を議会や行政過程には認めないとする趣旨ではないだろう。
8) *Saguenay, supra* note 4.
9) *Canada Not-for-Profit Corporations Act*, SC 2009, c 23.
10) *Income Tax Act, RSC 1985*, c 1 (5th Supp).
11) See, *Caldwell et al v Stuart et al*, [1984] 2 S. C. R. 603; *Schroen v. Steinback Bible College*, (1999) 35 C. H. R. R. D/1 (Man. Bd. Adj.); *Ontario (Human Rights Commission) v Christian Horizons*, 2010 O. N. S. C. 2105.
12) See, Rosalie Jukier & Shauna Van Praagh, "Civil Law and Religion in the Supreme Court of Canada: What Should We Get out of Bruker v. Marcoviz?" (2008) 43 S. C. L. R. (2ed) 381.
13) 1867 年憲法 93 条は、教育に関する州の排他的な立法権を認めつつも、連邦結成当時に認められていた権利や学校に不利を及ぼすことを制限するものである。
14) ERCP は私学教育法 111 条に基づき、規則によって、私立学校に対する免除措置を認めており、私立学校の提示した独自のプログラムが ERCP と「同等（equivalent）」であると、ケベック州の教育等担当大臣が判断した場合、免除が認められる。*An Act respecting private education*, Civil Code of Québec, c. E-9.1, s. 111; *Regulation respecting the application of the Act respecting private education*, CQLR, c. E-9.1, r. 1, s. 22.　なお、この私立学校の免除の許否もカナダ最高裁で争われており、宗教系私立学校に求められる「同等」の意味は、ERCP と全く同じことを意味するのではなく、一定の制限の下、宗教的観点を踏まえた独自のアレンジを加えることが認められている。*Loyola High School v. Quebec (Attorney General)*, [2015] 1 S. C. R. 613.
15) Ricard Moon, "Government Support for Religious Practice" in Richard Moon ed., *Law and Religious Pluralism in Canada* (UBC Press, 2008) at 231.

16) 信教の自由の制約の有無の判断基準としては、判例上確立しているアムセルム・テストが用いられている（第4章参照）。*Syndicat Northcrest v. Amselem*, [2004] 2 S. C. R. 551 [Amselem]. ここで制約が認定されなかった理由の1つとして、ERCPに基づく教育がまだ実際には行われておらず、如何なる教育内容となるのか明らかでなかったことも関係している。
17) なお、ムーンは、「無神論」、「不可知論」、「世俗主義」、「無宗教」を厳密な意味で区分して用いてはいない。
18) *Amselem, supra* note 16. カナダ最高裁は、ケベック憲章3条の適用事例において展開された信教の自由解釈も、憲章2条（a）項の解釈とみなしている。
19) 本判決には、人権審判所の性格と司法裁判所が人権審判所の判断を審査する際の基準に関する論点があるが、割愛する。なお、この部分につき、ロザリー・アベッラ裁判官が法廷意見と異なる意見を述べている。
20) オークス・テストは、いわゆる構造化された比例原則による正当化審査である。詳しくは、第6章での説明を参照。
21) *Zylberberg v. Sudbury Board of Education*, [1988] 65 O. R. (2d) 64; *Freitag v. Pentanguishene*, [1999] 47 O. R. (3d) 301. いずれもオンタリオ州控訴審所による判決であるが、この文脈において重要視されてきたものである。これらの判決については、第4章も参照。
22) Richard Moon, *Freedom of Conscience and Religion* (Irwin law Inc., 2014) at 35. ムーンによるこの指摘はサグネ判決が下される以前のものだが、カナダ最高裁及び州裁判所が実質的には国家の宗教的中立性が問題となっているケースにおいてしばしば憲章27条に言及していることを踏まえれば、サグネ判決の理解にとっても重要であろう。
23) 大屋雄裕「宗教の近代性とその責任——空知太神社事件」駒村圭吾編『テクストとしての判決——「近代」と「憲法」を読み解く』（有斐閣、2016年）292-293頁。
24) Richard Moon, "Neutrality and Prayers: Mouvement laique v Saguenay" (2015) 4 Oxford Journal of Law and Religion 512 at 518.
25) なお、カナダの裁判所は実質的には国家の宗教的中立性が問題となってきた事例において「強制」概念を拡張することで信教の自由制約を認めてきた流れがある。*See, Zylberberg, supra* note 21; *Freitag, supra* note 21. 詳しくは第4章参照。
26) この理解は、合理的調整と政教分離（国家の宗教的中立性）との相克を回避するという理解と結びつく。そうであれば、合理的調整が問題となる類型における政教分離解釈の方法論として日本にとっても示唆的であろう。
27) なお、この2段階目のテストについては、個人の信教の自由制約を審査するため、個人のいちゃもん的な訴訟を認める可能性を開きうる。しかし、カナダ最高裁は、この審査基準として定立しているアムセルム・テストにおいて、個人の主観的な宗教理解が「真摯な」ものかを裁判所は審査しえるとしているし、客観的にみてこの真摯な信仰が制約されているかを判断できるとしているため、不純な動機による訴訟は選別されるものと思われる。*See also, S. L., supra* note 3, at paras 22-23.
28) 歴史的な背景については扱わない。この点については、加藤普章「カナダに独自な政

教分離の試み——憲法と教育制度」和田守編『日米における政教分離と「良心の自由」』（ミネルヴァ書房、2014 年）、富井幸雄「カナダ憲法と世俗主義——宗教、教育、国家（一）（二・完）」法学会雑誌 49 巻 1 号（2008 年）201 頁以下、同 50 巻 1 号（2009 年）123 頁以下などを参照。

29) Benjamin L. Berger, "Religious Diversity, Education, and the 'Crisis' in State Neutrality" (2014) 29 Can. J.L. & Soc. 103. より大きな観点からみると、リベラルな立憲主義にとっても（公）教育における多様な価値観の扱い方は難問である。阪口正二郎「リベラルな立憲主義における公教育と多様性の尊重」一橋法学 2 巻 2 号（2003 年）447 頁以下。棟久敬「ドイツにおける公教育の中立性——国家の教育委託と公教育の中立性」一橋法学 10 巻 1 号（2011 年）361 頁以下も参照。

30) カナダも多くの西洋社会が直面しているように、イスラームのスカーフ問題に直面しており、近年ではニカブやブルカといった全身及び顔の大部分を覆う服装の着用をめぐる問題も提起されている。もっとも、これらの服装に対しては、着用を求める場所や文脈によっては、安全性の問題等も提起され、信教の自由や寛容に留まらない議論が必要となっている。カナダにおけるこの議論の一端については、山本健人「市民権取得と多文化国家カナダ——イスハーク判決の位置づけとその憲法問題」法政論叢 53 巻 1 号（2017 年）135 頁以下、とりわけケベック州の最新事情を紹介するものとして、伊達聖伸『もうひとつのライシテ——ケベックにおける間文化主義と宗教的なものの行方』（岩波書店、2024 年）を参照。

31) 問題の困難性を指摘するものとして、渡辺康行「イスラーム教徒の教師のスカーフ事件」木下智史編著『事例研究憲法〔第 2 版〕』（日本評論社、2013 年）326 頁以下。

32) Moon, *supra* note 22 at 122-124.

33) 斎藤一久はドイツの議論を参照しつつ、女性教員のスカーフの着用について「あくまでイスラームを授業時間中に積極的に支持するような言動が具体的にあった場合にのみ禁止されると考える余地もあるのではないだろうか」と指摘する。斎藤一久「政教分離」法学教室 416 号（2016 年）40 頁。また、斎藤一久「ドイツにおける多文化教育の一断面——イスラム教をめぐる問題を中心として」早稲田法学会誌 52 巻（2002 年）147 頁以下参照。

34) Berger, *supra* note 29 at 113. *See, S. L., supra* note 3 at para. 40.

35) Hannah Arendt, "The Crisis in Education" in *Between Past and Future* (Penguin Books, [1968] 2006). 同書の邦訳として、ハンナ・アーレント（引田隆也＝齋藤純一訳）「教育の危機」同『過去と未来の間』（みすず書房、1994 年）。

36) Berger, *supra* note 29 at 115. 関連して、教育が価値注入という側面を多かれ少なかれ持つことについては、内野正幸「教育権から教育を受ける権利へ」ジュリスト 1222 号（2002 年）102 頁以下、及び齊藤愛『異質性社会における「個人の尊重」——デュルケーム社会学を手がかりにして』（弘文堂、2015 年）218 頁以下などを参照。

37) Jocelyn Maclure & Charles Taylor, *Secularism and Freedom of Conscience* (Harvard University Press, 2011) at 47.

38) *Ibid*. 16.

39) Berger, *supra* note 29 at 114.

40) *Chamberlain, supra* note 1 at para 33.
41) なお、「多元主義（pluralism）」という言葉は、「多様性を尊重する態度」を推奨する「規範的概念」という意味で用いる。日本において、多元主義は様々な意味合いで用いられるが、カナダでの使われ方としてはこの用法が最も一般的だと思われる。ジュラール・ブシャール（丹羽卓監訳）『間文化主義（インターカルチュラリズム）──多文化共生の新しい可能性』（彩流社、2017年）19頁。また、ブシャールは、「多元主義には多様な適用が可能であり、複数のモデルを産出する（多文化主義、間文化主義、共和主義等）」として概念間の整理を行っている。
42) Berger, *supra* note 29 at 115.
43) Howard Kislowicz, "Faithful Translations?: Cross-Cultural Communication in Canadian Religious Freedom Litigation" (2014) 52 Osgoode Hall L. J. 141 at 155; Avigail Eisenberg, "Rights in the Age of Identity Politics" (2012) 50 Osgoode Hall L. J. 609 at 619.

第2部 信教の自由における承認と対話

第4章　信教の自由の保護範囲
第5章　カナダ人権法における合理的調整の法理
第6章　信教の自由の制約とその正当化
　　　　合理的調整の法理を契機に
第7章　宗教的共同体の内部紛争と司法審査

第4章　信教の自由の保護範囲

I　はじめに

　第4章では、憲法上の権利としての信教の自由の保護範囲について検討する。ここでは、憲法上の権利の制約に対する正当化審査を経て、最終的に保護される信教の自由の範囲ではなく、正当化審査以前の信教の自由に基づく憲法上の一応の保護範囲が検討対象である。この意味での信教の自由の保護範囲の広狭は、多様な（マイノリティの）宗教的実践を「承認」し、法的保護を与えうるかに関する重要な入り口の問題であり、この段階で弾かれる宗教や宗教的実践等はそもそも法的保護の対象とならないという強いメッセージを与えることになる。

　本章では、まず、日本の信教の自由の保護領域論の現状を整理する（→II）。次に、カナダ最高裁が信教の自由における「宗教」をどのように定義しているか（→III）、信教の自由によって保障される権利内容をどのようなものと想定しているか（→IV）、を明らかにする。そして最後に、カナダの信教の自由の保護範囲論を踏まえて、日本への示唆を検討する（→V）。

II　問題の所在

　信教の自由の保護範囲に関する論点としては、まず、①信教の自由の保護の対象となる「宗教」の定義が問題となり、次に、②信教の自由の権利内容が問題となる。それぞれについて、日本の憲法学の現在地を確認しておくことにしたい。

第 2 部　信教の自由における承認と対話

1　信教の自由における「宗教」の定義

　信教の自由の対象となる「宗教」の定義について、日本の最高裁が明示的判断を示したことはない。また、学説においても、積極的に宗教の定義を示すものはほとんどないが、広義に捉えるものが通説といえる[1]。そして、津地鎮祭事件の名古屋高裁が述べた次の定義を用いるのが一般的であると思われる[2]。名古屋高裁による宗教の定義は、「『超自然的、超人間的本質（すなわち絶対者、造物主、至高の存在等、なかんずく神、仏、霊等）の存在を確信し、畏敬崇拝する心情と行為』をいい、個人的宗教たると、集団的宗教たると、はたまた発生的に自然的宗教たると、創唱的宗教たるとを問わず、すべてこれを包含するものと解するを相当とする」というものである[3]。小山剛は、この定義を「客観説（＋広義説）」と分類する[4]。名古屋高裁の定義は、「宗教」を広義に捉えているが、一定の客観的外縁を示すものであるからである。これに対して、少数説として「主観説」と「客観説（＋狭義説）」とに分類できる学説も主張されている。

　主観説として、頻繁に参照されるのが、「その人がそれを宗教だと理解していれば、それは宗教と考えるべきだ」という松井茂記の説明である[5]。ただし、松井は、主観説を採用する理由として、「信教の自由保護の趣旨からは、『宗教』の意味は広く理解されるべき」としか述べておらず[6]、主観説が妥当である理由の説明としては不十分と思われる。同じく、主観説に分類できるのが阪本昌成の説明である。阪本は、「宗教とは〈当該個人にとっての『究極的な関心事』……に関する疑問に解答を与えるもの〉をいう」とするパウル・ティリッヒによる神学の議論を参照し、信教の自由における「宗教」は、「主観的または現象学的に、広くとらえられなければならない」という。よって、「多数者または社会通念からみて『非宗教的なもの』や『邪教』であっても」、当該個人の「究極的な関心事」に解答を与えるものであれば、信教の自由における「宗教」の範囲に該当するのである[7]。

　客観説（＋狭義説）といえるのは、大石眞である。大石は、宗教社会学・文化人類学などの成果を参考に、「『宗教』とは、超越的な絶対者の存在を信じ、それとの関係で生を意味づけようとする心為」であると定義する。客観説

（＋広義説）と比較すると、宗教の範囲は狭いように思われる。大石が、このような宗教の定義を行う理由は、「宗教」該当性が、「宗教団体としての地位にもかかわる問題」であり、「個人の信仰の自由を保障するためには『宗教』の概念をできるだけ広くとらえるべき」という「単純なことがらではない」からである[8]。確かに、日本の宗教法人法制のもとでは、宗教法人と認められることで、「公益法人等」として法制度上の「優遇税制」の対象となるため[9]、宗教団体の法的地位の観点を考慮に入れる必要があるとの指摘は正当なものと思われる。ただし、この点については、信教の自由と宗教法人法の関係や、宗教法人制度の建付け、宗教法人法自体が「宗教」の定義を行っていないこと[10]も踏まえて検討する必要がある。

　日本においては、信教の自由が問題となった事件で、「宗教」概念の限界を問うような境界事例が生じていないこともあり、この論点はあまり深められていない[11]。しかし、本書の観点からは、憲法が保障の対象とする「宗教」の範囲は、多様な宗教を法的に「承認」する範囲の入り口の問題として重要な論点である。

2　信教の自由の権利内容──通説としての三分説

　信教の自由がどのような権利を保障するかについて、憲法学の教科書では、①信仰の自由、②宗教的行為の自由、③宗教的結社の自由の3つを挙げるのが通例である（以下「三分説」）[12]。芦部によれば、①信仰の自由には、㋐信仰告白の自由（信仰に反する行為を強制することの禁止などを含む）、㋑信仰・不信仰を理由とした不利益処遇の禁止、㋒宗教的教育の自由が含まれる。また、②宗教的行為の自由には、布教の自由が含まれる。この点、日本国憲法は、20条1項が保障する「信教の自由」に加えて、同2項で、「宗教上の行為、祝典、儀式又は行事に参加することを強制されない」ことを規定するが、信教の自由が①・②を保障するのであれば、この規定に特別の意義があるわけではない。この規定は、歴史的反省を踏まえて、該当行為の強制の禁止を明文で確認したものと解されよう[13]。なお、③宗教的結社の自由については、オウム真理教解散命令事件[14]を踏まえれば、「宗教法人」を設立することが、

憲法上の宗教的結社の自由として認められるわけではないことに留意する必要がある。

ただし、信教の自由の権利内容を上記①〜③と捉えておくことが妥当なのかについては議論の余地がある。林知更によれば、日本の公法学説における、この三分説の起源は、戦前の明治憲法に関する美濃部達吉の学説[15]に見出すことができる。そして、「当時の日本公法学にとって最大の『準拠国』であったはずのドイツ」において、1850 年プロセン憲法 12 条 1 文が、宗教上の信仰の自由、宗教団体を結成する自由、宗教を実践する自由を明瞭に規定していることに「突き当たる」という。つまり、「日本における戦前以来の解釈論は、これを標準的な枠組みとして模範にし、学説レベルで受容した蓋然性が高い」のである[16]。また、須賀博志も、明治憲法下の信教の自由の権利内容について、当時の憲法学説がどのような解釈論を展開していったかを明らかにし、昭和期に美濃部達吉（と佐々木惣一）によって三分説の整理が行われたとする[17]。そして、この明治憲法下の学説が、日本国憲法の下での信教の自由の権利内容としても継受されている。これらの事情を踏まえ、工藤達朗は、「明治憲法 28 条も日本国憲法 20 条も、プロセン憲法 12 条の文言とは異なっているのであるから、日本で三分説を採る必然性はなかったし、今もないのである」と指摘している[18]。

なぜ日本国憲法の信教の自由の権利内容が、この三分説であるかの説得的な説明がなされることがなかったとしても[19]、上記①〜③が信教の自由の権利内容に含まれていること自体を疑う理由はないと思われる[20]。重要な論点は、信教の自由の権利内容は上記①〜③に留まるのか、ということにあるだろう。三分説が 1850 年プロセン憲法に起源をもつとすれば、約 130 年の間に、宗教を取り巻く社会環境も大きく変わっている。信教の自由の権利内容が上記①〜③に留まるものと想定し続けてよいかは検討されるべきである。

III 信教の自由における「宗教」とは何か

それでは、カナダの信教の自由解釈論において、信教の自由の対象となる

「宗教」の定義、信教の自由の権利内容はどのように解釈されているのだろうか。この検討に入る前に、カナダ憲法と裁判所による違憲審査の仕組みについて簡単に説明しておく。

カナダの裁判所による違憲審査は、まず、①憲章で保障する権利が制約されているか（保護範囲＋制約）を問題にし、次に、②憲章１条[21]の下で当該制約の正当化ができるか（正当化）を問う２段階で行われる。本章では、①の段階で、憲章２条ａ項[22]の保障する信教の自由の保護範囲がどのように解釈されているかを検討する。また、カナダ最高裁は、連邦控訴裁判所及び州の最上級裁判所からの上告も受け付けており、州法に関する事件も扱っている[23]。

1 アムセルム判決——主観的な宗教の理解

カナダの信教の自由の保護範囲論に決定的な影響を与えたのが、2004年のアムセルム判決[24]である。同判決で形成された憲章２条（a）項の保護範囲該当性及び制約の有無の認定に関する判断枠組みは、アムセルム・テストと呼ばれ、確立した判例法理となっている。アムセルム判決を検討することからはじめよう。

(1) 事実の概要

アムセルム判決の事実の概要は以下の通りである。ケベック州モントリオールの高級マンションの区分所有者であるアムセルムら複数の正統派ユダヤ教徒は、正統派ユダヤ教の祭典の期間中（９日間）、自室のバルコニーに個人のスッカー（succah）と呼ばれる宗教的仮庵を作り、その中で寝食を行うこと等を宗教上の重要な行為と解していた（アムセルムのみそれを宗教上の義務と解していた）。しかし、マンション購入の際に同意した約款は、管理組合が認める例外を除き、バルコニーを装飾したり、増改築したりすることを禁止していた。管理組合はマンションの中庭に共同スッカーを建てることを許容する代替案を提案したが、アムセルムらはマンションの高層階に居住しており、正統派ユダヤ教の祭典の間は電子的な装置に触れることができず、した

がって、エレベーター等を使うことができないため、中庭のスッカーは極めて不便であって、また、個人のスッカーをもつことが自身の宗教理解にとって重要である等の理由でこれを拒否した。結局、アムセルムらが、管理組合の反対を無視し、バルコニーにスッカーを建築したので、管理組合はスッカーを建てることを将来的に禁止し、現在建てられたスッカーの撤去を命じる差止命令を求めて出訴した。これに対して、アムセルムらは、ケベック憲章[25]で認められた信教の自由を侵害するとして応答した。

この事例において重要だったのは、①アムセルムを除く正統派ユダヤ教らは、個人のスッカーを持つことは重要な宗教的意味を持つが、宗教上の「義務」とは考えておらず、共同のスッカーであっても宗教上の義務は満たされると考えていたこと、そして、②正統派ユダヤ教の一般的なラビの間で個人のスッカーが必要との理解が確立しているわけでもなかった、という点である。

(2) 判旨の概要

フランク・イコブッシ裁判官による多数意見の重要部分の要旨は次の通りである[26]。

①本件は、ケベック州で起こった私人間の問題であるため、ケベック憲章が適用されるが、本件で適用される信教の自由の理論は憲章上の信教の自由にも同じように適用される（at paras 37-38）。

②「宗教を正確に定義することは不可能かもしれない」が、宗教に基づく信仰や行為が信教の自由によって保護されるから、世俗的・社会的・良心的な観点に基づくものと区別するための定義をすることはある程度有用である。「宗教を広義に定義すると、一般的には、独自の包括的な信仰と崇拝の体系を伴う。また、宗教には、神や超人的な力、支配的な力に対する信仰が含まれる傾向がある。本質的に、宗教とは、個人の精神的信仰に関連し、それに関する自身の定義や精神的充足と密接に結びついた、自由かつ深く保持された個人的信念や確信に関するものである。これらの信念や確信の実践によって、個人は神の存在やその信仰の対象との繋がりを深めることができるので

ある」(at para 39)(強調点筆者)。

③「公式な宗教的ドグマによって要求されているか、あるいは、宗教的指導者(religious officials)の見解と一致しているかにかかわらず」、宗教的行為は「信教の自由」として保護される。「宗教的行為は極めて主観的で個人的な性質」をもつ。「国家は、宗教的ドグマの裁定者の地位になく、なるべきでもない。裁判所は、宗教的な要求、義務、教え、命令、慣習、儀式の主観的理解について明示的・暗示的に裁判によって決定することないし解釈することを避けるべきである」(at para 50)。

④ある行為が信教の自由の保護範囲か否かを決定する際に、裁判所にとっての問題は、主張者自身が「宗教に関連する」「真摯な信仰を有しているか」のみである。個人の真摯な信仰の判断を行う際には、当事者の「過去の行い」を過度に強調するべきではない。宗教的信仰は揺らぐものであるから、判断の対象は「現在の信仰が真摯であるか」である (at paras 52-53)。宗教的指導者等の宗教の専門家による証言は、当事者の真摯な信仰を補強し得るが、必須ではない (at para 54)。

⑤「ある行為が、主張者個人によって義務的とみなされていなくても、信教の自由によって保護される」。信教の自由は、個人にとって神ないし超自然的な存在等との関係をもつためになされる行為を保護している (at para 54)。

⑥信教の自由に対する制約は、それが「取るに足らないか、非実質的でない限り」、制約があったとみなすべきである。これは、宗教的行為が実際に妨げられていれば満たされる (at para 59)。

(3) 整 理

アムセルム判決は[27]、一応、宗教概念の外縁を客観的に示そうとしているが (②)、宗教の本質を個人の信仰と捉えた上で、宗教に対する個人の定義やその主観的な宗教理解を肯定している (②・③)。それゆえ、信教の自由の保護範囲の核心的な問題は、現在の信仰の真摯さである (④)。そして、個人の真摯な信仰に対する制約が「取るに足らないか、非実質的でない限り」、信

教の自由が制約されている——したがって、憲章1条に基づく正当化が必要となる——という（⑥）。アムセルム判決は、5対4の判決であったが、このような信教の自由の保護範囲及び制約に関する判断枠組みは「アムセルム・テスト」と呼ばれ、以降の判例に受け継がれている。

　アムセルム・テストでは、一応、世俗的・社会的・良心的な観点と区別するため、信教の自由の保障する「宗教」の定義を示そうとしている。憲章2条（a）項が「良心の自由」も保障するから、信教の自由との棲み分けも意識してのものと思われる。だが、この宗教の外縁の定義は非常に広範なものとなっており、また続けて、宗教の本質を個人の精神的信仰に位置づけ、宗教に対する自身の定義や理解の保護にも言及するため、信教の自由の主張者が「宗教」と認識しているものが保護の範囲から外れる可能性はほとんどないと思われる。

　このようにアムセルム・テストの核心は、保護の対象となる宗教的信念や行為を、信教の自由の主張者の主観に依拠して認定することにある。個人の主観的な宗教理解において問われるのは、主張者自身が「宗教に関連する」「真摯な信仰を有しているか」のみであり、また、それは「現在の信仰が真摯であるか」である。なお、ここでいう「信仰の真摯さ」は、信仰の強度を問うものでもない[28]。信仰の強度を裁判所が判定することには問題があるが、証拠や証言等から信仰が虚偽でないか、真摯なものかを判断することは裁判所にも可能であるとされる[29]。よって、世俗的・社会的・良心的な観点と一応区別された「宗教」の主観的理解に基づく信念や行為が信教の自由の保護対象となるのである。

　この枠組みが採用されたことにより、確立した宗教的信仰体系ではない信仰やそれと矛盾するような信仰も保護範囲に入ることとなった。さらに、宗教的行為が主張者個人によって義務的とみなされていなくても、信教の自由によって保護される、とされている点も重要である（⑤）。アムセルム判決によって、カナダの信教の自由の保護範囲はほぼ無限定となったのである[30]。

2 主観的宗教理解の功罪

(1) アムセルム判決の評価と課題

　アムセルム判決は、カナダ最高裁による信教の自由の個人主義的転回の象徴的判決として位置づけられている[31]。アムセルム・テストは、保護の対象となる「宗教」について、主観的理解を強調することで、宗教共同体・宗教指導者等による「正統」な宗教理解と問題となっている当事者の宗教的信念や行為との一致を決め手としない。個人の信教の自由を保護する理由として、宗教が「信者にとっては人格の核心をなすものとなる」からだという説明は違和感のないものであろう[32]。そうであれば、個人が主観的に宗教と信じている事柄を他者——とりわけ、公的機関である裁判所——が宗教ではないと判断することは個人の人格の核心に深刻なダメージを与えることになる。アムセルム・テストは、この危険を回避できる点で高く評価できるだろう。

　その一方で、個人の「主観」にフォーカスしたアムセルム・テストが、結果として宗教の制度的・共同体的側面をあいまいにし、これらを後景に追いやったとの指摘がある。ここでは、アムセルム判決の宗教理解がカナダの多文化主義と整合的ではないと主張するカルガリー大学の憲法学者ハーワード・キスロウィックの議論[33]と、個人主義的宗教理解は宗教制度主義の視点から補完されるべきだとするマギル大学の政治学者ビクトール・ムニス・フラティチェッリとローレンス・ディビッドの議論[34]を取り上げて検討することにしたい。

(2) 主観的宗教理解と共同体的宗教の「承認」

　キスロウィックは、宗教的実践の多くは共同体的側面を含んでおり、アムセルム判決の理解する主観的な宗教観は、宗教的アイデンティティの「承認」に失敗するという。彼によれば、たとえば、主観的宗教理解のもとでは、ホファー判決[35]で問題となったような、共同体主義を前提とし、共同財産制を採るフッタライト（Hutterite）のような本質的に共同体的な集団の宗教理解の「承認」に失敗することになる[36]。よって、このような個人主義的・主観的宗教理解は、マイノリティの価値観の「承認」という重要なカナダの多

第2部　信教の自由における承認と対話

文化主義の立場に反するというのである[37]。
　この見解を検討する際には、「カナダの多文化主義」の理解から、補助線を引くべきであろう。第1章で確認した通り、カナダの多文化主義は、①リベラルな多文化主義であり、②そのような理解に立てば、共同体的側面ないし集団の権利の捉え方は[38]、あくまで個人主義をベースとすることになる。これらを前提とした補助線を引く際に示唆に富んでいるのが、キムリッカの議論である。キムリッカが、「対内的制約」と「対外的防御」を区別したことを想起しよう[39]。対内的制約とは、集団が自らの集団のメンバーに対して行う権利要求であり、文化的伝統や宗教上の正統的教義の名の下に市民的・政治的諸権利を制約することを意図しているものである。他方、対外的防御とは、集団が外部の主流社会に対して行う権利要求であり、より強い政治的経済的力をもつ外部の決定から集団を保護することを目的とするものである。キムリッカは、対内的制約は認められないが、対外的防御は認められるという[40]。つまり、集団の実践は、集団内の個人の自由を抑圧しない限りで認められると論じているのである。
　この補助線を踏まえれば、リベラルな多文化主義であるカナダの多文化主義においては、集団的活動の承認において一定の限界がある点が示唆される。カナダの多文化主義は、必ずしも、あらゆる集団的活動を権利として容認するものではない。文化的・宗教的マイノリティを「承認」することと並んで、個人が集団から抑圧ないし強制されないことも保障しようとするものといえるだろう。この観点からすれば、ある宗教的共同体内部の非正統派の宗教理解を保護しうる、主観的な宗教の理解を承認の失敗と断じることは不適切と思われる[41]。アムセルムは、正統派ユダヤ教——自己流の解釈ではあったが——を信仰するから、約款に対する代替案を要求することができ、また、その要求が認められたのである。その過程では、（アムセルムの理解する）正統派ユダヤ教の「承認」が行われている。その一方で、アムセルムの宗教理解を「公式な」正統派ユダヤ教の見解から退けるような判断は、「私自身のアイデンティティの承認」を問題としている中では、むしろ「承認」の失敗といえるだろう。

第4章 信教の自由の保護範囲

　以上の検討によれば、アムセルム判決の宗教理解は、カナダの多文化主義からも支持しうるものであるといえる。次に、項を変えて、宗教制度主義に関する議論を検討する。

3　宗教制度主義による補完

　上記のように主観的宗教理解がカナダの多文化主義と矛盾するものではないとしても、キスロウィックの批判の本質は、共同体主義的な宗教団体や共同体の宗教理解が十分に承認されないことにあると思われる。この点を別の角度からより詳細に検討するのが、アムセルム判決の示した主観的宗教理解に代表される個人主義的な信教の自由アプローチをベースにしつつも、これを宗教制度主義の観点から補う必要があるというムニス・フラティチェッリ＆ディビッドの議論である。

(1)　宗教制度主義の問題関心[42]

　彼らは、宗教は個人の「信念」の問題に縮減することはできず、多くの真摯な信者の宗教的日常に適合的ではないと主張する。階層性を持つ教会は、時に、教会の権威構造の神聖な性格において信者の信仰を維持しており、また、時として、規律の真摯な遵守・権威への熱心な服従こそが宗教的重要性をもつのである。そのため、宗教制度あるいは宗教組織の信教の自由を構成員の権利に還元して理解する個人主義的な信教の自由アプローチは、個人には還元されない権利が宗教制度ないし組織に保障されていると説明する宗教制度主義によって補完されるべきなのである。

　さらに、彼らによれば、個人主義的な信教の自由アプローチは、現代国家の実定法を完全に説明することができない。カナダにおいても宗教制度及び組織に対する法的承認が行われている。たとえば、連邦税法上の税制優遇がある。カナダには、日本の宗教法人法のように直接宗教団体について定める法律はないが、連邦所得税法上の「(登録された) 慈善団体 (charitable organization／registered charity)」として認定されれば、所得税が免除される[43]。

加えて、個人主義的な信教の自由アプローチが、偉大な歴史的功績であることは疑いないが、これを強調する宗教改革に端を発するリベラリズム及び近代立憲主義の歴史理解は意識的／無意識的に誇張されたものであるという[44]。したがって、彼らは、個人主義的な信教の自由アプローチを宗教制度主義が補完するという穏当な宗教制度主義を目指す。宗教は個人主義的にも制度主義的にも還元すべきではないのである。

(2) カナダの判例の展開

　彼らによれば、カナダ最高裁は、憲章制定以降、信教の自由について明らかに個人主義的な理解を採用している。以下、彼らの問題意識から整理されるカナダ最高裁の判例理論をごく簡単に概観しておこう。

　日曜日の営業を禁止する連邦の主日法（Lord's Day Act）の合憲性——ビッグ M 薬局がアルバータ州カルガリーで日曜に販売を行い起訴された——が問題となったビッグ M 薬局判決[45]の重要な主題は、キリスト教的特権の除去であり、信教の自由は、宗教と非宗教的信念間の衡平性及び宗教的規範や実践を政府に強制されることからの自由として構成された[46]。この問題に取り組むにあたって、カナダ最高裁は、信教の自由の保護をすべての信念ないし良心に関する個人的及び制度的宗教の保護へと拡大するのではなく、あらゆる宗教的経験を個人の信念に縮減するアプローチをとったのである。つまり、企業が信教の自由の享有主体であるかを検討するアプローチを採用しなかった[47]。さらに、州政府の制定した日曜日休業法の合憲性が問題になったエドワードブックス判決においても、ブライアン・ディクソン裁判官は、「企業（business corporation）が宗教的信念を持つことができないと述べることにためらいはない」と述べている[48]。

　同性愛を聖書上の罪とする行為規範（code of conduct）を教員、学生、スタッフに課すキリスト教系の私立大学が公立学校の教員養成プログラムを設置しようとしたことの是非——教員養成プログラム設置の不許可決定の取消し——が争われた TWU 判決において、カナダ最高裁は、宗教の制度的側面と直接かかわる問題について判断する機会を得た。しかし、カナダ最高裁は、

カナダ社会における私的な宗教組織の重要な役割を承認しつつも、「TWU
に通うことを望む個人の信教の自由とBC州の学校における生徒の平等に関
する懸念との調和」（強調点筆者）を中心的問題にし[49]、個人の問題に論点を
縮減した[50]。そして、主観的な宗教理解を採用したアムセルム判決によって、
この個人主義的転回は最高潮に達した。

　この傾向に、変化の兆しが見えたのが、ウィルソン・コロニー判決であ
る[51]。この判決では、運転免許証に顔写真を掲載することを例外なく義務付
けたアルバータ州法によって、宗教的理由から写真に写ることのできないウ
ィルソン・コロニーのフッタライトが宗教的な自給自足の生活様式を維持で
きなくなる、という点が問題となった。本判決では、フッタライトの主張は
退けられた。本判決の反対意見において、ロザリー・アベッラ裁判官は、
「信教の自由は個人的側面と共同体的側面の両方を有する」と述べ[52]、同じ
く反対意見を執筆したルイス・ルベル裁判官は、「宗教は宗教的信念につい
てだけでなく、宗教的関係にも関わる。本件はこの側面の重要性に気づかせ
てくれる。提起されているのは、信念についてだけでなく、……共同体の信
仰の維持」についての問題も含んでいると述べる[53]。他方、ビバリー・マク
ラクリン裁判官による法廷意見は、信教の自由が個人的側面と共同体的側面
を含むかを論じていない。しかし、彼女は、憲章1条の正当化審査の文脈の
なかで、共同体への影響を考慮要素に挙げている[54]。もっとも、これは、考
慮要素の1つとして挙げられたに過ぎず、フッタライトの宗教的教義として
共同体的な自給自足による生活様式の重要性が十分に考慮されたわけではな
い。キスロウィックは、マクラクリン裁判官による評価を、フッタライトに
対する承認の失敗と指摘している[55]。

(3) 制度主義の復権とロヨラ判決
　宗教制度主義の復権にとって重要な意義をもったのが、ロヨラ判決である。
この判決では、ケベック州が実施する客観的・中立的な方法で、世界の宗教
についてと、倫理的問題に関する教育を課す「倫理・宗教文化教育プログラ
ム（以下、ERCP）」とカトリック（イエズス会）系の私立男子校ロヨラの信教

の自由が争点となった。ERCPは、私立学校の提示した独自のプログラムがERCPと「同等（equivalent）」であると、ケベック州の教育等担当大臣が判断した場合、免除が認められる仕組みであったが、ロヨラの提示したプログラムがカトリシズム的観点から教育を行うものであったため、教育等担当大臣によって拒否された。そのため、ロヨラがこの決定の無効等を主張した。

この判決で、アベッラ裁判官による法廷意見は、審査手法として行政法上の判断過程審査の手法をとったこともあり、「ロヨラという共同体の構成員の信教の自由」を考慮したに留まるが[56]、「憲章に基づく信教の自由は、……宗教的信念の社会的に組み込まれた性質から説明しなければならず、この信念と共同体的制度及び伝統を通じたその現れの深いつながりから説明されなければならない」と述べる[57]。これは、集団的利益や構成員の共通善へ貢献する要素を根拠に、宗教的共同体・宗教制度の重要性を認めるアプローチである。

これに対して、憲章上の審査を採用するマクラクリン裁判官とミシェル・モールデイバー裁判官による結論同意意見は直接、宗教的組織——ここではロヨラ——の信教の自由の享有主体性を認めている[58]。彼女らは、まず、信教の自由の主体として、個人及び組織を挙げる[59]。そして、本件においては、ロヨラに通うカトリック教育を望む生徒、ロヨラの教師の信教の自由も関連するが、「ロヨラそれ自体の信教の自由」を検討すれば十分だとする[60]。この選択をした結果、結論同意意見は宗教的組織それ自体の信念の認識という問題に取り組まなければならなくなるが、同意見は、アムセルム判決で定立された〈宗教的真摯さのテスト〉にいくつかの修正を加えることでこれを解決しようとする。すなわち、「組織的な〔信教の自由の〕主張者は、主張する信念あるいは実践が組織の目的及び機能の双方に一致することを証明しなければならない」[61]。ここでは、「組織自体」が証言できないため[62]、「組織の他の実践、方針ないし運営に関する文書のような客観的事実の観点から、主張された信念ないし実践を評価することが適切である。……それゆえ、過去の実践や一貫した態度を調査することは主張者が自然人である場合以上に関連性を有する」（強調点筆者）とされる[63]。

このアプローチでは、個人の主観的宗教理解の証明ではなく、客観的な証拠によって宗教組織等の信仰を証明していくことになるのである。

(4) 小　括

カナダ最高裁の個人主義的な信教の自由アプローチは、アムセルム判決によって最高潮に達したが、近年では制度的側面が復権しつつある。個人主義的な信教の自由アプローチが、宗教制度主義的理解によって補完されるべきだとする穏当な制度主義者の主張は、カナダ最高裁の判例の中でも実現しつつあるといえるだろう。

もっとも、個人の主観的宗教理解と宗教制度主義的な補完との関係については若干の整理が必要であろう。カナダ最高裁は、信教の自由の対象となる「宗教」の定義を、個人の主観的理解を基礎に置くことは変更していない。ロヨラ判決におけるカナダ最高裁は、宗教的組織も信教の自由の享有主体となりうること、宗教的組織の信教の自由を問題にする場合には、当該組織自体の宗教理解を組織に証言させることができないため、当該組織が主張する宗教的信念や実践が、当該組織の目的及び機能に一致することを客観的な観点から証明することを求めているのである。カナダ最高裁は一貫して信教の自由として保護される「宗教」を公定することを避けている。

ロヨラ判決がどのような射程を持つ判決と理解されていくかも含め、将来に開かれた論点は多いが、このような補完がなされることによって、共同体主義的な宗教組織の宗教理解の承認も可能となりうるだろう。

Ⅳ　信教の自由の権利内容

次に、カナダにおいて、信教の自由の権利内容がどのように議論されてきたのかを検討することにしたい。憲章2条 (a) 項の保障する信教の自由には、2つの側面があるとされる。元カリフォルニア大学バークレー校の憲法学者スジ・チョードリーによれば、それは「介入の禁止（non-interference）」と「是認の禁止（non-endorsement）」である[64]。

第2部　信教の自由における承認と対話

　本節では、介入の禁止と是認の禁止の側面について順に検討する。

1　介入の禁止
(1)　基本的枠組み

　当初より信教の自由保障の中心であったのが、「介入の禁止」である。これは、「個人が、強制や不正から自由な個人の選択が保障された法的枠組みの中で、自身の所属する宗教の自由な選択、あるいは宗教を拒否する権利を有する」ことを意味する[65]。また、ウィンザー大学の憲法学者リチャード・ムーンは、この考え方を端的に、「政府からの干渉なく宗教的実践を行う自由と、宗教的実践に参加することを政府から強制されない自由」としており、個人の信仰が国家の強制から自由であることと、その裏返しとして、宗教を持たないことの自由を保障したものであるとする[66]。さらに、キスロウィックが、「介入の禁止」についての主な問題は、「強制を回避すること[67]」であるとするように、この文脈では、宗教に対する国家からの強制が主要な問題とされているのである。信教の自由がこの側面を有することは当然といえるため、ここではごく簡単にカナダ最高裁の判示を確認しておこう。

　1982年憲章の制定後、信教の自由に関する最初のカナダ最高裁判決であるビッグM薬局判決[68]において、ディクソン裁判官による法定意見は、「広義の意味での自由は、強制あるいは制約なしに信仰を表明し宗教的活動を行う権利を含む。自由は、公共の安全、秩序、健康、道徳、あるいは他者の基本的権利及び自由を保護する必要性のための制限には服するが、彼の信仰ないし良心に反する方法で、行動を強制されないということを意味するのである」と述べている[69]。よって、「介入の禁止」の側面として、㋐信仰を有すること、㋑宗教的活動を行うことを制約されない権利、そして、㋒信仰に反する行為を強制されない権利が[70]、信教の自由の権利内容に含まれているといえる。

(2)　保障内容の拡張可能性？

　近時、先住民の信教の自由との関係が問題となったクトゥナーハ判決[71]で、

カナダ最高裁は、信仰の対象それ自体の保護が信教の自由の権利内容に含まれるか、という難問を扱った。

　この判決で問題となったのは、先住民族であるクトゥナーハ族にとってグリズリーの魂の眠る聖なる土地である"Qat'muk"を含む土地にスキーリゾートを開発することを許可したブリティッシュ・コロンビア州の担当大臣の決定である。この決定に対して、クトゥナーハ族が信教の自由等を侵害するとして、開発許可の差止めを求めた。クトゥナーハ族は、政府行為（介入）によって、先住民族の聖なる土地における信仰の対象（グリズリーの魂）が消失することが信教の自由の侵害であると主張しているのである。なお、本件開発に関しては、20年間の交渉の末に合意に至らなかったという背景があり、スキーリゾートの開発計画はクトゥナーハ族を含む先住民族等との交渉を経て、相当程度縮小されている[72]。

　マクラクリン裁判官とマルコム・ローウェ裁判官による多数意見は次のように判断した。ビッグM薬局判決以来、憲章2条（a）項は「信仰を持つこと及びその信仰を表明する自由」という2つの側面を有すると定義されており、クトゥナーハ族の主張はこの範囲外である。なぜなら、本件における大臣の許可によって、クトゥナーハ族がグリズリーの魂に対する信仰やその信仰を表明することは制約されていないからである。クトゥナーハ族の主張は、信教の自由によって、「"Qat'muk"におけるグリズリーの魂の存在」を保護することであり、「これは今までにない主張であり、当裁判所に信教の自由を我々の法が承認している範囲以上に拡張するよう誘う」。けれど、我々はこの誘いを辞退する。「憲章は礼拝をする自由を保護しているが、礼拝の超自然的な対象（spiritual focal point of worship）を保護するわけではない」。クトゥナーハ族が求めているのは「グリズリーの魂それ自体の保護であり、グリズリーの魂から彼らが引き出す主観的な超自然的意味である。これは信教の自由の範囲を超えた主張である」。

　これに対して、モールデイバー裁判官による結論同意意見は、クトゥナーハ族の信教の自由への制約は最終的に正当化されるが、信教の自由の保障範囲には入るとし、以下のように多数意見に反対する。多数意見のアプローチ

は、信教の自由の保護範囲から土地に関連する先住民の信教の自由の主張を排除する危険がある。先住民の宗教的伝統には、超自然的な性質と土地の不可避的な結びつきが存在する。よって、土地に影響を及ぼす政府行為は神聖なものとの超自然的な結びつきを切断しうる。これは先住民の信仰と実践から彼らの超自然的重要性を奪う。「クトゥーナハ族が求めているのは彼らの宗教的信仰及実践と一致した行動ができることの保護であり、これは明白に信教の自由の範囲内である」。もし、クトゥーナハ族のグリズリーの魂に関する信仰から宗教的重要性が完全に失われれば、グリズリーの魂の承認に基づく彼らのお祈りや式典、儀式は空虚な言葉と中身のない動作となる。

　多数意見はクトゥーナハ族の信教の自由の主張を信教の自由の範囲外として退けているが、この主張も信教の自由の権利内容に含めることができるとする結論同意意見が執筆されており、学説においても結論同意意見を支持するものが多くみられる[73]。上記のように、クトゥーナハ族の信教の自由の主張は、何らかの政府行為によって、信仰の超自然的な対象そのものが、その宗教上の意味を失わせられないことの保護と捉えられる。このように捉えたとき、これまでのカナダ最高裁の信教の自由の判例理論からすれば、これを信教の自由の権利内容として引き受けることは可能であるとも思われる。確かに、この主張を信教の自由の権利内容としたとき、政府行為の実施の際に考慮すべき事項が増えたり、場合によっては政府行為の選択肢が相当程度狭められることもあるだろうが、結論同意意見がいうように、権利内容と認めることと、その権利の制約の正当化は別の問題である。政府行為に正当な理由があれば、この権利の制約は許容されるのである。そうである以上、多数意見は先住民の信教の自由の承認に失敗しているとも評しうる。もっとも、第2章でも確認したように、カナダ最高裁を含む法的なアリーナで特殊な宗教理解が十分に理解され受け入れられるまでには時間を要するともいえるから、将来的には、結論同意意見の立場が主流となっていく可能性も残されている。

第4章 信教の自由の保護範囲

2 是認の禁止

　他方、「是認の禁止」の側面とはどういうことだろうか。ムーンによれば、カナダの裁判所は「強制から排除へ[74]」とその権利内容を拡大させている。

　ここでいう「是認の禁止」は、単なる強制の禁止ではなく、宗教的マイノリティが社会的に排除されないことを保障しようとするものであるとされる[75]。この典型例が、公的な場所でのお祈り等に関する判決である。以下、これらの判例を概観することで、「是認の禁止」の内容を確認することにしたい。

(1) 公立学校における事例

　公立学校でのお祈りのリーディングケースは、オンタリオ州控訴裁判所のジルバーバーグ判決である[76]。本判決では、オンタリオ州のサドペリー教育委員会区で行われている朝のお祈り及びその根拠となっている法令が憲章等に違反しており無効であるとの宣言的判決が求められた。なお、この事例では、生徒に対してお祈りの時間に、教室から退出することや沈黙することを認める等の免除措置（opt-out）は許可されていた。

　オンタリオ州控訴裁判所は、確かに、サドペリー教育委員会区の公立学校の朝礼に含まれているお祈り（Lord's Prayer）は宗教的実践を直接的に強制するものではないが、その効果として強制がみられるという[77]。また、免除措置も、そのようなお祈りを共有しない生徒にとっては、免除の要求をするために、その効果において、公的な機関（ここでは教師）に対して自身の宗教を暴露することを強制されるとした[78]。したがって、信教の自由に反し、憲章1条のもとで正当化することが出来ないと判示したのである。

　ムーンによれば、このお祈りの目的は、宗教的実践を生徒に強制したり、実践に参加するようプレッシャーを与えたりするようなものではなく、単に望む生徒に重要な宗教的実践に参加する機会を与えるものだが、その実践の効果は特定の宗教的実践を生徒に強制するといえるのである。裁判所は、公立学校という文脈において、子供たちはお祈りをする彼らの学友からのプレッシャー——お祈りに参加しないことで孤立したりスティグマ化されたりす

るかもしれないというプレッシャー——を感じうるということを認識したのである。裁判所の見解によれば、これはお祈りを強制とみなすには十分だったのである。子供たちはお祈りからの免除措置を与えられているが、彼らは学校の支援している多数派共同体の宗教的実践に従うべきだというプレッシャーを感じるのである[79]。

　また、お祈りの事例ではないが関連する判決として、カナダ市民自由協会判決[80]がある。本件において、オンタリオ控訴裁判所は、1週間のうち2回、30分間の牧師等によって実施される「宗教教育（religious education）」に時間を割くよう要求する州の規則は、キリスト教的信仰を生徒に教え込む（indoctrination）という目的を有しており、それゆえ信教の自由に反し、憲章1条のもとで正当化することも出来ないと判示した。このような結論に至る過程の中で、裁判所は、当該規則は教師の資格を持たない指導者は学校のカリキュラムを教える権限がないにもかかわらず、その資格を持たない牧師による宗教教育を許可しているという。裁判所は、「牧師が、（宗教的な）教え込みの技術を持つというよりも、宗教を中立的に教える素養を身に着けているという証拠がない中では、その規則の目的は（宗教の）教え込みである」と結論付ける[81]。なお、その規則は生徒に対して宗教教室（the religion classes）からの免除を許可しているが、裁判所によれば、このような免除は、その教育が宗教の教え込みを含む場合にのみ必要になる。よって、ジルバーバーグ判決と同様に、その規則の教え込み的な目的ないし効果は、宗教教育が行われる教室への参加を望まない生徒に免除を与えているという事実によって変更されることはない。免除を望むあらゆる生徒は「非キリスト教徒としてスティグマ化され、支配的宗教のメンバーである彼らの仲間の生徒から切り離される」のである[82]。

(2) 議会における事例

　このような考え方は、人格的な自律が未だ不完全な子供が主体となる学校においてのみ妥当するわけではない。フライターグ判決[83]において、オンタリオ州控訴裁判所は、町議会の開会の際に行われるお祈りが、非キリスト教

徒の信教の自由を侵害するとして訴えられた事例を判断した。裁判所は、この事例においては、直接的にお祈りを強制する者は誰もおらず、お祈りに参加する選択を強制することが含まれているわけではないが、お祈りの「目的は町議会の討議において明確にキリスト教的道徳のトーンを課すことであり」、宗教的実践の同調圧力（peer pressure）を個人に与えるため、強制となると判断した[84]。さらに、裁判所は、本件の原告がおそれているのは、その集会のなかで、マジョリティが公式な者として承認した者ではない市民とみなされることであるとも述べている[85]。

さらに、先例となるジルバーバーグ判決等との関係について、町議会に参加する大人の場合と、年間を通じて友人や教師との関係がある学校とでは、プレッシャーが生じる関係の重要性は異なるとしながらも、「子供が、公教育に参加する権利とマジョリティの宗教的実践への同調の強制ないしプレッシャーから自由である権利を有するように、あらゆる人が、公共の町会議に参加する権利と〔子供の場合と〕同様の自由を享受する」と述べている[86]。このような裁判所の理解は、人格的発展が未熟とはいえない大人の場合でも上述の権利は保障され、子供の場合はより強力に保障される、と整理できるだろう。

議会の開会の際のお祈りについては、2015年のサグネ判決[87]でカナダ最高裁が判断を示している。この判決では、ケベック州サグネ市の議会において開会の際に行われていた無宗派のお祈り（ecumenical prayer）が、無宗教者である原告の信教の自由を侵害するかが主要な争点として争われた[88]。そして、クレメント・ガスコン裁判官による法廷意見は、サグネ市議会の行っているお祈りは無宗派ではあったが、「神」に言及しているため、「有神論者を優遇する空間」を創り出し、他の宗教ないし宗教を持たない者に「孤独感や疎外感」を与えること等を理由として、当該お祈りは原告の信教の自由を制約し、その正当化をすることもできないと判示した[89]。無宗派のお祈りであっても市議会のような公的な場所で行われる場合は信教の自由に反するとの判断が示されたのである。

(3) 若干の検討——社会的排除と承認

　以上のような事例で、公的な領域でお祈りが実践されることは、お祈りという宗教的実践を共有しないマイノリティを当該コミュニティへの完全な参加から排除する、あるいは、そのようなマイノリティは当該政治的コミュニティの完全なるメンバーではないというシグナルを発することになるのである。言い換えれば、公的な場で何らかの宗教的なお祈りを実践することは、当該コミュニティにおいては、当該宗教的実践を共有する者がマジョリティであるとのメッセージを発している。ムーンは、こうした問題について、裁判所があくまで「強制」という言葉を使用することで構造が見えにくくなっているが、そこで議論されているのは、国家からの強制ではなく、まさに宗教的マイノリティが「当該社会からの排除」を感じることであり、カナダの裁判所は、これを信教の自由に対する制約と判断したのだと指摘する[90]。当該宗教的実践を共有しない者に対して、許容しがたい排除のメッセージを送ること、あるいは、宗教的メンバーシップに基づく劣位の取扱いが問題とされているのである[91]。権利の形に定式化すれば、〈宗教に基づく社会的排除のメッセージを受けない権利〉が信教の自由で保障されているということができるだろう。

　信教の自由の権利内容としての「是認の禁止」の側面はカナダの多文化主義——とりわけ「承認」——の観点から重要である。ムーンは、国家によって「カナダのナショナル・アイデンティティに特定の宗教的伝統を結び付けることは、多文化社会というこの国の自己構想に反する[92]」という。この見解に基づけば、国家がシンボリックに何らかの宗教と結びつき、当該宗教以外の信仰を持つ者にアウトサイダーであるとのメッセージを発することが危惧される[93]。このようなメッセージは、宗教的マイノリティにとっては、当該社会における不承認ないしマジョリティに有利な「不公正」な承認の契機として受け取られることとなり、彼らを社会への不完全な参加者とみなしてしまう。上記で検討した4つの判例はまさにこの点に力点を置いていたといえるだろう。

　なお、こうした「承認」はあくまで、宗教的マイノリティであってもカナ

第 4 章　信教の自由の保護範囲

ダ社会の完全な参加者であるという前提を保障するものであり、マイノリティの実践をあらゆる局面で「承認」し、特別な配慮をおこなうことまでをも帰結するわけではない[94]。「承認」の観点のみから、そのような営為を義務付けることは出来ないと思われる[95]。「承認」の観点から問題にする必要があるのは、「あらゆる人の平等な承認」という原理が「公正に」保障されているか否かであり、あらゆる人を完全な参加者とするための条件整備である。この点から、興味深いのは、エドワードブックス判決[96]におけるカナダ最高裁の論理である。この判決は、ビッグ M 薬局判決と同じく、(州の) 日曜日休業法が信教の自由を侵害する否かが争われた事例であるが、その結論はビッグ M 薬局判決と異なる。その理由 (の一つ) は、エドワードブックス判決の事例では、その立法過程にキリスト教の安息日を是認する意図は見出しがたく、その目的は小売業者に共通の休日を創出することであり、日曜日を安息日としない宗派に属する者に対する一定の例外措置を有しているからである。ある立法が偶然に特定の宗教を是認するような規定を有するとしてもそれだけで直ちに違憲の判断がなされるわけではない[97]。

V　日本への示唆

　最後に、本章Ⅲ・Ⅳの検討をまとめたうえで、日本への示唆を検討することにしたい。本章Ⅲでは、アムセルム判決を中心に、カナダの信教の自由の対象となる「宗教」の定義について検討した。アムセルム判決は、宗教概念について一応の外縁を示すものの、個人の主観的な宗教理解をその定義の中心に置いている。この定義のもとでは、信教の自由の主張者が真摯な信仰を有しているかが保護範囲の決定的ポイントになる。また、ここでは信仰の強度は問題とならず、過去の信仰との一貫性ではなく現在の信仰の真摯さが問題となる。これによって、カナダにおける信教の自由の保護範囲はほぼ無限定のものとなった。そして、このアプローチは、マイノリティ宗教の「承認」というカナダの多文化主義の理念から評価できること、しかし、宗教の共同体的・集団的側面が軽視されているとの批判がなされており、宗教制度主義

の観点から補完される可能性が示されていることを示した。

　本章Ⅳでは、カナダの信教の自由の権利内容として、大きく分けて「強制の禁止」と「是認の禁止」の側面があることを示した。とりわけ、「是認の禁止」の側面からは、国家が、宗教的マイノリティに対して当該政治社会の完全な成員ではないといったような、シンボリックな「排除」のメッセージを深刻な問題と解するということが示されている。また、「強制の禁止」の側面としては、信仰を持つこと・信仰を表明し宗教的活動を行うことを制約されないこと、信仰に反する行為を強制されないことが想定されている。この点、クトゥナーハ判決では、何らかの政府行為によって、信仰の超自然的な対象そのものが、その宗教上の意味を失わせられないことの保護が信教の自由の権利内容に含まれるかが問題となった。多数意見はこの主張を認めなかったが、この問題は、第２章で取り上げた法が宗教をどのように理解するかに関わる新しい問題であるといえ、将来に開かれた問題提起がなされたものともいえるだろう。

　では、以上のようなカナダにおける信教の自由の保護範囲論は、本章Ⅱで確認した日本の現状にどのような示唆を与えるだろうか。

1　主観的な宗教理解をめぐって
(1)　主観的な宗教理解の意義と必要性

　本章Ⅱで確認した通り、信教の自由の対象となる「宗教」の定義についての日本の通説は客観説（＋広義説）である。この定義は、一応の客観的な外縁を広義に求めようとする点では、アムセルム・テストと同様である。その一方で、個人の主観的な宗教理解をどう位置付けるかについて、正面から論じられることは少ない。主観説は、主観的な宗教理解を採用して、信教の自由における「宗教」の範囲を考えるものであると解されるが、少数説と位置づけられており、教科書などでは一応触れられるものの、本格的に検討されることはほとんどないといってよいだろう。

　しかし、本章Ⅲの検討からは、主観的な宗教理解を採用しなければ、宗教的な権威によって定義された宗教理解と主張されている信念や行為の一致が

第4章　信教の自由の保護範囲

信教の自由の保護対象となる「宗教」かどうかの決め手となり、ある宗教内部の非正統派の信仰を保護できないし、宗教内で理解が一致していない場合には、裁判所が正統教義の判定者となってしまう危険性がある。また、個人が主観的に宗教と信じている事柄を他者——ここでは裁判所——が宗教ではないと判断することは個人の人格の核心に深刻なダメージを与える「不承認」をもたらす。言い換えれば、主観的な宗教理解を採用すれば、①宗教か宗教でないかを（たとえそれが憲法上の「宗教」該当性だとしても）国家機関である裁判所が判断すること、②不承認による個人の人格への深刻なダメージを与えることを回避できる。

　このような問題が顕在化するような事例が、日本の最高裁で争われたことはない。だが、信教の自由に関する最初の最高裁判例である加持祈禱事件[98]が、他者の生命・身体に危害を及ぼした加持祈禱について、「一種の宗教行為としてなされたものであつたとしても、……憲法20条1項の信教の自由の保障の限界を逸脱したもの」と述べたことを次のように読み解く見解がある。すなわち、ここでいう「一種の宗教行為としてなされたものであつたとしても」という仮定的な言い回しには、「信教の自由の保護領域の確定に公権力が介入すると信仰内容についてまで、国家の価値判断が入り込み、個人の信教の自由を保障する意義が損なわれかねない」ことへの危惧が示されている、とする読み方である[99]。このような積極的意義をもつ判示として[100]、加持祈禱事件を位置づければ、明示的ではないが、日本の最高裁は信教の自由の保護の対象となる「宗教行為」の意味について、判断を行わないという姿勢を示していると解される。また、日本の裁判所が宗教の教義に関わる判断を回避しようとする傾向は、司法権の限界が問題となる一連の判決[101]にも示されている。たとえば、蓮華寺事件で最高裁は、「宗教団体における宗教上の教義、信仰に関する事項については、憲法上国の干渉からの自由が保障されているのであるから、これらの事項については、裁判所は、その自由に介入すべきではなく、一切の審判権を有しないとともに、これらの事項にかかわる紛議については厳に中立を保つべきであることは、憲法20条……の趣旨に鑑み明らか」と述べている。

そうであれば、日本国憲法の信教の自由における「宗教」の定義においても主観的な宗教理解を採用することが可能であり、日本の法実務はそのような理解をしてきたと解する余地もあるといえるだろう。

なお、主観的な宗教理解を採用すれば、信教の自由の主張者が信仰する宗教がどのような宗教的行為を命じているか、当該宗教的行為が当該宗教にとって不可欠であるか、不可欠ではないとしても重要なものであるか、選択的・付随的なものか等について主観的な理解に基づくことになる。また、カナダ最高裁やカナダの学説が検討してきたように、こうした理解は、穏当な宗教制度主義による補完と共存しうる。日本においても、事案の性質によっては、宗教組織あるいは団体の享有主体性を認める可能性はありうるだろう[102]。

(2) 主観的な宗教理解の課題

主観的な宗教理解を採用する場合、答えておく必要のある課題として、①「宗教」概念の外縁が必要かどうか、②主観的な宗教理解の判定可能性、③正当化審査との関係、といったものが考えられる。③については、第6章で詳述するとして、ここでは、①と②の課題について筆者の現時点での考えを示しておくことにしたい。順番は前後するが、まず、②について述べる。

主観的な宗教理解を採用するのであれば、カナダ最高裁がいうように、信教の自由の保護範囲に入るか否かの中心的判断ポイントは当該信仰が真摯なものかに置くことになろう。この場合、改宗の自由を念頭に置けば、アムセルム判決のように現在の信仰の真摯さを基準とすべきである。この点、小山剛は、憲法19条の保障する思想・良心の自由に関して、「思想の自由」と「良心の自由」を区別した上で、何が良心の自由の対象となる「良心」かについては、「真摯性のみ」から判断されるという。「それが真摯である限り、その良心および良心の決断は、正しいか否か、合理的か否かの審査になじまない」からである。この指摘は、信教の自由において主観的な宗教理解を採用する場合にも同じように当てはまるだろう。なお、真摯さの判断と信仰の強度の判断は区別すべきであり、アムセルム判決は、裁判所が信仰の強度を判

断することを否定している。強度の判断に踏み込めば、どの程度の強さであればよいのかという線引きの問題が生じるからである。

真摯さの判断については、困難性を抱えることもあるだろうが、証拠や供述から真摯な信仰であるか否かを裁判所が判断することは可能であると思われる。たとえば、安念潤司は「日本の判例は、周知のように、教義それ自体に関する判断は司法審査になじまないと解しているが、真摯な信仰生活を送ってきた事実そのものを、例えば、礼拝集会への出席など外形的な行為の存在に基づいて認定することもできない、と解しているとは思われない」と指摘している[103]。信仰の真摯さの判断が裁判所にできないということもないだろう。

(3) 「宗教」概念の外縁は必要か

①については、主観的な宗教理解を採用するとしても、客観的に示された「宗教」の外縁に該当する「宗教」の主観的な理解を保護範囲に入れるという立場と、この外縁も不要であると考えるいわゆる主観説の立場がありうる。

この点については、第一に、日本国憲法19条が思想・良心の自由を規定することとの関係が問題となる[104]。歴史的には、信教の自由が誕生し、その保護の範囲が世俗的な良心へと拡大していくという経緯を辿るが[105]、日本国憲法の条文配置は、内心における人格（の核心）の一般的保護規定として19条を置き、その事項的特別規定として20条（宗教）および23条（学問）を置いていると解される[106]。日本国憲法が内心における人格を保護する一般的規定を有しているとすれば、特別規定として20条（や23条）を置くことにどのような効果があるのだろうか。大きくわければ、❶特別規定を置くからには憲法19条には認められない特別な保護が及ぶ（以下、「特別保護説」と呼ぶ）、❷歴史的経緯などから「宗教」などのカテゴリーが人格の核心に関わり憲法上保護されることを確認しているのであって、憲法19条では認められない特別な保護があるわけではない（以下、「確認説」と呼ぶ）、という方向性が考えられよう。

特別保護説を採用する場合は、主観的な宗教理解を採用するとしても、

世俗的な良心とは区別された特別な保護の対象となる「宗教」の外縁を定義することに積極的な意義がある。他方、確認説を採用するのであれば、客観的な外縁は不要といえる。この点、筆者は思想・良心の自由と信教の自由の保護内容は、自覚的かどうかは別として、同一のものとして議論されてきたと整理可能であるし[107]、そう整理すべきだと考えている[108]。権利内容の論点とも関わるが、両権利は、㋐内心における信仰の自由と㋐'内心における思想良心の自由、㋑宗教的行為の自由と㋑'思想良心に基づく外部的行為の自由を保障する点で共通しており、㋒宗教的結社の自由については、憲法21条1項が規定する結社の自由以上の保障内容が認められているわけではなく[109]、思想・良心に基づく結社も21条1項により同程度の保護を受けると考えられよう。

なお、信教の自由に固有の問題として、一般的法義務の免除の問題を挙げる見解もある[110]。これは、「国民一般に義務、負担、不利益を課す法令が、直接には信教の自由を制限することを意図するものではないにもかかわらず、ある特定の信仰を有する者にとっては、信教の自由に対する妨げとして作用する場合、これらの者は、当該（一般的）義務、負担、不利益から免除されるべきであるか」、という問題である[111]。だが、この問題は「特定の信仰を有する者」を「特定の思想良心を有する者」、「信教の自由」を「思想良心の自由」に入れ替えても成立する。この問題への基本的なアプローチ[112]が宗教か思想・良心かで変わると説得的に説明することは容易ではないだろう[113]。個人の人格の核心（あるいはアイデンティティ）を構成するのは宗教だけではなく、世俗的な思想・良心も同様にその構成に関わる。それらの中で宗教のみを特別とすることはできないと思われる。

以上の通り、筆者は、日本国憲法が信教の自由を規定する理由を確認説として理解するため、思想・良心と区別する「宗教」の外縁を定義すべき積極的理由はないと考える。憲法訴訟を念頭に置いたとしても、当事者が宗教と理解していれば憲法20条を援用し、世俗的な思想良心と理解していれば憲法19条を援用すればよい。この2つの権利は同じ部屋につながる2つの扉である。

第二に、大石眞が指摘した宗教法人法との関係が問題となるだろう。この問題は、主観的に理解する「宗教」に基づき、「優遇税制」措置を受ける宗教法人を設立できるのだとすれば、そこに問題はないのか、というものと捉えられる。この点、上記のオウム真理教解散命令事件によれば、宗教法人法は憲法によって要請されるものではない。また、優遇税制も憲法によって要請されるものではなく、憲法上許容されているとの説明が有力である[114]。そうであれば、憲法上の信教の自由にいう「宗教」と宗教法人上の「宗教」を異なるものと解釈することも許されよう。

　もっとも、宗教法人法は、「宗教団体に法律上の能力」を与えることを目的とする法律であるが、「宗教上の事項については規定の対象とせず、また、宗教活動そのものに評価、価値判断を加えるものではない。すなわち、この法律のいかなる規定も、国、地方公共団体およびそれらの機関が宗教団体の教義、儀式行事その他の宗教上の事項を公認し、その他これらに公の支持を与えることを認めるものではない」と説明される[115]。この説明は、宗教法人法に関して国家が宗教の定義を行わないことを示すものといえるだろう。なお、宗教法人法は「宗教団体」の定義を行っており、「宗教の教義をひろめ、儀式行事を行い、及び信者を教化育成することを主たる目的」とする団体とするが（2条）、そこでいう「宗教の教義」については不問にしているといえる。そうであれば、宗教法人法も何らかの客観的な宗教の定義を採用していないと考えられる。ただし、本書では踏み込まないが、日本の優遇税制の仕組みが、宗教団体が「宗教法人」となることで「公益法人等」となり、直ちに優遇税制の対象となっていることを問い直す必要はあるように思われる[116]。

　以上の検討から、筆者は、信教の自由における「宗教」の外縁を示す必要はないと考えるため[117]、主観説を支持する。

2　信教の自由の権利内容としての是認の禁止

　次に、信教の自由の権利内容に関する示唆を検討しよう。本章で注目するのは、カナダの裁判所が信教の自由の解釈論として「是認の禁止」の側面

第2部　信教の自由における承認と対話

――以下、〈宗教に基づく社会的排除のメッセージを受けない権利〉とする――を導いていたことである。

　日本の憲法学説において、〈宗教に基づく社会的排除のメッセージを受けない権利〉に関する問題意識を展開してきたのは、現在では言及されることも少なくなってきた、いわゆる「政教分離人権説」と呼ばれる少数説である。その概要を確認しておこう。

　政教分離人権説の代表的論者である浦部法穂によれば、政教分離は、信教の自由のための単なる「手段」ではなく、「必須の前提」であり、政教分離条項によって国民は「信仰に関し間接的にも圧迫を受けない権利を保障されている」[118]。その趣旨は、「政教融合による個々人の信教の自由への圧迫は、直接的な強制や弾圧がないかぎり間接的なものにとどまるが、しかし、そういう間接的な圧迫が、まさしく、その社会における信教の自由の否定そのものとして現れることになるのである。だから、信教の自由の保障は、……、個々人にとっては間接的な圧迫をも排除することによって、はじめて完全なものになる」というものである[119]。また、津地鎮祭事件における藤林裁判官による単独反対意見も「国家や地方公共団体の権限、威信及び財政上の支持が特定の宗教の背後に存在する場合には、それは宗教的少数者に対し、公的承認を受けた宗教に服従するよう間接的に強制する圧力を生じる」と述べており、「宗教的少数派の人権」の観点から政教分離原則を論じている[120]。政教分離人権説は主観的権利の形で定められていない政教分離規定を、主観的権利として読む点で「主観的権利と客観法の区別を無視する」として批判されてきたが[121]、政教分離人権説の趣旨は本章の検討から肯定的に評価できる。

　カナダ信教の自由論における〈宗教に基づく社会的排除のメッセージを受けない権利〉は、間接的な強制や圧迫を信教の自由の問題としてとらえる視座を提供していた。これは、政教分離人権説の趣旨と合致する。〈宗教に基づく社会的排除のメッセージを受けない権利〉を信教の自由の権利内容と解釈すれば、政教分離規定を人権規定と捉えることに対する法理論的構成にかかる批判を回避し、政教分離人権説の趣旨を信教の自由の権利内容として読

み込むという道が示唆されるだろう[122]。

　ただし、どのような事案が〈宗教に基づく社会的排除のメッセージを受けない権利〉の守備範囲に含まれるのかは検討の余地がある。カナダの判例は、何らかの宗教的実践が行われる場に居合わせる必要のあった個人が、自らの宗教的価値観とは異なる宗教的実践に直面したことで排除のメッセージを受けた事例を信教の自由の問題として捉えてきたからである。政教分離人権説が主要なターゲットとしてきた、首相の靖国神社公式参拝のような類型の事例——原告が特定の宗教的実践に直面していない事例——にも、社会的排除のメッセージを見出すことのできる事例はありうると思われるが[123]、〈宗教に基づく社会的排除のメッセージを受けない権利〉の守備範囲を広げすぎれば、あらゆる開放的な宗教的行事等の実施及び政府関与を裁判の対象としてしまう可能性があるため、その守備範囲は——制約論や正当化論も含め——慎重に検討する必要があるだろう。

　とはいえ、カナダで問題となってきた事例は、当該社会における宗教的マジョリティが無自覚に実施していたもので、マジョリティの自認としては「慣習」となっていたものも含まれる。そうであれば、日本社会においても、同様の類型の実践に居心地の悪さを感じる宗教的マイノリティが存在する可能性は高い。その保障の範囲についてはより詳細に詰める必要はあるだろうが、信教の自由の権利内容として〈宗教に基づく社会的排除のメッセージを受けない権利〉を加える解釈もありうるのではないだろうか。

　なお、信教の自由の権利内容をめぐる議論としては、クトゥナーハ判決で争われた、信仰の対象物それ自体の保護を信教の自由の保障内容として認めるべきか、という議論も重要な問題を提起している。これは、主に先住民の信仰や自然——山や木など——を信仰対象とする宗教にとってとりわけ重要な問題となるだろう。しかし、この問題は、カナダにおいても提起されたばかりのものであり、十分な検討材料がそろっていない。そのため、本章では、信仰の対象となる土地や物の保護も信教の自由の権利内容となりうるか、という論点がありうることを示すに留める。

注

1) 芦部信喜（高橋和之補訂）『憲法〔第 8 版〕』（岩波書店、2023 年）167 頁、佐藤幸治『日本国憲法論〔第 2 版〕』（成文堂、2020 年）252 頁など。
2) 芦部・同上、野中俊彦ほか『憲法 I〔第 5 版〕』（有斐閣、2012 年）319 頁、渋谷秀樹『憲法〔第 3 版〕』（有斐閣、2017 年）419 頁、渡辺康行ほか『憲法 I――基本権〔第 2 版〕』（日本評論社、2023 年）182 頁など。
3) 名古屋高判昭 46 年 5 月 14 日行裁例集 22 巻 5 号 680 頁。名古屋高裁もこの定義を述べるにあたって、「一口に宗教といっても、極めて多元的多義的であるので、これを定義づけることは頗る困難である」として、「敢えて定義づければ」との留保を示している。
4) 小山剛「信教の自由と政教分離（1）」法学セミナー 707 号（2013 年）51 頁。
5) 松井茂記『日本国憲法〔第 4 版〕』（有斐閣、2022 年）408 頁。
6) 同上。
7) 阪本昌成『憲法理論 II』（成文堂、1993 年）232-325 頁。
8) 大石眞『憲法概論 II――基本権保障』（有斐閣、2021 年）237 頁。
9) これは、「宗教法人法」による特権の付与ではなく、次のような法制度上の仕組みに由来する。まず、法人税法 6 条が、「内国法人である公益法人等……の各事業年度の所得のうち収益事業から生じた所得以外の所得については、……法人税を課さない」と規定する。ここでいう「公益法人等」は「別表第二に掲げる法人をいう」とされ（同法 2 条 6 号）、この別表第二の中に「宗教法人」が含まれている。それゆえ、宗教法人は非収益事業について法人税が課されない。
10) なお、宗教法人法 2 条は、「宗教団体」の定義（「宗教の教義をひろめ、儀式行事を行い、及び信者を教化育成することを主たる目的とする左に掲げる団体」）を行うが、「宗教」自体の定義は行っていない。
11) 日比野勤は、1990 年時点で、「学説上は、『憲法における宗教の概念』について、あまり詰めた議論はなされていない」としたうえで、今後は「詰めた議論がなされるが必要である」と指摘していたが、状況はあまり変わっていないと思われる。「憲法における宗教の概念――アメリカ合衆国における議論を素材として」公法研究 52 号（1990 年）112-113 頁。なお、近年では、いわゆる「カルト」宗教問題が大きな社会問題となった際に、「カルト」宗教は信教の自由の対象となる宗教なのか、という論点設定のもと、この論点も少なからず注目された。「カルト」宗教問題については、田近肇「カルト規制に関する憲法学の視点」近畿大学法学 70 巻 2・3・4 号（2023 年）1 頁以下が詳しい。最大判令和 3 年 2 月 24 日民集 75 巻 2 号 29 頁〔那覇孔子廟事件〕は、この論点が問われうる事案だったが、最高裁はこの点に踏み込まないかたちで事件を処理した。
12) 芦部・前掲注 1）160 頁。なお、小山は、❶内心における信仰の自由、❷信仰告白の自由、❸宗教的行為の自由、❹宗教上の結社の自由、❺それ自体は宗教性を帯びていないが本人の宗教的核心に反する行為の拒否（宗教上の良心の自由）の 5 つを挙げている。小山・前掲注 4）52 頁。
13) 芦部信喜『憲法学 III――人権各論（1）〔増補版〕』（有斐閣、2000 年）124-125 頁。
14) 最判平成 8 年 1 月 30 日民集 50 巻 1 号 199 頁。

第 4 章　信教の自由の保護範囲

15) 参照、美濃部達吉『逐条憲法精義』(1927 年) 393-397 頁参照。
16) 林知更「『国家教会法』と『宗教憲法』の間——政教分離に関する若干の整理」同『現代憲法学の位相——国家論・デモクラシー・立憲主義』(岩波書店、2016 年) 402-404 頁。
17) 須賀博志「学説史研究と憲法解釈——明治憲法における信教の自由」公法研究 73 号 (2011 年) 110-111 頁。
18) 工藤達朗「信教の自由の保障内容」中央ロー・ジャーナル 12 巻 3 号 (2015 年) 137 頁。同様の指摘として、棟久敬「信教の自由の日独比較憲法史的考察——信教の自由の制約に関する議論を中心に」秋田大学教育文化学部研究紀要人文科学・社会科学部門 77 号 (2022 年) 102-103 頁。ただし、三分説による説明を行う芦部も信教の自由の権利内容の「分け方自体にはそれほどこだわる必要はないであろう」と述べている (芦部・前掲注 1) 123 頁)。なお、工藤自身は、ロースクールでの教育効果の観点や憲法 21 条との関連性を踏まえて、信教の自由の権利内容を、❶信仰の自由、❷宗教的表現の自由、❸宗教的集会の自由、❹宗教的結社の自由、❺宗教的行為の自由に分類している (工藤・同 138 頁)。
19) 安念潤司「信教の自由」法学教室 209 号 (1998 年) 49 頁。
20) ただし、③宗教的結社の自由を信教の自由の一内容と整理すべきかについては議論の余地がある。これは憲法 21 条 1 項の規定する「結社の自由」の位置づけとも関係するが、本質的な問題は、宗教的結社の自由のみに認められる権利内容があるかである。この点は本章Ⅴで検討する。
21) 憲章 1 条は、憲章は「法で定められ、自由で民主的な社会において明確に正当化することができる合理的制約にのみ服することを条件に、この憲章で規定する権利及び自由を保障する」と規定する。
22) 憲章 2 条は、「基本的自由」を保障し、(a) 項は「良心及び信教の自由 (freedom of conscience and religion)」をその一つとして挙げている。
23) カナダ最高裁の仕組みも含め、松井茂記『カナダの憲法——多文化主義の国のかたち』(岩波書店、2012 年) 73 頁以下を参照。
24) *Syndicat Northcrest v. Amselem*, [2004] 2 S. C. R. 551 [Amselem]. 本判決は、5 対 4 で管理組合の請求を棄却した。多数意見は、スッカーを建てることによって、管理組合及び他の区分所有者が被る負担が最小限——避難経路には建てられておらず、外観への影響は僅か——である一方で、個人のスッカーを持つことは祭典の期間中、彼らが重要と理解する宗教的行為の実践を不便にするため、バルコニーにスッカーを建設することは許容されるべきと結論付けたのである。
25) ケベック憲章 (*Quebec Charter of Human Rights and Freedoms*, R. S. Q., c. C-12) は、ケベック州における基本的権利と自由を定めたものであり、州の基本法とも位置づけられているため、原則としてその他のケベック州法はケベック憲章に従わなければならない。ケベック憲章上の権利——信教の自由も含まれる——は対公権力だけでなく、対私人間でも直接効力を有する。
26) 本判決は、5 対 4 となったが、多数意見は管理組合の請求を棄却した。
27) なお、多数意見は、スッカーを建てることによって、管理組合及び他の区分所有者が

第2部　信教の自由における承認と対話

被る負担が最小限——避難経路には建てられておらず、外観への影響は僅か——である一方で、個人のスッカーを持つことは祭典の期間中、彼らが重要と理解する宗教的行為の実践を不便にするため、バルコニーにスッカーを建設することは許容されるべき、と結論付けた。

28) *See, R v. N. S.*, [2012] 3 S. C. R. 726 at paras 12-13. N. S. 判決の法廷意見は、信教の自由の保護範囲の問題としては、信仰の真摯さが問題であってその強度ではないと述べている。
29) Gérard Bouchard & Charles Taylor, *Building the Future: A Time for Reconciliation* (Government of Quebec, 2008) at 176-177 は、経験的に、裁判所は与えられた証拠から事実を導き出す能力を有するという。
30) Benjamin L. Berger, "Section1, Constitutional Reasoning and Cultural Difference: Assessing the Impacts of Alberta v. Hutterian Brethren of Wilson Colony" (2010) 51 S. C. L. R. (2ed) 25 at 27, 30.
31) Victor M. Muniz-Fraticelli & Lawrence David, "Religious Institutionalism in Canadian Context" (2015) 52 Osgoode Hall L. J. 1049.
32) 安西文雄ほか『憲法学読本〔第3版〕』（有斐閣、2018年）124頁〔安西文雄〕。大石眞も信教の自由を人格形成に関する自由の一つと位置づける。大石・前掲注8）208頁。
33) Howard Kislowicz, "Freedom of Religion and Canada's Commitments to Multiculturalism" (2010) 31 N. J. C. L. 1.
34) Muniz-Fraticelli & David, *supra* note 31.
35) *Hofer et al. v. Hofer et al.*, [1970] S. C. R. 958. 本判決に関する詳細な検討は、本書第7章を参照。
36) Kislowicz, *supra* note 33 at 12-15. 他にも共同の礼拝所の重要性にも言及する。
37) *Ibid.* at 15.
38) 集団の権利と集団別権利の違いについては、第1章を参照。
39) ウィル・キムリッカ（角田猛之他監訳）『多文化時代の市民権』（昇洋書房、1995年）51-53頁。第1章も参照。
40) ウィル・キムリッカ（岡崎晴輝他監訳）『土着語の政治』（法政大学出版会、2012年）30頁。
41) ただし、リベラルでない集団との関係は多文化主義の理論にとって重大な問題を提起し、かつ複雑な問題状況が存在する。この問題は本書第7章で検討する。
42) 宗教制度主義の議論はアメリカ合衆国の憲法学者によって精力的に論じられている。*See*, Paul Horwitz, "Defending (Religious) Institutionalism" (2013) 99 Va. L. Rev. 1049; Paul Horwitz, First Amendment Institutions (Harvard University Press, 2012); Douglas Laycock, "Towards a General Theory of the Religion Clauses: The Case of Church Labor Relations and the Right to Church Autonomy" (1981) 81 Colum. L. Rev. 1373; Carl Esbeck, "The Establishment Clause as a Structural Restraint on Governmental Power" (1989) 84 Iowa L. Rev. 1; Ira C Lupu & Robert W. Tuttle, "The Distinctive Place of Religious Entities in Our Constitutional Order" (2002) 47 Vill. L. Rev. 37. これに反対するものとして、*See*, Richard C

Schragger & Micah Schwartzman, "Against Religious Institutionalism"（2013）99 Va. L. Rev. 917. 宗教制度主義（とその批判）に関する議論は日本の憲法学にとっても示唆的な部分を多く含むと思われるが、本章の目的と関連する部分にごく簡単に触れるに留まる。関連して、アメリカ合衆国における修正１条制度主義については、横大道聡「「修正一条制度論」について——アメリカ表現の自由論の一断面」公法研究 75 号（2013 年）244 頁以下を参照。

43)「慈善団体」とは、a. 法人であるか否かに関わりなく、b. その資産のすべてを団体自身の行う慈善活動に充てており、c. その収益の如何なる部分についても所有者や出資者等に支払われず、他の形で利用可能ではないものを指す。*Income Tax Act*, RSC 1985, c 1 (5th Supp), s 149 (f), s. 141.1. また、「慈善団体」として登録された場合、慈善団体への寄付も所得税免除の対象となる。この「慈善団体」については、カナダ歳入庁（Canada Revenue Agency）が管轄する。なお、「慈善活動」については、法律上の定義はないが、①貧困の救済、②教育の発展、③宗教の発展、④地域共同体にとって有益な目的を持つもの（動物保護、図書館の運営、災害時のボランティア等）、のいずれかに該当する必要があるとされている。また、州法に基づく固定資産税の優遇も存在する。この点の概論として、*See*, M. H. Ogilvie, *Religious Institutions and the Law in Canada* 4th ed. (Irwin law Inc., 2017). 加藤普章＝藤原聖子「カナダ」文化庁『海外の宗教事情に関する調査報告書』（2012 年）も参照。

44) Muniz-Fraticelli & David, *supra* note 31 at 1066-1074.

45) *R. v. Big M Drug Mart Ltd.*, [1985] 1 S. C. R. 295 [Big M].

46) Benjamin L Berger, "Religious Diversity, Education, and the 'Crisis' in State Neutrality" (2014) 29 CJLS 103 at 109.

47) Muniz-Fraticelli & David, *supra* note 31 at 1084. ただし、ブライアン・ディクソン裁判官による法廷意見は、企業の信教の自由について、あいまいな表現をしている。彼は、「企業が信教の自由を享有し、行使できるかは、……無関係である。法が信教の自由を害している場合、企業が宗教的信念を持つことができるかは問題ではない。……それ自体で信教の自由を侵害する法は、その理由のみで、憲章 2 条（a）項に反し、……その主張者が個人か企業かは無関係である」と述べている。*Big M, supra* note 45 at paras 40-41.

48) *R. v. Edwards Books and Art Ltd.*, [1986] 2 S. C. R. 713 at 784 [Edwards Books].

49) *Trinity Western University v. College of Teachers*, [2001] 1 S. C. R. 772 at paras 28, 33-34.

50) Muniz-Fraticelli & David, *supra* note 31 at 1089-1091.

51) Muniz-Fraticelli & David, *ibid* at 1094-1098.

52) *Alberta v. Hutterian Brethren of Wilson Colony*, [2009] 2 S. C. R. 567 at paras 130-131 [Wilson Colony].

53) Wilson Colony, *ibid* at para 182.

54) Wilson Colony, *ibid* at para 95.

55) Howard Kislowicz, "Faithful Translations?: Cross-Cultural Communication in Canadian Religious Freedom Litigation" (2014) 52 Osgoode Hall L. J. 141 at 157.

56) *Loyola High School v. Quebec (Attorney General)*, [2015] 1 S. C. R. 613 at para 32 [Loyola]. 正当化審査の枠組みをめぐる問題については、第6章で検討する。
57) Loyola, *ibid* at para 60.
58) Loyola, *ibid* at paras 90-91, 100-101.
59) この意見が、境界があやふやな共同体ではなく、「組織」を挙げている点も注目される。
60) Loyola, *ibid* at para. 90-91. 結論同意意見は、「我々は、組織が、①主として宗教目的で設立され、②それら宗教目的と一致するように運営されているのであれば、憲章2条（a）項の保護の対象であると結論付ける」という。そして、ロヨラがこれに該当することは疑いないとする（at para 100-101）。
61) Loyola, *ibid* at para 138.
62) 組織を代表して証言する役員や代表者の証言は評価の一部となる。
63) Loyola, *ibid* at para 139.
64) Sujit Choudhry, "Rights Adjudication in a Plurinational State: the Supreme court of Canada, Freedom of Religion, and the Politics of Reasonable Accommodation" (2013) 50 Osgoode Hall L. J. 575 at 590-591.
65) *Ibid*.
66) Richard Moon, *Freedom of Conscience and Religion* (Irwin law Inc., 2014) at 25.
67) Kislowicz, *supra* note 33 at 15. もっとも、キスロウィックは、裁判所は「強制」の契機を強調し過ぎていると批判している。
68) Big M, *supra* note 45.
69) Big M, *ibid* at para. 95. なお、ディクソン裁判官は、法律の「目的と効果は両方とも憲法適合性を判断することに関連している。憲法に反する目的もしくは憲法に反する効果のどちらか一方のみで、法律を無効としうる」と述べ、信教の自由の侵害があったか否かは、当該法律（あるいは政府行為）がその目的または効果において、強制の契機を含んでいたかどうかに基づいて判断される、としていた（at para 80）。
70) カナダ最高裁は、㋒を㋐の一内容と解しているようにも思われるが、ここでは一応区別しておくことにする。
71) *Ktunaxa Nation v. British Columbia (Forests, Lands and Natural Resource Operations)*, [2017] 2 S. C. R. 386.
72) ここでは、1982年憲法35条に基づく先住民との交渉と配慮の義務に関する論点には触れない。この点については、守谷賢輔「先住民の『土地権（aboriginal title）』および条約上の権利をめぐる近年のカナダ憲法判例の一つの動向」関西大学法学論集62巻4・5号（2013年）1625頁以下などを参照。
73) *See*, Natasha Bakht & Lynda Collins, "'The Earth is Our Mother': Freedom of Religion and the Preservation of Indigenous Sacred Sites in Canada" (2017) 62 McGill L. J. 777; Howard Kislowicz & Senwung Luk, "Recontextualizing Ktunaxa Nation v. British Columbia: Crown Land, History and Indigenous Religious Freedom" (2019) 88 S. C. L. R. (2ed) 205.
74) *Ibid* at 227.
75) Ricard Moon, "Government Support for Religious Practice" in Richard Moon ed., *Law*

and Religious Pluralism in Canada（UBC Press, 2008), at 229.
76) *Zylberberg v. Sudbury Board of Education*, [1988] 52 D.L.R. (4th) 577 [Zylberberg]. なお、カナダ最高裁が判断したものはない。*See*, Kislowicz, *supra* note 33 at 16.
77) *Zylberberg, ibid* at 591.
78) *Ibid* at 592.
79) Moon, *supra* note 66 at 32.
80) *Canadian Civil Liberties Assn. v. Ontario*, [1990] 71 O.R. (2d) 341. 本判決では、本文で紹介する実践及びそれを基礎づける法令が憲章等に違反し無効であるとの宣言的判決等が求められた。
81) *Ibid* at para 52.
82) *Ibid* at para 21. また、「政府の権威による宗教の教え込みは、少数派に対する多数派の宗教的信仰の押し付けとみなす。……これは信教の自由の侵害に等しい」と述べる（at para 55）。もっとも、裁判所は、信教の自由に反する宗教の教え込みと、それと矛盾しない宗教についての教育（education about religion）と間の線引きをすることが場合によっては難しいことについても認識している（at para 71）。
83) *Freitag v. Pentanguishene*, [1999] 47 O.R. (3d) 301.
84) *Ibid* at para 25.
85) *Ibid*.
86) *Ibid* at para 34.
87) *Mouvement laïque québécois v. Saguenay (City)*, [2015] 2 S.C.R. 3 [Saguenay].
88) なお、原告らの申し立てを受け、サグネ市は、お祈りと議会の開始の間に2分間のギャップを設け、お祈りに参加せずとも議会に参加できるという措置を含む規則を採用していた。
89) *Saguenay, ibid* at paras 113, 120-121. なお本判決は、当該お祈りは公的領域における国家の宗教的中立性義務に反すると判断しており、かかる論点にとっても重要な示唆を含むものである。*See*, Saguenay, *ibid* at paras 74-75.
90) Moon, *supra* note 75 at 229-231.
91) Moon, *supra* note 66 at 35.
92) *Ibid* at 51.
93) メッセージの持つ害悪については、安西文雄「平等保護および政教分離の領域における『メッセージの害悪』」立教法学44号（1996年）81頁以下も参照。
94) この点から、「カナダの多文化主義」が要求するのは、アンナ・ガレオッティのいう象徴的な公的承認のみを必要とする「弱い承認（weaker recognition）」に近いということもできるかもしれない。*See*, Anna Elisabetta Galeotti, *Toleration as Recognition* (Cambridge University Press, 2002) at 101-105.
95) この見解については、宗教的マイノリティが構造的な少数派であることに鑑みれば、完全な参加者としての「承認」という前提の保障のみでは不十分との批判があり得る。もっとも、筆者は、この立場を採るからといって特別な措置を認めることを否定しているわけではない。合理的調整といったような措置を採ることを想定しているが、

96) *Edwards Books, supra* note 48.
97) *Ibid* at para 99. ただし、本判決は相対多数意見によるものである。詳細については、佐藤信行「憲法化された多文化主義とカナダ最高裁判所」法學新報119巻9・10号（2013年）389頁以下も参照。
98) 最大判昭和38年5月15日刑集17巻4号302頁。
99) 玉蟲由樹「判批」長谷部恭男ほか編『憲法判例百選Ⅰ〔第7版〕』（有斐閣、2019年）87頁。守田大悟「『一種の宗教行為としてなされたものであつたとし』たらどうなるか──信教の自由と違法性、違法性の意識の可能性」慶應法学43号（2019年）277-278頁も参照。
100) この仮定的言い回しは、「他人の生命、身体などに危害を及ぼす違法な有形力の行使にあたるもの」であっても、という趣旨と解することもできる（これも明示的ではないが、山本一郎「判解」最高裁判所判例解説 刑事篇 昭和38年度（1973年）95頁を参照）。信教の自由に関する判例の少なさもあり、最高裁の判例理論として明確に構築されているものは少ない。
101) 最判昭和55年1月11日民集34巻1号1頁〔種徳寺事件〕、最判平成元年9月8日民集43巻8号889頁〔蓮華寺事件〕。これらの判決の妥当性については、第7章で詳述するが、裁判所が宗教教義の正統性を判断すべきでないという点について異論はないものと思われる。
102) 日本の憲法学においては、一般論として法人の憲法上の権利享有主体性に関する議論の蓄積があるため、より詰めた検討は他日を期したい。
103) 安念潤司「信教の自由」樋口陽一編『講座・憲法学〔第3巻〕』（日本評論社、1994年）197頁（脚注は省略した）。
104) 以下の記述は、山本健人「日本国憲法が信教の自由を規定することの意味」法学教室515号（2023年）46頁以下と重複する部分がある。
105) 芦部『憲法学Ⅲ〔増補版〕』・前掲注13）100-101頁等。
106) 安西ほか『憲法学読本〔第3版〕』・前掲注32）119頁〔安西〕、佐藤・前掲注1）243頁等。
107) この試みの一つとして、渡辺康行「『思想・良心の自由』と『信教の自由』──判例法理の比較検討から」同『『内心の自由』の法理』（岩波書店、2019年）251頁以下がある。
108) ただし、思想・良心の自由をめぐっては、近時学説における議論が活性化しており、通説的解釈論が揺らいでいる。よって、より本格的な検討は今後の課題となる。
109) たとえば、オウム真理解散命令事件は、「宗教法人」の設立が信教の自由で保障されるわけではないと判断している。
110) 安念・前掲注103）193頁。
111) 安念・同上。
112) この問題にどのようなアプローチをとるべきかは論争的である。棟居快行ほか編『判例トレーニング憲法』（信山社、2018年）64-66頁〔小山剛〕、安念・同上、芹沢

齋ほか編『新基本法コンメンタール 憲法』(日本評論社、2011 年) 153-159 頁〔佐々木弘通〕などを参照。本書は、この問題へのアプローチ方法として、合理的調整に基づくアプローチを主張するが、この点は第 6 章を参照。
113) 宗教に高次の価値を認める議論があるが、宗教と思想良心に価値序列を認めることを説得的に説明するのは困難と思われる。批判的検討も含め、森口千弘「良心・信仰への間接的な制約と保護——法義務免除の可能性と平等」朝倉むつ子＝西原博史編『平等権と社会的排除——人権と差別禁止法理の過去・現在・未来』(成文堂、2017年) 157 頁以下を参照。
114) 大石・前掲注 8) 254-255 頁など参照。
115) 渡部蓊『逐条解説 宗教法人法〔第 4 次改訂版〕』(ぎょうせい、2009 年) 25 頁。
116) とりわけ、違法な活動を行う宗教法人に対する優遇措置の剝奪を検討するものとして、田近・前掲注 11) 16-20 頁を参照。もっとも、宗教法人法によれば、「宗教法人は、公益事業を行うことができる」(同 6 条) に過ぎないから、一律に「公益法人等」として優遇税制の対象とすることが適切なのかは疑問がある。関連して、井上武史「宗教団体規制の現況と課題——憲法の観点から」ジュリスト 1585 号 (2023 年) 33 頁は、宗教法人法は、一般社団法人法が制定される以前の仕組みであるが、一般社団法人と公益社団法人の設立が区別されている現在においては、「法人という地位と課税上の地位を切り離して、それぞれ独立に認定・剝奪できる仕組みが望ましい」と指摘している (脚注は省略)。たとえば、申請に基づき、要件を満たした宗教団体に免税措置を認めるという制度設計もありうる。この仕組みは、日本国憲法と同じく政教分離原則に関する憲法規定を有するアメリカ合衆国で採用されている。詳しくは、岡田順太＝横大道聡＝山本健人「アメリカ」文化庁宗務課編『海外の宗教事情調査報告書』(2022 年) 第 3 節を参照。
117) 法にとって「宗教」という概念が不要ではないかと論じるものとして、大屋雄裕「宗教は法にとって必要か」飯田高ほか編『リーガル・ラディカリズム——法の限界を根源から問う』(有斐閣、2023 年) 350 頁以下も参照。また、憲法学においては、信教の自由における「宗教」を広義に解釈する一方で、政教分離原則で問題となる「宗教」については、「限定された狭い意味、たとえば、何らかの固有の教義体系を備えた組織的背景をもつもの」と解するのが妥当とされるが (芦部・前掲注 1) 167 頁、渋谷・前掲注 2) 419-420 頁も参照)、日本の最高裁はこれまで政教分離原則に関する事例でも「宗教」の定義を述べたことはない。20 条 1 項や 89 条が「宗教団体」・「宗教上の組織若しくは団体」を対象としているから、これらの条文を適用する際には、一定の団体性・組織性が要件となると解釈することはありうるとしても、「宗教」の定義が限定されるわけではないと思われる。条文の文言から一定の「団体」性 (組織性) を持つ主体が問題になる場合がある、と整理すればよいと思われる。
118) 浦部法穂『憲法学教室〔第 3 版〕』(日本評論社、2016 年) 148-149 頁。また、同「政教分離規定の性格——『政教分離＝人権』説批判に答えて」奥平康弘編『現代憲法の諸相』(専修大学出版局、1992 年) 49 頁以下も参照。なお、政教分離人権説の日本での最初の提唱者は高柳信一であるとされる。高柳信一「政教分離判例理論の思想」下山瑛二ほか編『アメリカ憲法の現代的展開 2』(東京大学出版会、1978 年) 211 頁以

下参照。
119) 浦部『憲法学教室』・同上。
120) 最大判昭和 52 年 7 月 13 日民集 31 巻 4 号 560-561 頁。同意見については、石川健治「精神的観念的基礎のない国家・公共は可能か？——津地鎮祭事件判決」駒村圭吾編『テクストとしての判決——「近代」と「憲法」を読み解く』(有斐閣、2016 年) 157 頁以下も参照。
121) たとえば、小山剛「信教の自由と政教分離 (2)」法学セミナー 708 号 (2014 年) 50 頁。政教分離人権説へのより詳細な批判については、戸波江二「政教分離原則の法的性格」芦部信喜先生還暦記念論文集刊行会編『憲法訴訟と人権の理論』(有斐閣、1985 年) 525 頁以下を参照。
122) 政教分離人権説の問題意識は、アメリカ合衆国憲法修正 1 条——国教樹立禁止条項——の違憲審査基準の一つであるエンドースメント・テストと親和的であるため、政教分離原則違反の判断枠組みのなかに取り込む解釈論を展開する道筋もありうるだろう。筆者はこれを否定するものではないが、主観的権利である信教の自由において引き受けられる場面を検討しておくことにも意義があると思われる。アメリカ合衆国の議論については、安西・前掲注 93)、諸根貞夫「『目的効果基準』再検討に向けた一考察——アメリカの議論に触れて」奥平康弘編『高柳信一先生古稀記念論集 現代憲法の諸相』(専修大学出版局、1992 年) 73 頁以下などを参照。
123) たとえば、安西・前掲注 93) も指摘するように、岩手靖国訴訟控訴審判決 (仙台高判平成 3 年 1 月 16 日行集 42 巻 1 号 1 頁) は「内閣総理大臣等が公的資格において靖国神社に赴いて参拝するということになれば、その行為の態様からして、国又はその機関が靖国神社を公的に特別視し、あるいは他の宗教団体に比して優越的地位を与えているとの印象を社会一般に生じさせることは容易に推測されるところである」と述べており、メッセージの問題を認識している。

第5章 カナダ人権法における合理的調整の法理

I はじめに

1 問題の所在

　第5章の目的は、カナダ最高裁が私人間における差別禁止を目的とする人権法の領域で導入した合理的調整（reasonable accommodation）の法理[1]が、どのような特徴を有するか、どのように展開してきたかを分析し、多様性の管理ないし多様な価値観の調整にとって、合理的調整という考え方がどのような意義を有しているかを明らかにすることである。

　あらかじめ、カナダ最高裁が導入した合理的調整の法理がどのようなものかを示しておくと、差し当たり、次のようなものであるということができる。それは、一般に適用される規則や法律等（以下、「法規範」）が特定の個人及び集団が持つ属性——宗教、性別、障害等——ゆえに、当該個人らに負担を課すのであれば、（法規範の適用免除も含め）当該法規範の形式的な適用を、調整に応じる側の「過度の負担」にならない範囲で緩和するというものである。この法理は、当初、人権法における、宗教を理由とした雇用上の間接差別に対する審査手法及び救済として導入され、その後、合理的調整がどうあるべきかは、カナダ社会で広く論じられるテーマとなった[2]。

　多文化社会であるカナダにおいて、合理的調整は、個人らの有する多様な宗教的信念に由来する実践等と一般に適用される法規範とが衝突する際に、如何なる調整を行うべきかに関して特に重要な法的道具とみなされている[3]。ただし、後述するようにカナダの合理的調整は宗教のみを対象にするわけではない。

　本章は、多様な価値観の管理方法として合理的調整が有用であることを主

張するが、合理的調整には、次のような批判が向けられている。第1に、合理的調整はマイノリティに対して譲歩し過ぎているというものである。一般的な法規範からの適用免除等を要求しうる合理的調整は、免除等の調整を行うことで当該法規範本来の目的を妨げるうえに、マイノリティに特権を与えるとする批判である[4]。第2に、合理的調整は結局のところ、現存する体制（規則や法律または制度）を温存した上で、そこからの免除等を場合に応じて容認するに過ぎないので、「真の平等」たりえない、とする批判である[5]。

そこで、本章では、カナダ人権法における合理的調整の法理の導入について検討し（→Ⅱ）、その後の法理論としての展開を概観したうえで（→Ⅲ）、上記2点の批判論を検討し、合理的調整の意義と限界を明らかにする（→Ⅳ）。なお、本章では、合理的調整を憲法上どのように位置づけるべきなのかについては直接検討しない。この論点については、第6章で扱う。本章の課題は、合理的調整という考え方それ自体の有用性と限界を示すことにある。

とはいえ、このような問題設定も憲法論の一環でありうるように思われる。直後で説明する通り、カナダ人権法は準憲法的法律とされており、憲法具体化法の一つと位置付けられる。すなわち、人権保障という憲法価値の実現に関わる実定法である。曽我部真裕が指摘するように日本の憲法学において、多層的な「人権保障システム」[6]への問題意識は低調である[7]。この状況に対して、曽我部は「憲法学が憲法価値の実現に関わる学問であると捉えれば、憲法価値の重要な要素として人権が含まれている以上、人権の具体的な保障のあり様について、より幅広く目を向けてもよいのではないか」という[8]。カナダ人権法に関する本章の議論は、日本における多層的な人権保障システムの手薄さに対する示唆を与えることにもつながるだろう。

また、合理的調整という考え方は、日本においても「障害者の権利に関する条約」への署名（2007年）・批准（2014年）と、本条約を踏まえて制定された「障害者基本法」及び「障害を理由とする差別の解消の推進に関する法律」（以下、「障害差別解消法」）によって、広く知られるところとなっている。障害者基本法4条2項は、社会的障壁[9]の除去の実施について「必要かつ合理的な配慮」を怠ることが差別になりうることを規定し、障害差別解消法7

条及び8条は、それぞれ行政機関・事業者に対して、「必要かつ合理的な配慮をしなければならない」と規定する。本書では、"reasonable accommodation"を「合理的調整」と訳出するが（序章参照）、日本の実定法に言及する場合は「合理的配慮」とする。日本においては、障害者差別の文脈で合理的配慮が注目されているが、カナダにおいては、人権法に基づき、宗教を含む障害に限らない幅広い事由を対象に、多様な価値観の調整ないし多様性の管理のための法的道具とも位置付けられている。本章の検討は、合理的調整が障害者差別に限定されないポテンシャルを有することを示すことにもなるだろう[10]。

2 人権法の仕組み

本論に入る前に、カナダにおける人権法の仕組みについてごく簡単に紹介しておく。

カナダにおける最初の差別禁止法は1944年にオンタリオ州が制定した人種差別禁止法（Racial Discrimination Act）である。オンタリオ州はこの後も、カナダにおける差別法禁止立法の展開を牽引し、1962年にカナダで最初の人権法（Ontario Human Rights Code）を制定する。その他の州も立て続けに各州の人権法を制定し、1977年には連邦の人権法（Canadian Human Rights Act）が制定された[11]。なお、カナダにおいて明文で憲法上の権利が規定されたのは1982年であるため[12]、差別禁止法の展開は憲法上の平等権の成立に先行していたことになる。

また、人権法は、「準憲法的（quasi-constitutional）」法律という特殊な法的地位にある[13]。準憲法的法律とはカナダ最高裁の判例によって認定されたカテゴリーであり、人権法のほかにもプライバシー保護法や情報アクセス法などが準憲法的法律に位置づけられている[14]。ただし、形式的には法律である準憲法的法律は、1982年憲法52条がいう「カナダの憲法」の一部に含まれるわけではない[15]。カナダ最高裁は、準憲法的法律は「我々の社会の特定の基本的な目標」を反映したものであり、「その根底にある広範な政策的考慮を促進するように」解釈されなければならない、という[16]。ある法律を準憲

法的法律と位置づけることの主な効果は、「その特別な特性を認識」し[17]、通常は憲法上の権利の解釈に用いられる広く寛大な目的論的解釈を行うことを正当化するというものである[18]。後にみるように、このような広く寛大な目的論的解釈が合理的調整の法理の導入につながっている。

なお、カナダ最高裁は、どのような特徴をもつ法律が準憲法的法律になるかについて明確な基準を打ち出してはいないが、「憲法が定める価値や権利と密接に結びついている」ことを準憲法的法律とすることの根拠として指摘しており[19]、学説では「憲法上の要請を実施するための法律」(以下、「憲法実施法律」)と理解すべきだとの整理がなされている[20]。

人権法による差別救済の仕組みは連邦法・各州法で微妙に異なるが、概ね似通っている。ここでは連邦法の仕組みを簡単に紹介しておく[21]。まず、人権法の規定する差別事由に基づく差別的行為が行われたと感じた個人が、同法によって設置される人権委員会(Human Rights Commission)へ申し立てを行う。たとえば、現在の連邦人権法(R. S. C., 1985)は、差別事由として、①人種、②出身国又は民族的出自、③肌の色、④宗教、⑤年齢、⑥性別(妊娠・出産を含む)、⑦性的指向、⑧性自認又は性別表現(gender identity or expression)、⑨婚姻状況、⑩家族状況、⑪遺伝的特性、⑫障害、⑬赦免された犯罪歴という13個の差別事由を規定しており、差別的行為として、❶商品・サービス提供等の拒否、❷商業施設・住居施設の利用拒否、❸直接的・間接的な雇用差別、❹ハラスメント行為など9つの差別的行為を規定している。

次に、人権委員会は、差別の可能性のある申し立てに対して、あっせん、調査、調停を行う。人権委員会による試みが成功しなかった場合、その申し立ては同じく人権法によって設置される人権審判所(Human Rights Tribunal)によって審理され、審決が下される(人権審判所が設置されていない州もある)。人権審判所の審決に異議がある場合は、通常の司法裁判所に訴えを提起することができる。

なお、現在の人権法は以下でみるカナダ最高裁による合理的調整の法理の形成を踏まえて、合理的調整に関する規定を有する。この点は後述すること

にして、まずは、カナダ最高裁判決により法理形成を確認していくことにしたい。

Ⅱ　初期三部作

カナダにおける合理的調整は、カナダ最高裁による「三部作（trilogy）」と呼ばれる宗教を理由とした雇用上の差別に関する判例――オマリー判決[22]、ビンダー判決[23]、デイリープール判決[24]――を通して、導入され、定着した[25]。これらの事件において、カナダ最高裁は、間接差別概念を人権法上の平等論の中に持ち込むとともに、合理的調整という考え方に基づく判断枠組みを導入したのである。ここでは最初の事件であるオマリー判決を例に確認しよう。

1　間接差別と合理的調整――オマリー判決
(1) 事実の概要
オマリー判決は、金曜日の日没から土曜日の日没までを安息日とするセブンスデー・アドベンチスト（以下、「SDA」）に入信した労働者と、繁忙日である金曜日と土曜日の勤務を要求する企業側の労働条件の間で生じた紛争に関する事例である。

原告のオマリーは、デパートの婦人服売り場でフルタイムの職に就いていた。このデパートの婦人服部門は、木曜日から土曜日にかけてが繁忙日であり、とりわけ夕方が繁忙時間であるため、その売り場の労働条件として、金曜日は交代制の勤務が、土曜日は3回の土曜日のうち2回の出勤が義務付けられていた。ところが、オマリーは、SDAに入信したため自身の信仰に反しない限り、金曜日と土曜日は勤務することが出来ない状態となってしまった。オマリーの上司は、繁忙日に働けない場合、解雇もありうるとしたものの、彼女の事情を考慮して、パートタイムの勤務を認めた。その後、彼女は、結婚により自主退職するまでの約9か月間パートタイム労働者として勤務した。

オマリーは、上司の採った措置は、オンタリオ州人権法が禁止する信条（宗教）に基づく差別であり、9か月間分のフルタイムとパートタイムとの間の給与の差額を求めた。

(2) 判旨の概要

ウィリアム・ロジャー・マッキンタイヤー裁判官による法廷意見のうち、合理的調整の法理に関する部分の概要は次のとおりである。

①人権法は、「完全に憲法」ではないが、通常の法律に優位する特殊な位置づけの法律であり、その目的を認識した目的論的解釈をすべきであり、狭い意味の解釈を施すことは健全なアプローチではない（at 547）。オンタリオ州人権法はその前文が示すように「差別の排除」を目的にしており、重要な問題は、差別の被害者の救済である。オンタリオ州人権法は明確な条文を持つわけではないが、たとえ差別的意図がなくとも、ある行為がもたらす効果が、ある個人や集団に、共同体の他の構成員には課されない義務・ペナルティ・制限的な条件を課すのであれば、それは差別的であると解しうる（*ibid.*）（強調点筆者）。

②ここでいう差別の形態は、直接差別と間接差別（adverse effect discrimination）に区分できる。直接差別とは「雇用者が〔人権法の列挙する〕禁止された理由に基づく表立った差別を、職務実践（practice）ないし規則（rule）として採用する際に生じる」と定義されるものであり、その具体例としては「この職場では、カトリック、女性、黒人は雇用しない」といったものが挙げられる（at 551）。

③その一方で、間接差別は、「……雇用者が、純粋に職業上の理由（genuine business reasons）から、全ての労働者に平等に適用される規則ないし基準を採用するものの、その規則ないし基準が、ある1人の労働者もしくはある労働者の集団に対して、禁止された理由に基づき、……差別的効果を持つ場合に生じる」（at 551）。

④宗教に基づく間接差別の事例において、被告側には「過度の負担（undue hardship）でない限り、……合理的ステップ（reasonable steps）を踏むこと、

第5章　カナダ人権法における合理的調整の法理

言い換えると、雇用者のビジネスの運用にとって過度の介入あるいは過度の出費でない限り、このステップを踏む」義務がある（at 555）。合理的ステップとは以下のようなものである。まず、間接差別の事例の場合には、直接差別の場合と異なって、問題となっている規則等を無効とする必要は必ずしもない。そして、それは職場全体に平等に適用される規則等であり、その差別的効果がある個人ないし集団に限定されているため、職務との関連性があれば規則等自体の正当化の必要もない。要求されているのは、「いくつかの合理的調整の方法」が可能かどうかである。したがって、雇用者は、合理的調整の可否を検討しなければならず、合理的調整の採用に向けた合理的ステップを踏んだことを証明する負担が課される（ibid.）。

⑤合理的調整の採用が不可能であると主張する場合には、それが「過度の負担」であることを証明する必要がある（at 558）。

(3) 整　理

オマリー判決の法廷意見は、直接差別と間接差別を区別し（②・③）、間接差別の判断枠組みとして合理的調整に基づく判断枠組みを導入している（④）。それは、ある個人・集団に対して、その個人らの持つ宗教的信念ゆえに差別的効果を持つ規則等を無効にするのではなく、当該個人らに対する当該規則等の形式的な適用を緩和することを雇用者にとって過度の負担にならない程度まで義務付けるものである（④・⑤）。当時のオンタリオ州人権法の規定に、間接差別や合理的調整に関する規定はなかったが、マッキンタイヤー裁判官は、人権法を後に準憲法的法律と整理される特殊な法律だと位置づけ、オンタリオ州人権法の前文の趣旨を踏まえた目的論的解釈によって、合理的調整の法理を導いている（①）。

なお、雇用者が、土曜日が安息日である宗派を狙い撃ちにした勤務日程を作成しているわけではなく、職務上の必要性から金曜日と土曜日の勤務を要請していた本件の事例は、明らかに間接差別の事例に当たるが、マッキンタイヤー裁判官は、雇用者は自らがとった措置が「過度の負担」の地点まで調整したものであることを証明できていないと判断し、パートタイム労働者と

第2部　信教の自由における承認と対話

しての賃金とフルタイム労働者としての賃金の差額を支払うことを命じた（at 559-560）。

　合理的調整は個別の要求に応じるものであるため、合理的調整として求められる措置はケースバイケースである。たとえば、休暇の提供、勤務日程の変更・交替、配置転換、服装規定の緩和等が考えられる[26]。この他に場合によっては、特別なプログラムの創設等も含まれうる。そして、こうした措置を行うことが出来ない理由は、雇用者側が「過度の負担」の基準によって証明しなければならない。したがって、この「過度の負担」の基準とは如何なるものかが、重要な論点となる。

2　過度の負担の意味

　カナダにおける過度の負担の意味について、カナダ最高裁が重要な指摘をしたのが、レナウド判決[27]である。

　本件は、学校施設の管理人として勤務するにあたって、労働組合の要求する勤務日程（金曜日と土曜日の勤務）と金曜日の日没から土曜日の日没までを安息日とするSDAを信仰する雇用者（レナウド）との間で紛争が生じた事例である[28]。

　カナダ最高裁は、過度の負担について、アメリカ合衆国の公民権法上の合理的調整のリーディングケースである「ハーディソン判決の無視できる程度という基準は、事実上、合理的調整〔の法理〕から取り除かれる。またその基準はカナダにおいて特に不適当と思われる。……過度なという言葉は、一定の負担が受け入れられることを示唆している。つまり、合理的調整の基準を満たすものは、過度な負担だけである」と判示した（at 984）。また、過度でない負担──「軽微な支障や不便」──は、「多文化社会における宗教的自由の代償」であるともいう（at 985）。

　この判示によって、カナダにおける「過度の負担」の基準がアメリカで支配的となった「無視できる程度」の基準ではないことが明示された[29]。アメリカにおいては、「無視できる程度を超える負担」があれば、「過度の負担」に当たると解されていたが、カナダにおいては、一定の負担を負うことを前

提に、「過度の負担」が考慮される。

　その後、メイオリン判決において、「過度の負担」の基準は、レナウド判決で述べられた基準で考えるべきであることが確認された[30]。また、ウィンザー大学の労働法学者ブライアン・エザリントンは網羅的ではないと留保しつつも、その考慮要素として、金銭的負担、労働協約の内容、他の労働者のモラル、配置転換の可能性、雇用者の企業規模、安全性等を挙げている[31]。

　さらに、メイオリン判決は合理的調整には、手続的側面と実体的側面の2つが存在することに言及している[32]。実体的側面はこれまでに確認してきたものであるから、手続的側面についてみておくことにしたい。この点、法廷意見はカナダの著名な弁護士ディビッド・レポフスキーの論文を引用しているが、彼によると合理的調整の手続的側面とは、「熟議と調査のプロセス（deliberative and investigative process）」を経たものでなければならないということを指す[33]。つまり、合理的調整とは「過度の負担でない限り、個人の要求に合理的な調整をするためのステップを採ること」であり、そこで「要求されているステップの1つは、合理的調整を行う義務の下、雇用者ないし他の当事者が、合理的調整の要求について徹底的で適切な調査と熟議のプロセスを引き受けること」なのである。したがって、「雇用者が合理的調整の要求を、徹底的な（調整を行うことの）可能性の調査を含む当該問題の適切な考慮ないし調整もなしに、直ちに拒否したのであれば、それは合理的調整の適切なステップを採ったとはとてもいえない」ということになる。さらに、「開かれた、そして創造的な熟議のプロセスは障害者の要求や人権法によって合理的調整を要求することの出来る他の労働者にとって実現可能な合理的調整（の方法）を発見する可能性を有意義に向上させる」のである[34]。

3　直接差別と間接差別の2分岐アプローチ

　カナダ最高裁は、オマリー判決において、間接差別の概念と合理的調整に基づく判断枠組みを導入したが、直接差別については、それ以前から、「真正なる職業上の要件（bona fide occupational qualification or requirement）」（以下「BFOQ」）の抗弁という判断枠組みが確立していた。この判断枠組みは、

ある職場の規則が「労働者個人、その同僚あるいは公衆を危険にする場合を除いて、効率的で経済的な職務の遂行を確実にするために、合理的に必要」であるかを問うものであり、BFOQ であることが認められれば、当該規則は直接差別とはならないと認定するものである[35]。

カナダ最高裁は、初期三部作の１つであるデイリープール判決[36]において、直接差別に対しては BFOQ の抗弁によって判断し、間接差別に対しては雇用者の合理的調整に対する義務を前提に過度の負担基準を用いて判断する２分岐アプローチを提示した。この２分岐アプローチによると、直接差別の事例においては、① BFOQ の抗弁が適用され、雇用者がこの証明に失敗すると当該規則は無効となる。②次に、雇用者は当該規則が BFOQ であるとしても合理的オルタナティブが存在しないことを証明しなければならない。この証明に失敗すると当該規則を BFOQ として正当化することは出来なくなる。③そして、この２つの証明に成功すると、当該規則は BFOQ として正当化され、雇用者に合理的調整の義務はないとされる。その一方で、間接差別の事例では、❶ BFOQ の抗弁は適用されず、❷雇用者が「過度の負担」の水準まで合理的調整を行ったか、が問題となる[37]。

Ⅲ　メイオリン判決とマギル大学判決

1　判断枠組みの統合——メイオリン判決

　カナダ最高裁の「初期三部作」によって確立した２分岐アプローチについては、当初より強い批判が向けられていた[38]。まず、合理的調整の法理に基づく間接差別の判断枠組みについては、差別を生み出している制度または法規範を真に考慮することなく、間接差別を主張する者に対する特別扱い——個別の合理的調整——が可能かについての議論に終始しているとされた。BFOQ の抗弁については、いったんその抗弁に成功すれば、個別の合理的調整を一切考慮することなく、当該制度ないし法規範を正当化すると批判されたのである。こうした批判を受け、カナダ最高裁は、メイオリン判決において、人権法における直接差別と間接差別を判断する統合的判断枠組みを作り

第 5 章　カナダ人権法における合理的調整の法理

出すことになる。

(1) 事実の概要

　メイオリン判決の事実の概要は、以下の通りである。女性森林消防士として 3 年間何の問題もなく勤務していたメイオリン（当事者）が、ブリティッシュコロンビア州（以下「BC 州」）政府が採用した森林消防士に対する体力テストの内、有酸素消費量（持久走）のテストに合格出来ず、森林消防士として勤務するための基礎体力不足として解雇されたため、彼女の属する労働組合が当該体力テストは間接差別を構成し、本件解雇処分は BC 州人権法（British Columbia Human Rights Code, R. S. B. C. 1996, c. 210）違反であると主張した。

　なお、BC 州政府が採用した試験とは、州内の大学の研究者らによって考案された消防士の体力を測定するテストであり、4 つの種目について実施された。メイオリンは、3 つの試験には合格したが、2.5 キロを 11 分以内で走ることを要求する持久走のテストにおいて、49.4 秒の遅れによって不合格となった。BC 州政府が採用した体力テストでは、女性の合格者が男性に比べて著しく低く、男女比の不均衡を生じさせていることが、統計上明らかであったとされる[39]。

(2) 判旨の概要

　ビバリー・マクラクリン裁判官による法廷意見のうち、合理的調整の法理に関する部分の概要は以下の通りである。

　①直接差別と間接差別の判断枠組みを区別するのは、人工的で恣意的かつ不自然である。現代において差別的意図を有する雇用者は、通常、直接差別と同等の差別的効果を発揮する表面上中立的な言語を用いた規則・基準を設計するから、この区別をすることは現実的ではない。間接差別は「全体として構造的差別のレベルに達している、より微妙なタイプの差別」であり、「露骨であからさまな直接差別よりも広く用いられている」。よって、2 分岐アプローチは、差別的意図を持ち、かつ、表面上中立的な言葉でルールを設

計する用心深さをも持つ雇用者に「不当な隠れ蓑 (undeserved cloak)」を与えてしまう (at para 29)。

②差別的な効果を持つ規則・基準が個人に与えるネガティブな影響を回避することが、直接差別と間接差別に共通する問題であるとすれば、2分岐アプローチによる判断枠組み及び適用可能な救済の区別には僅かな合理性しかない (at para 38)。

③BFOQの抗弁により規則・基準の合理性が証明できたとしても、個別の合理的調整により、ネガティブな影響を回避できるかを不問とすべきではない。次のような統合された判断枠組みのもとで検討されるべきである。

雇用者は、以下の3点を証明しなければならない
〔1〕当該職務の遂行と合理的に関連する目的のために当該規則を採用したこと
〔2〕当該規則を正当な職務に関連した目的を満たすのに必要と信じて、公正かつ誠実に採用したこと、及び
〔3〕当該規則は、正当な職務に関連した目的の遂行にとって合理的に必要であること。当該規則が合理的に必要であることを示すためには、雇用者に過度の負担を課すことなく、原告の特性を共有する個々の労働者らに合理的調整を行うことが不可能であることを証明しなければならない (at para 54)

(3) 整　理

　メイオリン判決の法廷意見は[40]、まず、間接差別が現代において悪意的な制度設計によって行われることを指摘し (①)、直接差別と間接差別とで判断枠組みを区分する2分岐アプローチの合理性が僅かしかないとしている (②)。ここでは、間接差別の分析において、差別的効果を発する規則・基準自体が不問とされ、構造的差別をもたらしうる規則・基準を人権法が正当化してしまうことが危惧されているといえる。

　この点を認識するマクラクリン裁判官は、BFOQの抗弁と合理的調整を統

合する判断枠組みを提示する（③）。この枠組みは、雇用者に対して、問題となった規則・基準そのものが合理的であることの証明を求めた上で、その合理性が証明されたとしても、過度の負担にならない範囲で、合理的調整を行うことが不可能であることの証明も課している。

メイオリン判決によるこの統合アプローチは、人権法による平等・反差別の実現として高く評価されてきた[41]。そしてこの枠組みは、現在の各人権法の規定に反映されている。たとえば、現在の連邦人権法は、差別的行為の例外を定める15条2項において合理的調整に言及している。まず、15条1項では、雇用の拒否等がBFOQであることを雇用者が立証した場合や、商品やサービスの提供拒否等が「真正に正当（bona fide justification）」である場合は、差別的行為ではないとする。そして、15条2項は、「真正なる職業上の要件」を満たす、あるいは、「真正に正当」であるためには、「被害を受ける個人または個人の属する集団のニーズを調整することが、健康、安全、費用を考慮した上で、それらのニーズを調整しなければならない者に過度の負担を課すことが立証されなければならない」と規定する。連邦人権法のほか、現在のオンタリオ州人権も同様の構造となっている。同法は、5条で雇用に関する平等取扱を規定し、24条でその例外を規定する。24条1項（b）が雇用の性質上、応募者の年齢、性別、犯罪歴、婚姻歴が「合理的で真正な要件」である場合は差別ではないとし、同2項で、人権審判所及び裁判所は、「過度の負担」を伴うことなく調整することができないことを雇用者が証明しない限り、「合理的で真正な要件」と認定してはならないとする。

2 歩み寄りの重視——マギル大学判決

ところが、カナダの学説は、メイオリン判決の統合アプローチの第3段階——合理的調整の審査——については、メイオリン判決以降、後退が見られると指摘する[42]。

人権法における合理的調整の在り方を後退させたと批判されるカナダ最高裁判決は、マギル大学判決[43]とイドロ・ケベック判決[44]である。いずれも、障害を理由とする合理的調整が問題となった事例であるが、ここでは、マギ

ル大学判決を取り上げて説明することにしたい。

(1) 事実の概要

マギル大学判決では、神経衰弱（nervous breakdown）のため、マギル大学ヘルスケアセンターの医療秘書の職を長期間休職し、復職前に交通事故にあったため、労働協約の規定する所定の休職期間を超えた労働者をケアセンターが解雇したことに対して、本人と労働組合が合理的調整を求めた[45]。

なお、カナダ最高裁は、カナダにおいて職場で合理的調整が求められていることは確立されており、両当事者もこの点は争っていないことを確認している。本件での問題は、合理的調整の範囲と雇用の終了を定めた労働協約の位置づけである。本件では、病気ないし事故を理由とした欠勤の 36 カ月後に雇用を終了することができると定めた労働協約の規定が問題となり、これがメイオリン判決で確立された統合アプローチの各段階をクリアするかが検討されることになった。

(2) 判旨の概要

マリー・デシャン裁判官による法廷意見のうち、合理的調整の法理と関連する部分の概要は次の通りである。

①メイオリン判決で示された統合アプローチの「第 3 段階は、正当な目的を達成するために当該基準〔労働協約の規定のこと——筆者補足〕が必要であるかを決定することを目的としている」。そのため、「雇用者は過度の負担を負うことなく、原告と調整することができないことを証明しなければならない」(at para 14)。

②しかし、過度の負担の考慮要素は柔軟であるため、「合理的調整を求める権利は絶対的なものではなく」、関連する諸要素の考慮は、当該基準を適用することで発生する原告にとっての悪影響を正当なものと結論付けることがありうる (at para 15)。「合理的調整の個別化された性質の重要性は軽視することができ」ず、合理的調整の義務の範囲は、各企業の性質、労働者の求める要求の内容や重要性の程度等の様々な要素によって異なるのである (at para 22)。

③「雇用関係において、雇用者は労働者と調整する努力を行わなければならない」が、「これは合理的調整が必然的に一方通行であることを意味しない」。「雇用者、労働組合、労働者の義務は合理的な歩み寄り（reasonable compromise）に至ることである」（at para 22）（強調点筆者）。

(3) 整　理

カナダ最高裁は、メイオリン判決の統合アプローチを前提としつつも（①）、合理的調整の個別化された性質を指摘し（②）、本判決で合理的調整の要求者側にも、合理的な歩み寄りをすることを義務として課す構成をとった（③）。これは、雇用者が労働者からの合理的調整要求に応じることを強調してきたメイオリン判決までの構成とは対照的であるだろう。マギル大学判決は、結論を下す直前にも、再度、「合理的調整の義務は絶対的なものでも、無制限なものでもない。労働者は合理的歩み寄りに至ることを試みるという役割を有している」と述べている（at para 38）[46]。

労働者側に合理的な妥協をするために歩み寄る義務を課す構成は、平等論の観点から強く批判されている。たとえば、マギル大学の憲法及びジェンダー法学者であるブリンダ・ナレインは、マギル大学判決やイドロ・ケベック判決で再構成された基準は、雇用者の合理的調整の義務を著しく軽くするという。また、彼女によれば、この枠組みによって、労働者は自身の要求のいくつかを妥協しなければならなくなるが、ヴェールを被るムスリム女性のように妥協することができない性質の要求をもつ労働者が著しく不利な扱いを受けることになってしまう[47]。

確かに、ナレインが主張するように、マギル大学判決の再構成は合理的調整を要求する者にとっては不利に働く場面もあるだろう。しかし、この再構成が、ナレインの主張するような劇的な変容を合理的調整の義務にもたらし、強く批判すべき判断であったのかは検討の余地があると思われる。

Ⅳ　検　討

　以上、人権法領域でカナダ最高裁による合理的調整の法理の導入・定着・展開について紹介してきた。当初は間接差別の判断枠組みに関する法理であったが、メイオリン判決を経て、直接差別であれ間接差別であれ合理的調整の考慮が必要となった。調整の限界点は「過度の負担」基準によって判断されるが、マギル大学判決では合理的調整の要求者にも一定の歩み寄りが必要であることが示されている。このようにカナダ最高裁の判断枠組みの構成に変遷はあるが、合理的調整の法理の中核が、表面上中立な法規範からの個別の調整を容認するものであることに変化はない。

　以下では、表面上中立な法規範からの個別の調整の容認という合理的調整の法理の中核的考え方に向けられている2方向の批判に対する検討を行うことにしたい。すなわち、冒頭で示した①合理的調整はマイノリティを過度に優遇しているのではないか、②合理的調整は真の平等を意味しないのではないか、という批判である。

1　合理的調整はマイノリティに対する過度の優遇か
(1)　合理的調整の拡散と限界

　カナダにおける合理的調整は、一般社会にも浸透している。その実態を調査したのが、ジュラル・ブシャールとチャールズ・テイラーを委員長とする「文化的差異に関する調整の実践をめぐる諮問委員会」（以下、「ブシャール＝テイラー委員会」）が提出した報告書である[48]。

　同委員会を設置する直接のきっかけとなったのは、2006年のムルタニ判決[49]である。同判決では、公立学校に通うシーク教徒のムルタニ少年が、形状としては金属製のダガーである宗教的装飾物のカーパンを身に付けて登校することを認めることができるか、が問題となった。カナダ最高裁が、ムルタニにカーパンを携帯することを一定の条件のもとで許容すべきであるとの結論を下したことで、合理的調整が社会問題として注目されることとなった。

第5章　カナダ人権法における合理的調整の法理

　形式的には武器にみえるカーパンの学校への持ち込みを条件つきで認めたカナダ最高裁の判決が、ケベック州控訴審の判断を覆したものだったこともあり、ケベック州内では行き過ぎた合理的調整への不満が高まった。この不満に対して、ケベック社会における合理的調整の実態を調査するために、ジャン・シャレ州首相（当時）は、ケベック州出身で、カナダ知識人の巨頭であるジュラル・ブシャールとチャールズ・テイラーを委員長とする「ブシャール＝テイラー委員会を組織したのである。
　ブシャール＝テイラー委員会は、合理的調整の法的性質を強調しつつも、司法的介入に至る以前の、市民社会における多様性を管理する枠組みとしても合理的調整の考え方が有用であることを指摘した。また、同委員会報告書は、行き過ぎた合理的調整として、メディア報道等で市民の間に流布した事例の多くは、事実を歪曲して報道されていたか、誤解であると指摘している[50]。現実の合理的調整としては、公立学校におけるスカーフの着用や、宗教的祝日を休暇にすること、ラマダンで体力の弱った子供のために特別な配慮をすること、病院でユダヤ教徒が自分で買ったコシャーフードを食べること等が行われているという。
　この調査が正しければ、行き過ぎた合理的調整という言説はメディア等によって過度に誇張されたものである可能性が高く、「過度の負担」という限界が適切に機能しているのであれば、合理的調整がマイノリティを過度に優遇しているとは言えないように思われる[51]。
　しかし同時に、「過度の負担」や「合理的」調整という側面が強調されると、今度はマイノリティの過少保護という懸念が生じる。第2章での検討とも関連するが、多くの論者は、ここにいう「合理性」の評価は、要求された調整がマジョリティの価値観――「我々の価値観」――に適合しているかどうかを判断する引き金となると指摘する[52]。すなわち、要求が「我々の価値観」に照らして合理的なものであるかが、調整を認める（実質的な）判断基準であるとされるのである。たとえば、メモリアル大学の宗教学者セルビー＝ヨーク大学の法社会学者バラス＝オタワ大学の法社会学者ビアマンは、合理的調整という考え方は「合理性」の範囲をめぐって争うことで、「我々の価値

観」対「マイノリティの価値観」の対立構造をもたらし、両者を固定化してしまう恐れがあるという[53]。もし合理的調整がそのような側面を有しており、その効果が不可避のものであるなら、合理的調整という考え方は有益な法的道具とはいえないだろう。彼女らが取り上げる合理的調整に関する近時の事例（いずれも訴訟に至ったものではない）を素材に検討してみたい。

(2) 二つの事例——ヨーク大学事件とピール地区教育委員会事件

　一つ目の事例が、ヨーク大学事件[54]と呼ばれるものである。2013年9月20日、ヨーク大学社会学部のオンラインコースに通う2年生の男子学生が、ポール・グレーソン教授に対して、「自身の確固たる宗教的信念のため公の場で女性と一緒に活動することはできない」旨メールで伝えた。グレーソン教授の講義はオンラインコースではあったが、数回は対面でのスクーリングが予定されており、シラバスにグループワークを重視すると明記されていた。グレーソン教授は、合理的調整を行うことで女性差別・蔑視を教育機関である大学が促進してしまうこと等を懸念し、この要求を退けるつもりでいた。

　グレーソン教授は、合理的調整をしないとの決定を学生に伝える前に、学部長と大学の人権センターに相談した。大学側は、オンタリオ州人権法は、過度の負担に当たらない限り、合理的調整の義務があると規定しているから、本件において学生の要求に応じるべきだと判断した。大学側は、グレーソン教授の講義において、物理的距離や体調不良によってグループワークに出席できない者に与えられている対応と同等の対応が可能であるとした。しかし、グレーソン教授は、上記懸念等から、この決定に反発し、当該調整要求を退ける理由の説明を含め調整に応じない旨学生に伝達した。これを受けた学生は、自身の要求をグレーソン教授が真剣に検討してくれたことに感謝し、調整の申請を取り下げたという。この顛末後も、大学側は合理的調整をすべきだという決定を取り下げなかった。

　2つ目の事例がピール地区教育委員会事件と呼ばれるものである。オンタリオ州のピール地区教育委員会は、2016年9月に毎週金曜日に学校で行われているムスリムの生徒によるお祈り集会の方針を変更した。変更前の方針

第5章　カナダ人権法における合理的調整の法理

によれば、生徒たちは、毎週金曜日に、学校スタッフの監督のもと、自身で説教（sermons）を考え、共有することが許されていた。変更後の方針では、教育委員会が、ピール地区信仰指導グループ（イスラームの指導者であるイマームも所属）と協議し、事前に作成した6つの説教から学生が選択するという方法が採用された。翌月、この方針が実施されたが、ムスリム学生からは、宗教の監視である、イスラームがスティグマ化されたように感じる、表現の自由・信教の自由が強く制約されたように感じる等の不満が寄せられた。ピール地区教育委員会は、弁護士からのアドバイス等も参考に新たな方針を翌月には撤回したが、この一連の流れの中で、金曜日のお祈りをめぐる議論は予想外に拡大していく。

　金曜日のお祈りの方針についての公開討議が、イスラームフォビアを主張する一部の抗議者によって妨害されるとともに、公衆の関心が、学校が宗教的なお祈りの場所を提供するべきなのか、といった学校におけるお祈り一般をめぐる論点へと変貌する。抗議者の中には、ムスリムのお祈りがカナダのキリスト教文化を侵害するという理由で、ムスリムのお祈りを許容することに異議を唱える者だけでなく、ムスリムのお祈りは学校の世俗的な性質とは相容れないと主張する南アジアの出身者やヒンドゥー教のグループを代表する者（カナダにおける別のマイノリティ宗教グループ）もいた。

　議論のエスカレートを受けて、ピール地区教育委員会は、金曜日のお祈りはその方法の問題であって、宗教的理由による合理的調整は人権法に規定されており、お祈りの場を適用すること自体は公開討議の対象ではないと主張するとともに、SNS等で流布した誤った情報を訂正するファクト・シートを作成した[55]。また、オンタリオ州の教育大臣及び青少年問題担当大臣が共同で、公立学校の生徒に対する金曜日のお祈りの場所を提供することを支援する声明を公表した[56]。

(3) 合理的調整の実体的限界

　ヨーク大学事件については、宗教的な理由による女子学生とのグループワークからの免除と男女平等の価値が問題となり、ピール地区教育委員会事件

では、ムスリムの生徒による金曜日のお祈りと、キリスト教的文化あるいは公立学校の世俗的性質が対抗している。セルビー＝バラス＝ビアマンは、これらを「我々の価値観」と「マイノリティの価値観」の衝突と捉える。もっとも、ヨーク大学事件については、合理的調整の義務と男女平等のようなそれ自体として重要な価値が対抗しており、グレーソン教授の判断が直ちに不当であるとは言い難い。重要なのは、多様性を尊重するか、我々の価値観を保護するかの二項対立的思考を避け、可能な合理的調整の余地を検討することであるといえるだろう。

　序章でも述べた通り、多様性の尊重、マイノリティの要求する調整案の実現のみを至上命題とすることは、社会の分断を招く要因となりかねない[57]。「カナダの多文化主義」を社会統合を目的としたものと位置付けるとすれば、多様性の尊重という規範が暴走するのを防ぐという考慮も必要である。合理的調整の限界——調整の合理性、過度の負担の基準等——を、「我々の価値観」に適合的かを判断するものと捉えれば、調整に応じる者の恣意性・権力性が強調されるだろう。しかし、合理的調整の要求が、経済的な過剰負担を含む過度の負担となるものかの判断に加え、平等や各種憲法上の権利に具体化されている重要な憲法的価値、公正な司法等の現代社会を成り立たせるのに不可欠なものを侵害しない範囲で実現可能かを判断するものと理解すれば、多様性の尊重を至上命題とすることを防ぎつつマイノリティとの対等な共生を可能にする穏当な多様性の管理手法と位置付けることができるのではないだろうか。

(4) 合理的調整のプロセスへの着目

　上記のように合理的調整を理解すれば、合理的調整には——その概念上当然に内包されたものではあるが——実体的な限界が存在することになる。しかし、より重要なのは、実体的な限界が一義的に定まるわけではないことである。カナダ最高裁の法理においても強調されてきた通り、合理的調整は個別化されたケースバイケースの考慮を必要とする。この個別の考慮を為すために行われる、交渉・対話のプロセスに多文化社会を成り立たせる重要な意

第5章　カナダ人権法における合理的調整の法理

義を見出すことができると思われる。

　ブシャール＝テイラー委員会報告書は、他者に対して開かれていること、相互尊重、妥協点を見つけるための対話を続けること等を合理的調整の指針とするべきであると勧告している[58]。またセルビー＝バラス＝ビアマンも、合理的調整の交渉・対話プロセスによって、差異を有する当事者間の相互理解及び内的省察が——必ずしも成功するわけではないが——、促進される可能性があり、合理的調整が多様性の管理手法として適切に機能するためにはこの側面に着目しなければならないという[59]。こうした相互理解は、交渉の結界にもかかわらず生じる。たとえば、ヨーク大学事件において合理的調整を要求した学生は、グレーソン教授とのやり取りの中で、自身の要求が退けられることを受け入れている。この事件では、学生側が公式にコメントを公表しているわけではないため、彼が調整の拒否を実際のところどのように解したかは定かではないが、メールの文面からはグレーソン教授の説明に納得したことが読み取れる。合理的調整には、マイノリティが要求を勝ち取る武器としての側面だけでなく、異文化コミュニケーションを促進する側面もあるといえる。

　合理的調整のこのような側面を認識すれば、マギル大学判決以降の「合理的歩み寄り」を強調するカナダ最高裁の判例法理もそう見下げたものではないといえる。マギル大学判決は、「合理的調整が必然的に一方通行であることを意味」せず、雇用者、労働組合、労働者に「合理的な歩み寄りに至る」ための役割があることを指摘した[60]。多様性の管理手法としての役割を担っている合理的調整は、一方的な要求として捉えられるべきではないのである。

　穏当な対話・交渉に失敗したのがピール地区教育委員会事件であると考えられる。もっとも、本来的当事者である教育委員会とムスリム生徒の間では交渉・対話が成立している。この事件の特徴は、合理的調整の当事者ではない一部市民が過激な抗議者として立ち現われたことである。ピール地区教育委員会事件のように、合理的調整の当事者ではない者がデマ情報等を鵜呑みにしつつ議論をエスカレートさせていくのは、ブシャール＝テイラー委員会報告書においても既に指摘されていたことであるが、合理的調整はそれ自体

193

第2部　信教の自由における承認と対話

としてこのようなタイプの衝突を調和させる手法ではない。合理的調整が多様性の管理手法として機能する条件として、差異や価値観の違いを持ちつつも、合理的・冷静に対話・交渉することのできる当事者の存在があるといえる。ピール地区教育委員会事件等への対処としては別の方法が検討される必要があるだろう[61]。

2　合理的調整か制度変更か

次に、合理的調整は「真の平等」を意味しない、とする批判を検討することにしたい。

(1) 合理的調整は「真の平等」を意味しない？

合理的調整は、実際には「真の平等」を意味しないという批判は、カナダ最高裁が合理的調整を導入した、その当初より存在したものである。そこでは、合理的調整として個別の適用免除等の特別扱いを要求するよりも、間接的とはいえ差別的効果を有する法規範や制度を無効とする——制度変更 (institutional change) を求める——方が平等の理念に適うとの主張が展開されていたのである。

人権法領域における合理的調整について、「平等論」の観点から批判的に検討する代表的な論者は、人権法の専門家であるデイ＆ブロードスカイである[62]。彼女らは、合理的調整の枠組みは、「不平等」あるいは「真の制度的包摂」に効果的に取り組む性質を欠いているという。まず、彼女らは、平等に関する2つの構想を提示する。その1つが「形式的平等 (formal equality)」であり、これは雇用や公的サービスにおいて「個人に対する異なった取り扱いを取り除く」ものである。つまり、マイノリティ集団を周辺化していない限り、現存する制度を受け入れられるものとして認識し、現存の制度にマイノリティ集団を取り込むことを要請する。言い換えると、現存の制度の保障を全ての人が同じように享受できるようにすることの要請である。これに対して、「実質的平等 (substantive equality)」は、「不利な状況に置かれる集団に不平等をもたらす制度的要素を取り除き、文面上すべての者を平等に扱う

制度の変更」を意味するものである（強調点筆者）。「実質的平等」においては、不平等をもたらす制度に対して、より深いレベルでの制度的変更が要請されることになる[63]。つまり、全ての人が平等に扱われるように制度そのものを変更することを要求する。もっとも、彼女らは、平等論が同じ扱いを求めることのみに限られるわけではなく、異なった扱いを要請することも認識しており、合理的調整はこうした問題に取り組むものだとする。

しかし、彼女らによると、合理的調整は現存する制度等を温存し、そこからの個別の免除を認めるというマイナーな調整を行うに留まり、制度そのものを変更するという考慮をしていない。よって、合理的調整は形式的平等に関するものであり、各制度を中心とする社会規範はマジョリティによって維持されるべきであるという暗黙の前提が存在するのである[64]。

(2) 2分岐アプローチと判断枠組みの統合

デイ＆ブロードスカイが以上のような議論を展開した背景には、既にみたカナダ最高裁による、間接差別と直接差別を区別しそれぞれに異なった判断枠組みを適用する2分岐アプローチの存在があった。

しかし、既に確認したとおり、メイオリン判決によって判断枠組みが再構成されている。この再構成された総合的判断枠組みの下では、彼女らの批判はある程度緩和されているといえるように思われる。その理由について、もともと合理的調整に批判的だったマクラクリン裁判官が、メイオリン判決において合理的調整を取り込む形で、統合的な判断枠組みを提示したことの意図を分析するマギル大学の憲法学者コリーン・シェパードの指摘を踏まえて説明すると次のようにいえるだろう。

シェパードによれば、マクラクリン裁判官は統合的判断枠組みにおいて、第1に検討されるのは制度そのものであると考えているという[65]。メイオリン判決において、マクラクリン裁判官は有酸素運動のテストそのものを「厳密に審査」している[66]。では、何故、彼女は批判的だった合理的調整を判断枠組みに組み込むのだろうか。シェパードは、合理的調整の枠組みについてのマクラクリン裁判官の懸念のひとつは、合理的調整の思考様式によって、

制度変更の考慮をすることなく、当該制度によって不利益を受ける少数者の個人等に特別扱いが可能かの考慮に直ちに飛躍してしまうことにあったとする[67]。新たに統合された判断枠組みにおいては、〔1〕と〔2〕の段階で制度的考慮が十分に為された後に、〔3〕の段階になってはじめて合理的調整に関する考慮を検討することになる。だとすると、合理的調整は、制度的な合理性・正当性の証明が十分に尽くされ、その証明に成功した後にも、実際に不利益を被っている個人等に雇用者の「過度の負担」とならない程度の救済措置を義務付けるものとなり、これは平等を実現する要素として重要なものとなるのである[68]。

(3) 合理的調整と制度変更の組み合わせ

このように、メイオリン判決によって統合された判断枠組みは、制度変更の可能性を前提に、それが不可能あるいは不合理な場合に合理的調整の考慮に進むという思考プロセスである。こうした点を捉えて、カナダの平等論を研究する白水隆は、「具体的な方法については今後の判例法理の形成を待つ」と留保しつつも、「個人に便宜を図ることが究極的な解決策ではなく、制度の変換が望ましいと考える」と指摘する[69]。合理的調整をセカンドベストとして捉えるこの指摘はマクラクリン裁判官の意図とも整合的と考えられるが、ここでは制度変更のアプローチには合理的調整とは別種のリスクを伴うこと、そして、制度変更と合理的調整を共存させる利点について指摘しておきたい[70]。

まずは、制度変更のリスクである。合理的調整が現行制度を温存するという性質を持つことを認識しながらもその擁護を試みるヴィクトリア大学の政治学者アヴィゲイル・アイゼンバーグによると、制度変更は、マジョリティにとってマイノリティの要求への穏当な方法での応答で済む合理的調整よりも大規模な変更に取り組むものであり、より平等的かもしれないが、「それはより一層困難で成功率は極めて低い」[71]。また、すべての人を同じように扱える制度を構築することが不可能な場合も存在する。多文化主義の政治理論家であるウィル・キムリッカが指摘するように、公用語の設定や、公的な

休日の法定等において、あらゆる言語的・宗教的・文化的マイノリティを満足させる画一的な制度を作り出すことは不可能である[72]。多文化主義の最大の功績がマジョリティ文化を基軸にした既存の政治的領域における文化的少数者の不利益の存在を指摘したことにあるとするならば[73]、画一的でしばしば中立性を標榜する公の制度によって、全ての人を平等に扱いうるとの想定には危険が付きまとう。

次に、両アプローチを共存させることの利点である。そもそも、合理的調整の方が問題の解決にとってより適切となる領域も存在する。たとえば、デイ＆ブロードスカイも示唆するように、「個別のニーズ」に対応する取り扱いが求められる障害者の場合には、制度変更の考慮を雇用者側に求めること自体が非常に重い負担を課すことになりかねないし[74]、逐一制度を変更することの意義は乏しいように思われる[75]。本書の主な検討対象である宗教については、アムセルム判決[76]で主観的宗教理解が採用されたため（詳細は第4章を参照）、宗教的信念ないし実践はまさに「個別のニーズ」への対応が求められる問題と解すべきだろう。

さらに、この「個別のニーズ」は単独の領域によってのみ生じるわけではない。フェミニズム理論において重要視される交差性（intersectionality）概念[77]によると、ムスリムでありかつ女性である場合等、差別の要因となる事項を複合的に有する者への対応も重要となる。たとえば、N.S.判決[78]では、性的暴行の被害者であるムスリムの女性が法廷で証言する間、ニカブを着用することができるか、が問われており、事項の複合性とともに当事者の置かれた状況への考慮も必要となる場面が出てくることを示唆している[79]。このような「個別のニーズ」への適切な対応は、大規模な制度変更ではなく、マイナーな調整を目指す合理的調整であると考えられよう。

しかしその反対に、障害や宗教の領域であっても制度変更のアプローチを採る方が適切な場面もある。たとえば、信仰をもつことそのものを差別ないし排除の対象としたり、特定の宗教を排除するようなメッセージを発する制度が存在する場合は、合理的調整を行うよりも、制度変更を検討する方が適切であり、裁判所もそのような思考をしているように思われる[80]。

合理的調整はかつて制度変更と対抗的に議論されてきたが、両アプローチは共存可能であり、共存させた方が平等の実現にとって有効であると考えられる。

V　おわりに

1　本章のまとめ

　本章では、多様性を管理する手法として主に人権法上の合理的調整に焦点をあて、検討した。合理的調整の法理は、宗教を理由とした雇用差別に関するカナダ最高裁の判例によって、人権法上の判断枠組みとしてカナダに導入された。それは、雇用者が労働者らの要求に真摯に対応したかを問題とする手続的要件と、実体的な負担の要件に基づいて審査し、当該法規範を無効にするというよりも、法規範それ自体は維持したまま、特定の個人らに個別の免除等を行うことの可否を判断する法理であった。
　合理的調整が以上のような構造と限界を有しており、とりわけその限界に関する考慮が適切に行われているのであれば、合理的調整を為すことがマイノリティに対する譲歩のし過ぎであるとは言えないのではないか。さらに、合理的調整は、「現存する体制」の温存を前提とするので、「真の平等」ではないとする見解からも批判されているが、この点については、合理的調整と制度変更のアプローチは共存可能であり、共存させた方が平等の実現にとって有効であると回答しえる。
　合理的調整は万能の手法ではないが、多様性を尊重するか、我々の価値観を保護するかの二項対立的思考を避け、異文化間対話を促進する側面も併せ持つ、多様性の管理の有益な手法であるというのが本章の結論である。したがって、マギル大学判決などによる「合理的歩み寄り」の強調は、カナダの一部学説で強力に批判されるほど問題のあるものではないと考える。もっとも、「対話」的なアプローチをとる合理的調整においては、対話の相手方として他者を承認することが必須の前提となる。包括的な差別禁止法である人権法が合理的調整の義務を定めることで、私人間においてもこうした意味で

の「承認」の促進を担保していると言い換えることもできるだろう。

2　日本の状況への示唆

　冒頭でも述べた通り、日本においても、障害者差別の文脈で合理的配慮が注目されている。憲法学者によって、その憲法上の――主に平等論における――位置づけについても精力的に論じられている[81]。本章の検討は、憲法上の平等論解釈に何らかの示唆を与えることを直接的には意図していない。その代わりに、本章は、「合理的調整」という手法が、多様性の管理が必要な社会において有益な法的道具でありうることを論証しようと試みてきた。その試みが成功しているかは読者の判断に委ねるが、それが成功していると仮定すれば、本章の検討内容は日本における合理的配慮の解釈実践においても参考になる部分があるのではないだろうか。またそれに加えて、次のような示唆もあるだろう。

　第一に、合理的調整の対象を「障害」に限定する必然性がないことが示唆される。日本の学説においても、合理的調整のインパクトを高く評価し、「万人のための『共生の技法』」へと発展させていく可能性が示唆されているが[82]、「共生の技法」としての合理的調整を目指すのであれば、その対象となる差別事由は障害に限らないより包摂的なものであることが望ましい。立法論あるいは憲法解釈論としても、障害の文脈に特化した議論として合理的調整を論じるのではなく、より包摂的な差別事由も対象になりうることを踏まえた論じ方が望まれる。

　第二に、法律による平等原則の実現が有するインパクトの評価である。カナダでは、確かにカナダ最高裁が法理として合理的調整を導入したことがきっかけであるが、人権法という包括的差別禁止法の存在が、合理的調整の社会への定着を後押ししていることは間違いないだろう。さらに言えば、多様な価値観を抱く人々の共生という視点を置くとき、身近な生活圏でおこる私人間の差別問題にどのように対処するかは極めて重要な問題である。日本においても、「障害」に対する合理的配慮は法律によって担保され、民間事業者に対する義務付けも含めその実施が進められている。このことは、憲法政

策論として[83]、憲法価値——本章の文脈では広くは基本的人権の保障であり、狭くは平等原則——を実現する「人権法」の設計に取り組むことも憲法学の重要な研究テーマになることを示唆する。同時に、それは人権法の実施を監督する国内人権機関の設計論の必要性も示唆しよう。江島晶子が指摘するように、「創設された国内人権機関のすべてが当初予想された通りの実績を挙げているわけではない」[84]。憲法価値を適切に実現できる機関としてどのようなものを構想するかは[85]、憲法学の専売特許ではないにしても、憲法学が積極的に関わることが望まれるテーマであるだろう。またこれは、包括的な差別禁止法としての「人権法」を導入した場合、専門機関を設置しなければ、件数の「量」としても、持ち込まれる問題の「質」としても行政機関が対処しきれなくなる可能性が高いという現実的な問題とも関連する。

注
1) 以下、後述するカナダ最高裁が形成した合理的調整の考え方を指して「合理的調整の法理」という。
2) この経緯については、とりわけ社会学ないしケベック研究を中心に多くの指摘がなされており、カナダ（主にケベック州）における、合理的調整に関する議論は、法的領域に留まるものではない。社会的領域における合理的調整の代表的な研究として、飯笹佐代子「多文化社会ケベック、共存の模索」ケベック研究創刊号（2009年）62頁以下、仲村愛「ケベック州の「和解」の原理」ケベック研究4号（2012年）90頁以下などを参照。
3) たとえば、ベンジャミン・L・バーガーは、「……深い多元主義によって特徴づけられた社会において、法の役割は、寛容と合理的調整という2つの重要な道具の管理者ないし使用者として仕えることによって、政治的な多文化主義へのコミットメントを可能とすることである」と認識されてきたという。Benjamin L. Berger, *Law's Religion: Religious Difference and the Claims of Constitutionalism* (University of Toronto Press, 2015), at 12.
4) ムルタニ判決（*Multani v. Commission scolaire Marguerite-Bourgeoys*, [2006] 1 S. C. R. 256) 以降の議論の過熱は、世論のこうした反応によってもたらされたものであるともいえるだろう。この批判に呼応する形でケベック州における合理的調整の実態を調査すべく設立されたのが、ブシャール＝テイラー委員会である。See, Gérard Bouchard & Charles Taylor, *Building the Future: A Time for Reconciliation* (Government of Quebec, 2008).
5) See, Lori G. Beaman, "It was all slightly unreal: What's Wrong with Tolerance and Accommodation in the Adjudication of Religious Freedom", (2011) 23 Can. J.

Women & L. 442.
6) これは、「立法府、裁判所、行政府のほか、国外にあっては人権条約機関、国内にあっては国内人権機関」という制度的アクターが、人権条約、人権条約機関の解釈、憲法、人権に関連する法令を参照し、多層的に人権を保護するシステムを指している。曽我部真裕「『人権法』という発想」法学教室 482 号（2020 年）72, 79 頁。
7) ただし、例外として江島晶子はこの点を精力的に論じてきた。江島晶子「『人権救済法』としての憲法の可能性——憲法訴訟・国際人権機関・国内人権機関」法律論叢 83 巻 2・3 号（2012 年）65 頁以下、同「憲法の多元的・多層的実現プロセス——憲法と国際人権条約の関係からグローバル人権法の可能性を模索する」公法研究 78 号（2016 年）47 頁以下など。
8) 曽我部・前掲注 6) 73 頁。
9) 同法 2 条によれば、社会的障壁とは「障害がある者にとつて日常生活又は社会生活を営む上で障壁となるような社会における事物、制度、慣行、観念その他一切のもの」を指す。
10) 本章の記述の一部は、山本健人「カナダの合理的配慮」杉山有沙ほか編『世界の合理的配慮（仮）』（ナカニシヤ出版、近刊予定）と重複する。
11) この経緯については、R. Brian Howe & David Johnson, *Restraining Equality: Human Rights Commissions in Canada* (University of Toronto Press, 2000) を参照。
12) カナダにおける憲法上の権利は、1982 年の「権利及び自由に関するカナダ憲章」によって導入された。ただし、連邦議会は 1960 年にカナダ権利章典（Canadian Bill of Rights, S. C. 1960, c. 44）を策定しており、人権法とは異なる形で制定法上の人権保障を行おうとした歴史もある。
13) カナダにおける準憲法的法律についての概説として、John Helis, *Quasi-constitutional Laws of Canada* (Irwin Law, 2018). また、この概念を日本に紹介する貴重な業績として、富井幸雄『憲法と制定法——準憲法論』（成文堂、2024 年）がある。
14) プライバシー保護立法と準憲法的法律の関係については、山本龍彦ほか編『個人データ保護のグローバル・マップ——憲法と立法過程・深層からみるプライバシーのゆくえ』（弘文堂、2024 年）201 頁以下〔山本健人〕を参照。
15) ただし、法律であってもカナダの憲法の一部であると判断される場合もある。カナダ最高裁は、最高裁判所法（Supreme Court Act, R. S. C., 1985, c. S-26）5 条と 6 条は、「カナダの憲法」の一部であり、正式な憲法改正手続（41 条に基づく手続）によってのみ改正できると判断と判断している。*Reference Re Supreme Court Act, ss. 5 and 6*, [2014] 1 S. C. R. 433. 最高裁判所法 5 条は、カナダ最高裁の判事は州の上級裁判所か連邦裁判所の裁判官か 10 年以上の経験を有する弁護士でなければならないと規定し、同 6 条は、カナダ最高裁を構成する 9 名の裁判官のうち 3 名をケベック州から選出しなければならないと規定している。
16) *Thibodeau v. Air Canada*, [2014] 3 S. C. R. 340 at para 12.
17) *Lavigne v. Canada (Office of the Commissioner of Official Languages)*, [2002] 2 S. C. R. 773 at para. 24.
18) Vanessa MacDonnell, "A Theory of Quasi-Constitutional Legislation" (2016) 53

Osgoode Hall L. J. 508 at 510.
19) *Lavigne, supra* note 17 at para 25.
20) MacDonnell, *supra* note 18 at 510-511.
21) 人権法の概要については、Jamie G. Knight, Michael D. Failes & Laura Karabulut, *Canadian Human Rights Act* (Carswell, 2011); Stanley M. Corbett, *Canadian Human Rights Law & Commentary* 2ed. (LexisNexis Canada Inc., 2012) などを参照。日本での紹介としては、金子匡良「カナダ人権法の改革——2000年以降の法改正を中心に」神奈川法学51巻3号(2019年)501頁以下などを参照。
22) *Ontario Human Rights Commission and Theresa O'Malley v. Simpsons-Sears Ltd,.* [1985] 2 S. C. R. 536 [O'Malley].
23) *K. S. Bhinder v. The Canadian National Railway Company*, [1985] 2 S. C. R. 561
24) *Central Alberta Daily Pool v. Alberta*, [1990] 2 S. C. R. 489 [Daily Pool].
25) Shelagh Day & Gwen Brodsky, "The Duty to Accommodate: Who Will Benefit?" (1996) 75 Can. Bar. Rev. 433.
26) この点については、アメリカにおける公民権法を対象とするものではあるが、山口智『信仰と法規制——アメリカ法の議論から』神戸外大研究叢書55号(2015年)第3章も参照。なお、カナダ最高裁による人権法上の合理的調整の法理は、アメリカの公民権法上の宗教に対する合理的配慮から輸入されたものである。この経緯については、中川純「障害者に対する雇用上の『便宜的措置義務』とその制約法理——アメリカ・カナダの比較研究(一)」北海学園大学法学研究39巻2号(2003年)185頁以下を参照。
27) *Central Okanagan School District No,23 v. Renaud*, [1992] 2 S. C. R. 970 [Renaud].
28) なお、教育委員会は現実的な調整(viable accommodation)として、レナウドのために特別に日曜から木曜までのシフトを創設しようとしたが、労働組合が特別なシフトの作成に反対し、レナウドは解雇されるに至った。
29) ハーディソン判決(*Trans World Airlines v. Hardison*, 432 U. S. 63 (1977)) は、土曜日を安息日とする宗派(Worldwide Church of God)に属する労働者と雇用者の要求する勤務日程と間で生じた紛争を判示したものである。法廷意見は、他の労働者をハーディソン(原告)の代わりに配置すること、及び割増賃金を支払うことで、他の労働者を土曜日のシフトに配置できるとする代替案は、ともに「他業務の効率性の喪失」、「高賃金」という点において、雇用者に「過度の負担」を負わせると判断し、「ハーディソンに土曜日の休暇を与えるために、無視できる程度を超える負担を負わせることを雇用者に求めることは過度の負担である」と判示した。なお、ハーディソン判決の後、高校教員の信仰に基づく安息日と、教育委員会との間で結んだ労働協約が問題となったフィルブロック判決(*Ansonia Board of Education v. Philbrook*, 479 U. S. 60 (1986))では、「雇用者は、業務の遂行にとって過度の負担なく……信仰や宗教活動に合意的配慮を講ずることができないことを立証しなければ、公民権法に違反することになる。したがって、雇用者が被用者の信仰上の必要に対して合理的な配慮を既に講じている場合には、公民権法にかかる審査は終了する。……雇用者の業務に対する過度の負担は、雇用者が過度の負担なく如何なる合理的な配慮も提供できないこと

を立証する場合にのみ争点化される」と述べられている。すなわち、雇用者が何らかの配慮措置を講じていれば合理的配慮が行われたことになるのであり、しかもその合理的配慮は雇用者のとりうる最大の配慮である必要はないと判断されたのである。

ハーディソン判決の基準は、その後の下級審判決でも一般的な基準として用いられていたようであるが、最近になってアメリカ合衆国連邦最高裁は、ハーディソン判決は先任順位制という文脈のもとで下されたものであるとして、公民権法上の合理的配慮における一般的基準が「無視できる程度」の基準ではないとした。*See, Groff v. DeJoy*, 600 U. S. ____（2023）．この点については、岡田順太「宗教活動の自由と事業者の合理的配慮義務──アメリカにおける判例法理の『変更』をめぐって」立教法学111号（2024年）68頁以下を参照。

30) *British Columbia(Public Service Employee Relation Commission) v. B. C. G. E. U*, [1999] 3 S. C. R. 3 at para 62. [Meiorin].　本件については、後ほど詳述する。なお、本判決を含め、カナダ人権法における間接差別についての先行研究として、白水隆『平等権解釈の新展開──同性婚の保障と間接差別の是正に向けて』（三省堂、2020年）第3部第2章を参照。また、カナダの憲法上の間接差別については、髙橋正明『平等原則解釈論の再構成と展開──社会構造的差別の是正に向けて』（法律文化社、2023年）第3章が詳しい。

31) Brian Etherington, "Central Alberta Dairy Pool: The Supreme Court of Canada's Latest Word on The Duty to Accommodation"（1992）1 Can Lab L. J. 311 at 327-328.

32) Meiorin, *supra* note 30 at para 66.

33) David M. Lepofsky, "The Duty to Accommodate: A Purposive Approach"（1993）1 Can. Lab. L. J. 1 at 11-14.

34) *Ibid*.

35) *Ontario Human Rights Commission v. Etobicoke*, [1982] 1 S. C. R. 202 at 208.

36) *Daily Pool, supra* note 24.

37) *See* also, Day & Brodsky, *supra* note 25 at 440-442.

38) 概要として、Gwen Brodsky, Shelagh Day, and Yvonne Peters, *Accommodation in the 21st Century*, (Canadian Human Rights Commission, 2012) [http://www.chrc-ccdp.gc.ca/proactive_initiatives/default-eng.aspx]; Colleen Sheppard, "Of Forest Fires and Systemic Discrimination: A Review of British Columbia (Public Service Employee Relations Commission) v. B. C. G. S. E. U."（2001）46 McGill L. J. 533 at 539-540.

39) 関連して、統計的差別については、白水・前掲注30）131頁以下、森悠一郎「統計的差別と個人の尊重」立教法学100号（2019年）186頁以下などを参照。

40) なお、マクラクリン裁判官は、BC州政府が、メイオリンを採用することが他の隊員や公共の安全に危険を引き起こすという証拠を提示しておらず、メイオリンに便宜を図ることが過度の負担となるということの立証にも成功していないとして、本件におけるBC州政府の行為は差別的行為であると結論付けている。そして、原告を元の職務に復帰させ、賃金と福利厚生を補償することを命じる（at para 84）。

41) Brodsky, Day, and Peters, *supra* note 38 at 15-16.; Vrinda Narain, "Gender, Religion and Workplace: Reimagining Reasonable Accommodation" (2017) 20 Canadian Lab. & Emp. L. J. 307 at 322.
42) *Ibid*.
43) *McGill University Health Centre v Syndicate des employés de l'Hôpital général de Montreal*, [2007] 1 S. C. R. 161 [McGill].
44) *Hydro-Québec v. Syndicat des employé-e-s de techniques professionnelles et de bureau d'Hydro-Québec, section locale 2000 (SCFP-FTQ)*, [2008] 2 S. C. R. 561.
45) なお、調停人は、ケアセンター側にこれ以上の合理的調整義務はないと判断したが、組合が通常の司法審査を求めた。ケベック州の第1審裁判所は司法審査の要求を却下したが、州控裁は司法審査を認め組合の主張を容認したため、ケアセンター側がカナダ最高裁への上告を求めた。
46) なお、デシャン裁判官の法廷意見は、労働協約の締結は労使交渉として合理的な範囲を決定するものであり、その機械的な適用が合理的調整となるわけではないが、合理的調整の範囲を検討する上での重要な指標であるという。その上で、司法審査を認めなかった第1審の判断を是認し、これを覆した控訴審判決は覆されると結論付けた（at para 39）。
47) Narain, *supra* note 41 at 324. マギル大学判決をメイオリン判決の規範を攻撃するものと位置付けるものとして、Brodsky, Day, & Peters, *supra* note 38 at 17.
48) Bouchard & Taylor, *supra* note 4.
49) Multani, *supra* note 4. 同判決については、第6章で検討する。
50) Bouchard & Taylor, *supra* note 4 at 69-74. ブシャール＝テイラー報告書の簡易版の邦訳であるジェラール・ブシャール＝チャールズ・テイラー編（竹中豊＝飯笹佐代子＝矢頭典枝訳）『多文化社会ケベックの挑戦——文化的差異に関する養和の実践 ブシャール＝テイラー報告』（明石書店、2011年）47頁以下も参照。
51) 近代国家がネイションビルディング国家であることから、合理的調整の必要性を論じているウィル・キムリッカの議論も想起されたい（第1章）。
52) *See*, Amélie Barras, "Exploring the intricacies and dissonances of religious governance" (2016) 4 Critical Research on Religion 57; Beaman, *supra* note 5; Berger, *supra* note 3.
53) Jennifer A Selby, Amélie Barras, & Lori G. Beaman, "Rethinking Canadian discourses of 'reasonable accommodation'" (2018) 6 Social Inclusion 162.
54) 本事件については、Selby, Barras,& Beaman, *ibid* at 164; Richard Moon, "Religious accommodation and its limits" (2014) 3 Const. Forum Const. 9. なお、本事件は、グレーソン教授が匿名の暴露記事としてオンラインニュースとして持ち込んだことで一般に知られるようになったが、その後、各主要紙で取り上げられている。
55) Peel Board, "*Religious accommodation: Key facts*", (2017): [https://www.peelschools.org/aboutus/equity/Documents/Religious%20Accommodation%20-%20Key%20Facts.pdf].
56) Kristin Rushowy, "Muslim prayers in schools get provincial endorsement following

intense meeting", (March 23, 2017): [https://www.thestar.com/news/queenspark/2017/03/23/muslim-prayers-in-schools-get-provincial-endorsement-following-intense-meeting.html].

57) レジナルド・W・ビビー（太田徳夫ほか訳）『モザイクの狂気――カナダ多文化主義の功罪』（南雲堂、2001 年）なども参照。
58) Bouchard & Taylor, *supra* note 4 at 165.
59) Selby, Barras & Beaman, *supra* note 53 at 167-169.
60) McGill, *supra* note 43 at para 22.
61) それが具体的にどのような手法であるべきかは、群集心理なども関わっており、（憲）法学のみでは答えられない問題であると思われる。
62) Day & Brodsky, *supra* note 25.
63) *Ibid* at 435, 461.
64) *Ibid* at 461.
65) Sheppard, *supra* note 38 at 551.
66) Meiorin, *supra* note 30 at para 42.
67) Sheppard, *supra* note 38 at 550.
68) Sheppard, *ibi.* at 551.
69) 白水・前掲注30）152 頁。
70) この点については、植木淳『平等原則と差別禁止法理』（成文堂、2023 年）238-240 頁も参照。
71) Avigail Eisenberg, "Rights in the Age of Identity Politics" (2013) 50 Osgoode Hall L. J. 609 at 626-627.
72) ウィル・キムリッカ（角田猛之ほか監訳）『多文化時代の市民権』（晃洋書房、1998 年）167-173 頁。
73) 浦山聖子「民族文化的少数者の権利」愛敬浩二編『人権の主体』（法律文化社、2010 年）214 頁。
74) Day & Brodsky, *supra* note 25 at 469-471.「個別のニーズ」に対応することの重要性については、川島聡ほか『合理的配慮――対話を開く、対話が拓く』（有斐閣、2016 年）なども参照。
75) もちろん、反対に制度変更を重視すべき場合も存在する。たとえば、実際に制度変更のアプローチを採用し、有酸素運動テストそのものを違法としたメイオリン判決のような性別が問題となる場合には、女性あるいは男性等といったある程度抽象化可能な集団のニーズに関わるため、個別の適用免除を認める等の合理的調整よりも制度変更を選択した方が適切である場面が多いと考えられる。
76) *Syndicat Northcrest v. Amselem*, [2004] 2 S. C. R. 551.
77) 交差性概念はアメリカの批判的人種理論の論者であるキンバリー・クレンショーによって、「黒人女性」という複合的な要因による差別の現状を把握するために導入された概念であり、現在、フェミニズムの理論において重要視されている。交差性概念から合理的配慮を捉える視点を提示するものとして、飯野由里子「多様な差異を踏まえた合理的配慮」川島ほか・前掲注74）181 頁以下も参照。*See*, Kimberlé Crenshaw,

"Demarginalizing the Intersction of Race and Sex: A Black Feminist Critique of Antidiscrimination Doctrine, Feminist Theory and Antiracist Politics"（1989）U. Chicago Legal F. 139.
78) *R v. N. S.*,［2012］3 S. C. R. 726.
79) Vrinda Narain, "The Place of the Niqab in the Courtroom"（2015）9 ICL Journal 41 at 50.
80) *See, Zylberberg v. Sudbury Board of Education*,［1988］52 D. L. R.（4th）577; *Mouvement laïque québécois v. Saguenay (City)*,［2015］2 S. C. R. 3.
81) 杉山有沙『日本国憲法と合理的配慮法理』（成文堂、2020年）、植木・前掲注70）、岡田・前掲注29）、横大道聡「憲法上の議論における合理的配慮の位置づけ」杉山ほか編『世界の合理的配慮（仮）』・前掲注10）などを参照。
82) 川島ほか・前掲注74）7-9頁。
83) カナダ最高裁の平等権に判例は、「平等権の規範要請について、（国家が創り出したわけではない）既存の不利益や差別構造を積極的に改善する立法義務まで観念しているわけではない」と整理できるとされている。髙橋・前掲注30）227頁。そうであれば、憲法上の平等に関する価値を具体化する人権法の制定は、憲法によって義務付けられるわけではないといえそうである。
84) 江島「『人権救済法』としての憲法の可能性」・前掲注7）71頁。
85) 国内人権機関を設置することの利点として、山崎公士『国内人権機関の意義と役割』（三省堂、2012年）177頁は、「①人権政策提言、②人権教育の総合調整、③人権相談・救済という、従来別個の公的機関によって個別に進められてきた活動が有機的に統合される」ことを挙げる。また、曽我部・前掲注6）79頁は、「人権保障に関して比較される対象ないし、ある種の競合相手ができることが、裁判所に対する刺激となりうるだろう」という。

第6章 信教の自由の制約とその正当化
合理的調整の法理を契機に

I　はじめに

　第6章では、前章で検討した合理的調整の法理の憲法上の位置づけを検討することを契機として、信教の自由の制約とその正当化審査のあり方を分析する。

　憲法で信教の自由を保障する現代国家において、法が宗教を直接狙い撃ちで規制することは極めて例外的な状況であるといえるだろう[1]。現代国家においては、それ自体としては特定宗教を狙い撃ちしていないという意味で一般的・中立的な法規範が、意図せずあるいはやむを得ず、特定の宗教を信じる者に無視できない負担を課すという場面が、信教の自由の中心的な問題場面といえる[2]。そして、この問題場面は、行政国家の拡大（日常生活における様々な場面での政府の規制の存在）[3]や移民の受入（ホスト社会とは異なる価値観を持つ集団の流入）[4]等を理由として、広がっていく[5]。前章で検討したように、カナダにおける合理的調整の法理は、主にこうした問題場面における多様な価値観の調整にとって有益な法的道具であると考えられる。前章の検討対象は、人権法という法律レベルの合理的調整の法理であったが、本章では憲法レベル——とりわけ、信教の自由の制約に対する正当化審査の枠組みの中——で合理的調整の法理をどのように位置づけるべきか、に焦点をあてる。

　日本においても、一般に適用される法規制と特定の宗教的実践等の衝突は、加持祈禱事件[6]、日曜日授業参観事件[7]、牧会活動事件[8]、エホバの証人剣道受講拒否事件[9]で現に問題となっている。だが、「宗教的行為の自由に関する最高裁判所の基本的な判例は存在しない」ため、「判例理論」としては「原則的なものを語ることはできない」ともいわれる[10]。他方、カナダで合

207

第2部　信教の自由における承認と対話

理的調整の法理と呼ばれるものは、アメリカ合衆国における法義務免除の法理と類似しており、日本の憲法学においてもその位置づけをめぐって議論がなされている[11]。とはいえ、合理的調整の法理ないし法義務免除を、日本国憲法の信教の自由論にどのような形で取り込むべきかについて、通説的な見解が形成されているという状況ではないように思われる。本章では、最終的に、合理的調整の法理を組み込んだ、日本における信教の自由の制約に対する正当化審査の枠組みのあり方を提案することも目的とする。なお、付随的に日本における信教の自由に対する制約に関する議論にも触れる。

　以上の問題関心を踏まえ、本章では、まず、カナダ最高裁が憲法上の信教の自由の領域で、合理的調整の法理を扱った重要判決――アムセルム判決[12]、ムルタニ判決[13]、ウィルソン・コロニー判決[14]、N.S.判決[15]――を紹介・整理し（→Ⅱ）、憲法上の合理的調整に関わる諸論点――①合理的調整の法理の射程、②合理的調整の限界、③国家の宗教的中立性との関係、④正当化審査の枠組みとの関係――について検討する（→Ⅲ）。そして、これらの検討を踏まえ、日本への示唆を検討する（→Ⅳ）。

　なお、既に各章の叙述の中で説明済みの部分もあるが、カナダ最高裁が採用している一般的な違憲審査の枠組みについて再掲しておく。カナダにおける一般的な違憲審査は、2段階の審査であると説明される。まず、①憲章で保障する権利が制約されているか（保護範囲＋制約）を問題にし、次に、②憲章1条の下で当該制約の正当化ができるか（正当化）が審査される。2段階目の正当化審査は、基本的にオークス・テスト[16]と呼ばれる「構造化された比例原則」[17]のもとで行われる。オークス・テストは、❶法の一般的目的の重要性、❷目的と手段の合理的関連性、❸権利制約の最小性、❹目的の重要性と手段の効果との比例性――有益な効果と有害な効果の比較衡量――を審査する各段階から構成されている。中でも、❸権利制約の最小性テストが、最もクリティカルな判断基準であるといわれ、多くの制約がこの段階で正当化できないと判断されている。ただし、本章で後述するように、行政裁量の統制に関する司法審査の枠組みとして、構造化された比例原則であるオークス・テストが適当であるかは論争的である。

第6章　信教の自由の制約とその正当化

II　信教の自由と合理的調整の法理の展開

1　主観的宗教理解と合理的調整の法理――アムセルム判決

　アムセルム判決[18]は、共同住宅のバルコニーに正統派ユダヤ教の個人的な解釈に基づいて、スッカーと呼ばれる仮庵を建築したことが、入居の際に同意した約款に違反するとして争われた事例である。この判決は、信教の自由の保障する「宗教」について個人の主観的理解に基づく理解を示した、信教の自由の保護範囲に関する重要判決であるが（詳しくは第 4 章参照）、合理的調整との関係でも 2 つの意味で注目される。

　第 1 に、アムセルム判決の多数意見は、スッカーを建てることによって、管理組合及び他の区分所有者が被る負担が最小限――避難経路には建てられておらず、外観への影響は僅か――である一方で、個人のスッカーを持てないことは祭典の期間中、彼らが重要と理解する宗教的行為の実践を不便にするため、バルコニーにスッカーを建設することは許容されるべきと結論付けていた。この点を捉えて、この判決の多数意見は、明言こそされないが、合理的調整を行った判決の 1 つとして数えられることがある[19]。ただし、厳密に言えば、多数意見は管理組合の被る負担と当該正統派ユダヤ教徒の被る負担を比較衡量し、後者が前者を上回ると結論付けているため、結果的に合理的調整を行ったかのようにみえるが、合理的調整の法理に基づく分析をしたとは言い難いとの評価もできる。この段階では、カナダ最高裁が憲法レベルで合理的調整をどのように位置づけようとしているのかは不明確と理解することが適当なように思われる。

　第 2 に、主観的宗教理解の採用が合理的調整の法理に及ぼす影響力という点で、この判決はとくに重要な意味をもつ。アムセルム判決の多数意見は、アムセルム・テストとよばれる信教の自由の保護範囲と制約の有無に関する審査枠組みを定立しており、以降の判決でも基本的にはこの枠組みが踏襲されている。それは、個人の主観的宗教理解に基づき、①真摯な信仰であれば、信教の自由の保護範囲に入り、②信教の自由に対する負担が「取るに足らな

いものでも非実質的なものでも（more than trivial or insubstantial)」ないのであれば、信教の自由に対する制約があるとするものであった。

　カナダ最高裁は、信教の自由の保障する「宗教」の外縁を広く定義しているため、宗教理解について個人の主観的理解を採用する立場をとれば、ありとあらゆる個人の主観的な宗教理解が信教の自由の保護対象となり、その保護領域はほぼ無限定となる。したがって、合理的調整との関係では次の２点が重要である。

　まず、ほぼ無限定な保護範囲を認めることによって、多種多様な信教の自由の主張を可能にし、それは少なくない場合で公益や他者の権利と信教の自由の主張が衝突することになり、その調整を如何に行うかが重要な問題となる。そのため、どのような場合に信教の自由の制限を正当化することが出来るのかに議論が集中することになる。信教の自由の違憲審査にとっては、正当化段階の審査が重要な位置を占めることになるのである。

　次に、個人の主観的宗教理解まで保護領域に入るのであれば、多くの立法者あるいは規則制定者にとって、当該法規制が誰かの信教の自由を制限するか否かを事前に予測することが困難になる。したがって、合理的調整の観点が重要になるが、逆説的に、立法者等にどこまで合理的調整を行う義務を課すことが出来るかが問題となる[20]。

2　行政裁量と合理的調整の法理——ムルタニ判決

　カナダ最高裁が憲法レベルで合理的調整の考え方を明示的に採用し、ケベック州を中心にカナダにおいて大きなインパクトを与えたのが、ムルタニ判決[21]である。この判決は、行政裁量の統制の場面で合理的調整に言及した判決とも位置付けられる。

(1) 事実の概要

　公立中学校に通う正統派シーク教徒のムルタニ少年は、カーパン（kirpan）と呼ばれる宗教的装飾物——金属製でダガーのような形状のもの——を常に携帯していなければならないと真摯に信じていた。ある日、誤ってカーパン

を校庭に落としてしまったことで、これを携帯し学校に登校していることが発覚した。当該地区の教育委員会は、合理的調整案として、カーパンが洋服の中にしっかりと仕舞い込まれており安全が確保されているのならば、携帯を認めるべきとした。ところが翌年、（教育委員会の）運営評議会は、武器等の携帯を禁止した校則違反を理由に学校の安全を守ることを最重要視し、教育委員会の合理的調整案を否定した。これを受けて、教育委員会は、金属製のカーパンの全面的な持ち込み禁止を決定し、学校に持ち込み可能なカーパンは木製のものやプラスチック製のものに限られると決定した。ムルタニとその父（以下、「ムルタニ」）はこの措置が自身の信教の自由を侵害するという宣言的判決を求めて出訴した。

なお、ケベック州の第一審は、一定の条件──①カーパンは服の下に携帯すること、②カーパンを木の鞘に入れ、丈夫な布で縫い、肩紐に縫い付けること、③カーパンを常に所持し、紛失した場合は直ちに報告すること、④学校関係者がこれらの条件が守られていることを妥当な方法で確認することを認めること、⑤これらの条件が守られなければカーパンを携帯する権利を失うこと──の下でカーパンの携帯を認める判断を下しており[22]、ムルタニらはこの条件に従うことに同意していたが、控訴審はこの判断を覆していた[23]。

(2) 判　旨

カナダ最高裁は、全員一致（結論同意意見を含む）の判断を下した。ルイス・シャロン裁判官による法廷意見の要点は以下の通りである。

①本件において適用されるべき審査枠組みは、憲章1条に基づくオークス・テストである（at paras 24-31）。

②ムルタニは、金属製のカーパンを常に身に着けておくことが宗教上の義務だと真摯に信じており、最終的な教育委員会の決定──学校への金属製のカーパンの持ち込みを全面的に禁止し、木製やプラスチック製のものでなければ持ち込みを認めないとするもの──によるムルタニの信教の自由に対する負担は「取るに足らないものでも非実質的でもない」。教育委員会の決定はムルタニの信教の自由を制約する（at paras 38-41）。

③学校での安全を維持するという目的は、「圧倒的で実質的な（pressing and substantial）」目的であり（at para 48）[24]、教育委員会による決定は、金属製のカーパンが、刃物として生徒ないし職員を傷つける可能性があるものである以上、学校の安全性の確保という目的との間で合理的関連性を有している（at para 49）。

④「差別に関する事例において、当裁判所は一見すると中立的な政策や規則によって差別的効果を被る個人に対して合理的調整を行う義務が存在し、この義務は〔合理的調整を行う〕当事者にとって過度の負担のポイントまで行われると判断してきた。……合理的調整の義務のアナロジーは、最小限の制約テストにおいて、個人の被っている負担を説明するのに役立つ」（at para 53）。

⑤ムルタニは学校にカーパンを携帯する無制限の権利を主張したことは一度もなく、第１審の付した条件に従う用意があった。よって、問題は教育委員会の絶対的な携帯の禁止が正当化できるかである（at para 54）。ハサミや野球のバット等学校には暴力に用いることのできる多くのものが存在し、その中には生徒が容易に入手できるものもある。また、学校でカーパンに関連した暴力事件はひとつも報告されていない（at paras 57-67）。カーパンは暴力の象徴であり、この学校への携帯が学校環境への悪影響となるという主張もあるが、「この主張は、カーパンの象徴的な性質に関する証拠と矛盾するだけでなく、シーク教に対して敬意を欠いており、多文化主義に基づくというカナダの価値観を考慮していない」（at paras 70-71）。カーパンの全面的な持ち込み禁止は、最小限の制約ではない（at para 77）。

⑥「カーパンの学校での携帯を全面的に禁止することは、多文化主義、多様性、他者の権利を尊重する教育文化等の重要な諸価値の促進を抑制する可能性がある」が、「反対に、ムルタニに配慮し、一定の条件のもとでカーパンの携帯を認めると、信教の自由を保護すること及びマイノリティを尊重することの重要性を示すことができる」（at paras 78-79）。

第6章　信教の自由の制約とその正当化

(3) 整　理

　シャロン裁判官による法廷意見は、まず、行政裁量が前提とされている場合にも、憲章上の権利が制約されているのであれば、オークス・テストを適用するとしている（①）。そして、ムルタニの信教の自由が制約されていることを認定し（②）、正当化審査に進む。次に、学校の安全という教育委員会の目的が、圧倒的で実質的なものであり、カーパンの全面的な持ち込み禁止という手段との間に合理的関連性もあると判示する（③）。そして、法廷意見は、オークス・テストの第3段階――最小限の制約テスト――において、合理的調整の法理の考え方を取り入れるのである（④）。ここでは、最小限の制約といえるかの判断にとって、過度の負担の地点まで合理的調整を行うという人権法上の判例法理が参考になるとされている。本判決は、行政機関に対して憲法上の合理的調整の義務を課したとも理解されうる[25]。

　また、法廷意見は、ムルタニが既に私立学校に転校しているため、本件における適切な救済は全面的なカーパンの学校への持ち込みを禁止する判断は無効であると宣言することであるとしている。法廷意見が、第1審が付したカーパン携帯の条件を念頭に、全面的な持ち込み禁止の判断を無効とし、特定の条件下でのカーパン携帯を認めるべきと判断している点も重要である。つまり、教育委員会の決定を無効とすることが法的な救済として選択されているが、このカナダ最高裁の判断は、学校へのカーパンの携帯を自由に認めているわけではなく、当事者（ムルタニ）が納得でき、かつ、学校側にとって過度の負担とならない条件（第1審の付した条件）――合理的調整案のひとつ――のもとで認められるとするものである。

　なお、本判決には、マリー・デシャン裁判官とロザリー・アベッラ裁判官による結論同意意見が付されている。この結論同意意見は、行政裁量の統制の場面における審査枠組みに関する見解の相違に基づくものである。彼女らの主張は、本件では、法令の違憲審査のために発展してきたオークス・テストではなく、行政法上の基準――判断過程審査――を用いることが適当であるというものである。この指摘は極めて重要なものであり、現在では、彼女らの主張の方に軍配が上がっているのだが、まずは、カナダ最高裁の多数意

見が合理的調整をどのように位置づけてきたかを理解することに注力したい。この論点については、本章Ⅲで詳細に扱う。

3 立法者と合理的調整の法理──ウィルソン・コロニー判決

　ムルタニ判決では、合理的調整の法理が憲章上の信教の自由の問題を考慮する際に採用されたが、そこで争われたのは教育委員会の決定（行政機関の決定）であった。ムルタニ判決の次に合理的調整が問題となったウィルソン・コロニー判決[26]では、州政府の制定法に対して合理的調整の義務が存在するかが争点となった。本判決では、合理的調整の法理の射程について、重要な指摘がなされている。

(1) 事実の概要

　アルバータ州は交通安全法（Traffic Safety Act, R. S. A. 2000, c. T-6）に基づいて運転免許証のシステムを運営しており、1974年以来、この取得のために顔写真の提出を義務付けていた。この顔写真の提出義務は、主に宗教的理由から写真を提出できない者に対して、提出免除規定があり担当責任者の裁量によって、顔写真のない免許証の付与が認められていた[27]。

　アルバータ州において、この免除規定に該当する者の過半数は、ウィルソン・コロニーのフッタライトと呼ばれる宗教集団であった。彼らは、自身の宗教上の信念──「自らを偶像化（idol）してはならない」という教えの解釈──により、写真に写ることはできないと真摯に信じていた。しかし、運転免許証に顔写真を載せないことは、世界的に拡大している身分詐称（identity theft）及び身分詐称による運転免許証の不正取得によって行われる詐欺に対する危険を著しく増大させるとして、2003年にアルバータ州は顔写真の免除措置を取りやめた。新たに構築された運転免許証システムでは、顔写真は州のデータバンクに登録され、登録されている写真との比較によって、免許を取得ないし更新しようとする者が本人かどうかを確認することを手助けする。

　ウィルソン・コロニーのフッタライトはこの例外のない写真の提供が、憲

法によって保護された信教の自由（と平等権）を侵害すると主張した。彼らは、この規定が事実上、運転免許証を持つことを禁止し、究極的には彼らの共同体的生活の実現を脅かすと考えたのである[28]。

なお彼らは、顔写真を載せられない彼ら自身の運転免許証を、「単なる運転許可」を認めるものに限定し、身分証明証としての機能を停止するという合理的調整案を提案した。彼らは、この合理的調整案によれば、彼らの運転免許証が身分詐称のターゲットにされる可能性が減少すると主張したが、アルバータ州はこの提案を却下した。そのため、ウィルソン・コロニーのメンバーは、宗教に対する配慮を削除した改正案の無効等を求めて出訴した。

(2) 判　旨

本判決は、5対4となった。ビバリー・マクラクリン裁判官による法廷意見の概要は次の通りである（保護範囲及び制約に関する判示は省略している。法廷意見も反対意見も信教の自由に対する制約があることを認めている）。

①複数の合理的規制手段の存在する社会的問題に取り組む際には、複雑で多層的な立法目的と立法上の懸念が重なり合い、競合しており、予算的制約も存在するから、この困難な選択の第1の責任者は、「選挙で選ばれた立法府である」。また、憲章による信教の自由の保護範囲が広範であるため、近代国家による多くの規制は、自身の真摯な宗教的信念に取るに足らない程度以上の影響を与えると主張する多様な個人によって、問題提起される可能性があり、「多くの規制プログラムの普遍性を深刻に損ないうる」。憲章1条は、権利の制約に対して「完全な調整」を要求していない。それが要求しているのは、「合理的で、明らかな正当化のみ」である。したがって、「社会的問題に取り組む複雑な規制の合憲性が問題になっている場合」、裁判所は、立法者に対して敬譲的な態度を採る。(at paras 35-38)。

②政府目的に包括的な公共の安全までをも含めることは出来ないが、身分詐称を防ごうとする新たな規定は明らかに運転免許証システム全体の保護に関わり、運転免許証制度の安全性を維持し、身分詐称のリスクを最小化することは「圧倒的で実質的な」目的である（at para 42）。

③合理的関連性を証明するために、政府は、憲法上の権利を制約する手段とその根拠ないし理由との間に因果的な関連があることを証明しなければならないが、アルバータ州の提出した証拠は、例外なく写真を要求するシステムの方が、宗教的理由に基づき例外を認めるシステムよりも効果的に身分詐称を防ぐことを示している。合理的関連性の段階で問題となるのは、単に、制約手段と政府目的の間に合理的なつながりが存在するかどうかであるから、例外なく顔写真の提供を義務付けるという手段との合理的関連性も有する（at paras 50-52）。

④裁判所は、最小限の制約テストにおいて、より影響の少ない現実的な手段によって政府の目的が達成可能かを審査する。これは、「同等の効果を持つオルタナティブな手段に対する要求は、非現実的な極端なものをとるべきではな」く、「あらゆる状況において、政府の目的に対して十分な保護を与えるオルタナティブな手段」が要求される。政府は政府目的の形成に関して敬譲を受けるが、その敬譲は盲目的なものでも絶対的なものでもない（at paras 53-55）。しかし、ウィルソン・コロニーが提案する合理的調整案は、彼らの信教の自由に対する制約を取り除くが、その案は政府目的を「妥協させる」。本件において、政府目的を妥協させない「オルタナティブは存在しない」（at paras 56-60）。

⑤個人に特有のニーズに応じるために当事者間の対話を要求する合理的調整の分析は、立法者と法律に従う人々との関係には当てはまらない。立法者はこのような個人の要求に取り組む能力及び法的義務を持たない。あらゆる将来の不測の事態に備えて法律を設計することが不可能なように、あらゆる真摯な信仰に適合する法律を設計することも不可能である。合理的調整の分析は「政府行為ないし行政活動（government action or administrative practice）」が憲章上の権利を制約すると主張される場合に適用される。「過度の負担」という分析枠組みも立法者に対して容易に適用できるものではない（at paras 67-70）。

⑥オークス・テストの最終段階においては、「手段の有害な効果の深刻さを完全に考慮」し、当該規制による「有益な効果が有害な効果と比例してい

るか」を審査する。有害な効果の判断に関係するが、「宗教的行為に対する制約の深刻さを測るための魔法の物差しは存在しない」。それに背くことが背教を意味するような神聖なもの、個人にとって重要な意味をもつもの、個人が選択的に実践する付属的なものがグラデーションをもって無数に存在する。信仰の問題に対して政府が強制するような制約は、「常に極めて深刻である」が、法規制の付随的効果が問題となる場合、「常に深刻な制約となるわけではない」 (at paras 86-99)。

　⑦本件の事例では、「個人あるいは集団に対する手段の有害な効果よりも、当該手段によって得られる公共の利益の方が勝る」 (at para 103)。「例外のない写真の提供を要求することが運転免許証システムの安全性を補強する証拠」があり、何らかの個別的な合理的調整を行うことは運転免許システムの効果的な運用を減じるのである (at para 80)。それは、顔写真の提供に例外措置を設けないことが、「運転免許証を持つ者が本人であることを確認することないしある一人の人が複数の運転免許証を持つことがないようにするため」に必要であるからである (at para 81)。その一方で、ウィルソン・コロニーのフッタライトはアルバータ州の運転免許証を結果的に取得することが出来なくなる。そのことにより、彼らに「経済的コストを課し、移動の観点で彼らの自給自足の伝統を諦めさせる」。「これらのコストは取るに足らないものではない。しかし、証拠によれば、彼らの宗教を追求する自身の権利に深刻な影響を与えるレベルであることは提示されていない」。そこに何らかの強制はないため、彼らは「宗教的実践に関する意味ある選択」を奪われていないのである (at paras 97-99)。よって、本件での制約は、オークス・テストの各段階の何れもクリアするため正当化される。

(3) 整　理

　マクラクリン裁判官による法廷意見は、まず、複雑な社会問題に関わる法律の合憲性が争われている場合、政府に敬譲的な審査がなされる——立法目的に関する立法者の判断を尊重する——と述べる（①）。次に、政府目的が「圧倒的で実質的であること」、手段との間に合理的関連性があることも比較

的簡単に認める（②・③）。そして、最小限の制約テストで考慮するのは、より権利を制限せず政府目的を妥協しないオルタナティブが存在するかであるとし（④）、法律が問題となる場合、合理的調整の義務が立法者に及ぶことはないとした（⑤）。すなわち、立法者が追求した「圧倒的で実質的な」政府利益は過度の負担のポイントまで妥協する必要はないのである[29]。

ただし、本判決は、一般に適用される法律が問題となっている場合、常に宗教を理由とした個別の調整を認めないと判断したわけではない。本判決が否定したのは、最小限の制約テストに合理的調整の分析を取り込むこと及び同テストの審査において政府目的を妥協させることである（④）。そのため、政府目的を妥協させることなく調整が可能なら、最小限の制約テストをパスせず、有害な効果の方が上回れば（⑥・⑦）、一定の調整も認められうる。この他、狭義の比例性審査の段階においては、制約の様態と制約の強度の間にある程度の相関性はあるが一義的に確定できるものではないと判示している（⑥）。

本判決には、アベッラ裁判官、ルベル裁判官、モリー・フィッシュ裁判官による反対意見が付されている。なかでも、アベッラ裁判官による反対意見は、明言はされていないが、立法者に対しても合理的調整の義務を課したものと評されている[30]。この点についても本章Ⅲで詳述することにしたい。

4　他者の権利と合理的調整の衝突——N.S. 判決

ウィルソン・コロニー判決以降、憲法上の合理的調整に対して重要な示唆を与えた判決として、N.S. 判決[31]がある。本判決では、信教の自由に基づく合理的調整の主張が、他者の憲法上の権利——本件では憲章7条[32]及び11条[33]によって保障される被告人の公正な裁判を受ける権利（right to fair trial）——と衝突する場合にどのように判断するかが争点となった。

(1) 事実の概要

本件では、子供時代に受けた性的暴行について、自身を主要な証人として訴訟を提起したムスリムの女性（N.S.）が、裁判所内で証言を行う際にニカ

ブ（niqab）――イスラームの宗教的装飾物であり、頭と顔の全体を覆い、目だけが見えるもの――を着用することの可否が争点となった。予備審理（preliminary inquiry）に際して、N.S. はニカブの着用を望んだ――彼女のイスラーム理解では男性が彼女を見ることのできる公共の場ではニカブを着用しなければならない――が、被告人らは証言の際にはニカブを脱ぐよう命じることを予審判事に求めた。予審判事は、N.S. が過去に、運転免許証の写真にはニカブを脱いで写っており（女性に撮影された）、セキュリティ・チェックの際にもニカブを脱いでいたため、彼女の信仰は強くないと判断し、ニカブを脱ぐよう命じた[34]。これに対して、N.S. は当該命令の無効と法廷で証言する際のニカブの着用許可を求めた。

　ここでは、証人にニカブの着用を認めると、証人に自身の表情を法廷の視線（court's gaze）から隠すというアドバンテージを与えることになり、被告人側の弁護人が反対尋問を通して、①彼女の証人としての信用性（credibility）を適切に判断すること、②彼女の証言に対して十分に質問し問い詰めることができなくなるという問題が提起されたのである。裁判所には、被告人に証人と「対面する権利（right to face）を与えている裁判システムにおいてムスリムのニカブにどのような合理的調整をすることができるか、という新たな問題を判断することが問われた」[35]。

(2) 判　旨
　マクラクリン裁判官による法廷意見の概要は次の通りである。
　①憲章2条（a）項に基づく信教の自由と、憲章7条及び憲章11条に基づく公正な裁判を受ける権利はどちらも重要な権利である。権利同士の衝突を解決する判断枠組みを示した当裁判所の先例[36]に基づき、本件では、以下の4つの要素からなる判断枠組みが適用される（at paras 7-9）。

〔1〕証言を行う間、証人にニカブを取るように要求することは、彼女の
　　信教の自由を制約するか？
〔2〕証言を行う間、証人に対してニカブの着用を許可することが、公平

な司法(trial fairness)にとって深刻なリスクとなるか？
〔3〕2つの権利を調整する、あるいは、2つの権利の衝突を回避する方法が存在するか？
〔4〕もし、調整が不可能であれば、証人にニカブを取るよう要求する有益な効果は、その有害な効果を上回るか？（at para 9）

②〔1〕が認定されるかは、アムセルム判決で示された通り、真摯な信仰を有するかがポイントになる。予審判事は信仰の強さ及び過去の信仰の在り方を考慮したが、この段階では、現在、「真摯な信仰」を有するかが問題になる。それゆえ、この点を踏まえて、N.S.の信仰が真摯なものかを判断するよう予審判事に差戻す（at paras 11-13）[37]。以下では、N.S.が真摯な信仰を有していると仮定したうえで、検討を続ける（at para 14）。

③〔2〕について、効果的な反対尋問及び証人の信用性にとって、証人の顔が見えることが重要であるとする専門家の証言はないが（at para 17）、コモン・ロー及びカナダの刑事司法システムの伝統は、証人の顔が見えることと公平な司法が関係すると想定してきた（at paras 20-22）。これを覆すだけの十分な証拠が提出されていない以上、効果的な反対尋問及び証人の信用性、公平な司法にとって、証人の顔が見えていることの重要性は否定できない（at para 27）。しかしながら、このことは証言の性質とも関わる。当該証言の内容に争いがなく、その信用性が問題となっていない場合は、証人がニカブを着用したとしても、被告人の公正な裁判を受ける権利が制約されたとはいえない（at para 28）。

④次の問題が、〔3〕両権利を調整することができるかである。一極に、法廷から宗教を排除し、証人は自身の宗教的信仰を法廷のドアの前で放棄しなければならない「中立」な空間として法廷を捉えるアプローチがあり、もう一極に、証人の顔が見えることと公正な司法の関係を完全に無視し、常に証人にニカブの着用を認めるアプローチがあるが、当裁判所はこれらのような極端な立場をとるべきではない（at para 31）。我々の判例は両権利の衝突を調整することのできる可能性があるならそれを追求することを求めている。

本件が予審判事に差戻されたとき、予審判事は調整の可能性を検討しなければならない（at para 33）[38]。

⑤〔4〕の有害な効果と有益な効果の比例性はオークス・テストに基づくものである。有害な効果を検討する際には、当事者の真摯な信仰の自由の侵害のみならず、ニカブを取るよう命じることの「広範な社会的害（broader societal harms）」についても考慮に入れなければならない。これは、法廷で証言を行う際にニカブの着用を認めないという命令がなされると、本件のような親告罪（report offences）に関する訴訟を、ニカブを着用する女性が提起することをためらうということ、ひいては、公的な裁判システムに参加することからニカブを着用するムスリムの女性を排除してしまうことである（at para 37）。有益な効果を検討する際には、被告人の公正な裁判を受ける権利という個人の権利だけでなく、「司法制度の公的信頼」という制度の観点も考慮に入れなければならない（*ibid.*）。

⑥私は、裁判所は信教の自由と公正な裁判を受ける権利のバランスをとることを提案した。極端な立場は我々の先例と適合的ではない（at para 46）。そのような立場は、私の見解では、「それが可能な限り、政府機関やアクターに対して真摯な宗教的信仰に配慮することを要求する我々の伝統」と相いれない（at para 51）。「配慮の必要性及び真摯な宗教的信仰と他の利益のバランスをとることは、カナダ法[39]に深くエントレンチされているのである」（at para 54）。

(3) 整　理

マクラクリン裁判官は、オールオアナッシングの司法判断を回避し、合理的調整の可能性を含むプラグマティックな衡量アプローチを採用している（①）。彼女は、ニカブをとるべきか否かの実体的な判断をすることなく、その判断枠組み及び考慮要素を示すことに力点をおいている（ただし、実質的には実体的な判断に踏み込んでいると思われる箇所もある）が、少なくとも、❶証人の証言の内容が争われていない場合、❷証人の信用が問題となっていない場合には、ニカブの着用が許容されるべきであるとする（③）。

第2部　信教の自由における承認と対話

　本件の示した枠組みは、法廷におけるニカブの着用に限定されたものだが、信教の自由と同程度重要な他者の権利が衝突する場合に、どのような思考枠組みで調整するのかを示唆するものといえるだろう。もっとも、マクラクリン裁判官はカナダにおける合理的調整の伝統について随所で言及するが（④・⑥）、N.S.判決で示された判断枠組みが信教の自由に過度に有利なものでもない点には注意が必要である。

　なお、第4章でも見た通り、信教の自由の保護範囲の問題としては、信仰の強さではなく信仰の真摯さがメルクマールになることを再確認している点も重要である（②）。

Ⅲ　検　討

　以上、カナダ最高裁が信教の自由の問題として、合理的調整に言及した主要な判例を紹介してきたが、以下では、憲法上の合理的調整に関わる諸論点——①合理的調整の法理の射程、②合理的調整の限界、③国家の宗教的中立性との関係、④正当化審査の枠組みとの関係——について検討することにしたい。なお、④の論点の本質は、合理的調整の法理の問題とはやや逸れるものの、この法理の司法審査における位置づけとは関連するため、ここで検討する。

1　合理的調整の法理の射程

　ここでの論点は、合理的調整の法理の射程が行政裁量の統制の問題に限定されるのか、立法裁量の統制の問題にも及ぶのか、というものである。

(1)　ウィルソン・コロニー判決の対立軸

　この論点にとって重要なのは、ウィルソン・コロニー判決である。マクラクリン裁判官は、「立法者の制定した法律」には合理的調整の分析が適用されないという。ムルタニ判決の法廷意見が同じくオークス・テストを用いていることと比べれば、法律が問題となる場合には、最小限の制約テストにお

第 6 章　信教の自由の制約とその正当化

いて合理的調整の分析を参考にしないとの趣旨である。

　他方で、ウィルソン・コロニー判決のアベッラ裁判官による反対意見は、多数意見との間で、❶違憲審査の構造――オークス・テストの最小限の侵害テストについて――と、❷事実の評価――政府利益の実現にとって例外のない写真提供の必要性と、ウィルソン・コロニーのフッタライトの宗教的生活に対するその要求の影響力――について見解を異にしている（ルベル裁判官の反対意見も同趣旨）。

　❶に関して、アベッラ裁判官は、時に州は正当な公的政策を追求することを、宗教的実践に対してスペースを作ることで妥協しなければならないという（at para 134）。これは、明言されていないが、立法者にも宗教的マイノリティに対する合理的調整の義務があることを示唆するものと理解する見解がある[40]。また、彼女によれば、ウィルソン・コロニーが提案した合理的調整案が政府の目的を過度に妥協させるという証拠はない（at para 146）。

　❷について、アベッラ裁判官は、ウィルソン・コロニーが約 250 人の小さな規模であることを考慮すれば、彼らの信教の自由に配慮し写真の提供を免除することによる影響は極めて小さいという。また、アルバータ州に住むすべての人が運転免許証を取得しているわけではなく、70 万人を超える人が免許を取得していないため、データバンクに登録された運転免許証の写真では、アルバータ州に住むすべての人を把握することはできないとする（at paras 115, 160）。他方で、例外なく写真の提供を義務付けることは、ウィルソン・コロニーのメンバーに対して自給自足（self-sufficiency）の生活様式という宗教的伝統を諦めるか、不正なドライバーとなるかの 2 つの悪しき選択を迫るものであり、宗教的実践に深刻な害を与えると評価する（at para 163）。

　これらを踏まえ、アベッラ裁判官は、本件規制は最小限の制約テストをパスせず、運転免許証に写真提供を義務付け、宗教を理由とした免除を一切認めないアルバータ州法は憲章 2 条（a）項に違反すると結論付けている（at paras 149, 176）[41]。

　ここには 2 つのレベルの異なる問題が含まれているように思われる。一つ目が、法律が問題となっている場合の違憲審査の枠組みに、個別具体的なケ

223

第2部　信教の自由における承認と対話

ースの解決の中で発展してきた人権法における合理的調整の分析を読み込むか否かである。二つ目が、救済方法として法律の（一部または全部の）違憲無効だけでなく、個別の調整——具体的には適用違憲が想起される——を採用するか否かである。マクラクリン裁判官は少なくとも一つ目については明確に否と答えたことになる（2つ目については、一般論としては明言していないが、ウィルソン・コロニー判決の事例においては否と答えている）。これに対して、アベッラ裁判官は1つ目については明言しないが（ムルタニ判決での結論同意意見を併せ読むとこの点には否定的であろう）、2つ目には是と答えるのである。

(2)　分　析

　二つ目の点について、ウィンザー大学の憲法学者リチャード・ムーンは、「宗教的実践に対する制約があり、そのコストが利益を上回る場合、裁判所は法律（の一部または全部）を無効にすることができるのに、なぜ免除（exemption）を作り出すことは出来ないのかを理解することは難しい」と論じている[42]。彼はさらに、「合理的調整は法の周辺（margins of law）で起こっており、民主的政策の前進に重大な影響を与えない極めて小さな取引に関連している。合理的調整はおそらく競合する公益と宗教的利益の全面的な衡量（full-blown balancing）に関係しない」と述べ[43]、個別の「免除を作り出すことは、ある程度法律の有効性を妥協させるが、法律を無効にすることは政府がその政策を追求することを完全に妨げる」と指摘する[44]。

　ムーンの見解は、宗教的実践に課せられる負荷が重く、政府目的を妥協させることによって生じる公益への負担が小さいものであれば、少なくとも救済方法として適用違憲などの個別の調整を拒否する合理的理由は見当たらないとするものと整理可能である。（この思考を合理的調整の法理と呼ぶかは別にして、）この指摘自体は正当なものと思われる。

　他方、合理的調整が、常に「極めて小さな取引」であり、「競合する公益と宗教的利益の全面的な衡量に関係ない」かは疑わしい。少なくともマクラクリン裁判官は、ウィルソン・コロニーに対して免除を与えることが、立法目的の効果的な運用を妨げるとしており、これは極めて小さな取引ではないと

いえる（本件の下級審判決でもマクラクリン裁判官と同様の見解を採る裁判官が存在していた）。そのため、ムーンの指摘するような場面がありうるとしても、「合理的調整」が関わる場面がそのような場面に限られるとはいえないだろう。

　さらに、信教の自由の保護範囲が個人の主観的宗教理解に基づくほぼ無限定なものだとすれば、法律と宗教的信念の衝突を事前に予測することは困難である。だとすると、合理的調整の分析を、法律を審査する際にオークス・テストに読み込むことは立法者にとって厳し過ぎるといえるのではないだろうか。確かに過度の負担による分析は最小限の制約テストと類似するが、合理的調整の法理における過度の負担は、両当事者の対話を前提とするものである。一般に適用される法律の制定者にそのレベルでの対話を要求することは不可能に近く、それにもかかわらず、合理的調整の法理を読み込むことは、この法理の持つ対話的性格という利点を毀損することにもなりかねないように思われる。あるいは次のようにも言えるかもしれない。そもそも、最小限の制約テストと過度の負担が類似するのであれば、あえて法令審査の場面で過度の負担や合理的調整の法理に言及する必要はなく、法令審査のために発展してきた構造化された比例原則の構成要素である最小限の制約テストを適用すれば必要十分である、と。アベッラ裁判官がオークス・テストに合理的調整の法理を読み込むことに反対しているのは、これらの懸念があるからであろう（詳しくは後述する）。

　したがって、特定の個人等に対する行政決定が問題となるムルタニ判決のような事例では、行政に対する合理的調整の義務を前提に、「過度の負担」基準を読み込んだ審査枠組みによって判断される（ただし、大枠の審査枠組みとしてオークス・テストが妥当か判断過程審査が妥当かについては後述する）。その一方で、法律の合憲性が問題となるウィルソン・コロニー判決のような事例では、合理的調整の法理を読み込まないオークス・テストのもとで判断されるものの、適用違憲といった形で個別の調整を為しうる可能性は残されている、と整理できるように思われる[45]。後者の場合に適用違憲のような個別の調整の可能性があるとはいえ、これを合理的調整の法理の一種と整理する必要性は乏しいだろう。合理的調整の法理の射程は、法令の合憲性の審査に

は及ばないと整理してよいと思われる。

2 合理的調整の限界――憲法判例から

続いて、信教の自由における合理的調整の限界について検討しよう。合理的調整は、基本的に文脈に依存したケースバイケースの判断であるため、確固たる判断基準を立てることは難しいが、いくつかの考慮要素に関する示唆を読み取ることはできる。もちろん、前章で検討した、人権法上の合理的調整の法理に内在する「過度の負担」の考慮要素――金銭的負担、労働協約の内容、他の労働者のモラル、配置転換の可能性、雇用者の企業規模、安全性等――も関連するが、ここでは憲法判例から読み取れる示唆を検討する。

まず、信教の自由に対して何らかの法益が対抗する場合、当該対抗法益はその考慮要素となる。カナダ最高裁の判例から読み取れる対抗法益について若干の検討を加えておく。

まず、安全という法益がある。ムルタニ判決の法廷意見は、学校内の安全性確保の利益を圧倒的で実質的なものと認めている。ムルタニが学校に持ち込んだカーパンは、金属製のダガーであったため、学校内での安全が考慮の対象とされたのである。ここでの安全がどの程度の要求なのかが重要だが、法廷意見は、学校には暴力に用いることのできる多くのものが存在し、たとえば、ハサミや鉛筆、バット等、生徒が簡単に入手できるものもあり、また、学校でカーパンに関連した暴力事件は、1つも報告されていないことを指摘していた[46]。よって、安全という法益は合理的調整の限界についての考慮要素として挙げられるが、安全が脅かされていることが現実味を持って証明されない限りは、合理的調整を限界付ける理由には当たらないといえそうである。他方、空港や裁判所などへのカーパンの携帯は認められないとされているため[47]、問題となる場所の性質によっても安全の価値の重みは異なるだろう。

次に、他者の権利が対抗法益として考慮される。被告人の公正な裁判を受ける権利が対抗法益となったN.S.判決では、この観点から合理的調整案の選択肢が限定された。ムーンは、N.S.判決は、枠組みを示しただけといいつ

つも、①公正な裁判を受ける権利を優先すべきこと、②宗教的実践に対する合理的調整は、公正な裁判を受ける権利に実質的な危険を与えない限りでなければなされない、という意図が明らかであると分析する[48]。少なくとも、信教の自由が同程度重要な憲章上の権利と衝突する場合、信教の自由に有利な調整がなされるわけではない。

　以上のような対抗法益がある場合の他にもいくつかの考慮要素が示唆されている。たとえば、他者との関係性やモラルに合理的調整が与える悪影響が挙げられる。ただし、ムルタニ判決の法廷意見は、「宗教的寛容はカナダ社会の極めて重要な価値である」とした上で「もし、ムルタニが学校でカーパンを身に着けることができるのに、一方で彼ら（一般生徒）が自分のナイフを学校に持ち込むことが認められないのが不公平だというのなら、学校の教師たちは、生徒らにこのことが我々の民主主義の最も基本的な価値であることを教える義務を負う」と述べる[49]。公教育という場の特殊性も関わっているが、他者との関係が問題となる可能性がある場合でも、ある程度の負担――ここでは「宗教的寛容」の価値を教えること――を負うことで、その問題の解決を図ることができる場合には、信教の自由と対抗するこれらの法益の方が重くなるわけではない。

　さらに、合理的調整を行うことが当該規制法の核心に関わるか否かも考慮要素の１つである。上記の通り、ウィルソン・コロニー判決の事例は合理的調整の法理の射程外と考えるべきだが、当判決の説示はこの点にとって示唆的である。ウィルソン・コロニー判決のマクラクリン法廷意見では、ウィルソン・コロニーに対して、写真の提供免除を認めることは、アルバータ州の運転免許証システムの安全性の核心に関わるために、不可能であると判断されている。他方、アベッラ裁判官による反対意見は、アルバータ州政府はウィルソン・コロニーの提案した調整案を認めるべきだと判断した。マクラクリン裁判官とアベッラ裁判官の結論の違いには、事実認識のレベルでの違いが反映されている。アベッラ裁判官は、合理的調整を求めるウィルソン・コロニーの共同体としての規模が小さいことに着目し、彼らに写真の提供を免除することが運転免許証システムの核心に与える影響は少ないと理解したの

である。よって、規制法の核心に関わるような合理的調整の主張が限定的に解されることについて異論が差し挟まれたわけではない。行政裁量が問題なるムルタニ判決のような事例においても、合理的調整を行うことが裁量の根拠法の目的の核心に関わる場合、合理的調整の選択肢はやはり限定されると解されるだろう。

　これらの考慮要素は決して網羅的なものではないが、信教の自由に対する対抗法益が同程度重要なものである場合や、それを行うことが当該規正法の核心を妥協させる場合には、信教の自由よりも対抗法益の方を重視する方向性を示唆しているといえよう。

3　合理的調整と国家の中立性

　合理的調整あるいは宗教に対する配慮に関する問題は、アメリカ合衆国でも検討されており、日本の学説においてはアメリカ合衆国の憲法判例・学説を素材とした研究が目立つ[50]。その場合、「信教の自由と政教分離の相克」に関する観点から宗教への配慮が検討されることが多い[51]。宗教に対する配慮を行うことが、国家の中立性に反するのではないか、という問題設定である。

　カナダの憲法には、政教分離に関する規定はなく、一般的な国家と宗教の関係に関する規定もないが[52]、国家の宗教的中立性がカナダ最高裁によって構築されている（補論を参照）。元カリフォルニア大学バークレー校の憲法学者スジ・チョードリーは、合理的調整の問題を新たなケベック問題として受け止め、ケベック出身の裁判官が国家の宗教的中立性原則を用いて、合理的調整を拒否しようとした経緯を分析する[53]。

　カナダ最高裁判例の中では、市のゾーニング条例によって、エホバの証人の礼拝所の建設ができないことで、信教の自由が侵害されているという主張が争われたラフォンテーヌ判決[54]の反対意見でルベル裁判官は、国家の中立性は、国家と宗教の厳格な分離を指向するものであるとし、信教の自由の法的枠組みを保障することが我々の役割であり、宗教的共同体に特別な便宜を図ることではないという（at pare 54）。

しかし、厳格な分離を志向する部分は反対意見でしかない[55]。極めて敬虔なカトリックの両親が、学校での義務的な倫理・宗教文化の授業が憲章2条(a)項及びケベック憲章3条に反し、宗教的信念を子供に伝える権利を侵害しているという宣言的判決等を求めたS. L. 判決[56]において、ルベル裁判官らの主張する「絶対的中立（absolute neutrality）」ではなく、「国家が特定の宗教的選好を持ってはならない」という意味での国家の中立性が全員一致の多数意見で採用されている（at paras 31-32）。カナダ最高裁における国家の中立性理解は「非絶対的中立性（non-absolute neutrality）」であると判断されたのである（Ibid）。そして、この中立性理解は、「マイノリティの権利の承認とカナダ社会が多文化であるという現実に基づく」ものとされる（at para 21）。

また、ムーンは、合理的調整が必要だとする議論は、「おそらく、歴史的に支配的なグループの宗教的実践は社会的相互作用（social interaction）を形成しており、すでに公共政策の構成要素となっているという認識に基づいて」おり、「宗教的少数派の疎外感（alienation）」などを緩和させるという要求にも依拠しているという[57]。さらに、ヨーク大学オスグット・ホールロースクールの憲法学者ファイサル・バーバーは、合理的調整の核心は差別と闘うメカニズムであるとし、全ての者が自由を享有することが出来る状況を作り出す発想であると位置付ける。それゆえ、合理的調整は「再分配の一形態 (form of redistribution)」であるという[58]。そうだとすると、カナダ最高裁の中立性理解が、「少数派の権利の承認とカナダ社会が多文化であるという現実に基づく」、「非絶対的中立性」である限り、カナダにおける信教の自由と政教分離（国家の中立性）の相克という問題は、克服されているといえるだろう[59]。

4　行政裁量統制の審査枠組みの変動

合理的調整の分析を違憲審査の中でどのように位置づけるかという論点にかかわる問題として、カナダ最高裁における行政裁量統制に関する違憲審査枠組みの変動という論点がある。本章Ⅱで確認した通り、行政裁量を前提に

行政の決定を審査したムルタニ判決では構造化された比例原則であるオークス・テストが用いられたが、行政裁量が前提となる場合に、オークス・テストを用いるのか、行政法上の判断過程審査を用いるのかは、カナダ最高裁においてもあいまいにされていた[60]。

ここでは、合理的調整の法理の位置づけも含めて、この論点に対する問題提起を明瞭に述べているムルタニ判決のデシャン裁判官とアベッラ裁判官の結論同意意見を確認し、この論点に一応の決着をつけた 2012 年のドレ判決[61]を紹介したうえで、全体像の整理をおこなう。

(1) ムルタニ判決の結論同意意見

ムルタニ判決におけるデシャン裁判官及びアベッラ裁判官による結論同意意見は、❶一般的な法令の合憲性が問題となる事例を判定するために発展してきた構造化された比例原則であるオークス・テストと、個別具体的な事例を判断するのに適した行政法上の基準の区別を主張する (at para 85)。彼女らによれば、法令の違憲審査のために発展してきた基準を行政機関による個別の決定の審査で運用可能にすることは容易ではなく、各領域のために発展してきた憲法上の分析道具と行政法上の分析道具[62]を傷つけることになりうる (ibid)。

ただし彼女らは、❷行政機関はその判断過程において憲法上の権利を考慮することから逃れることはできないとする (at para 86)[63]。実際、合理性の基準——いわゆる判断過程審査——を採用するとしたうえで (at para 95)、「決定の判断過程において、教育委員会は、安全性だけでなく、信教の自由や平等権といった基本的価値を考慮しなければならない。カーパンの携帯の禁止は信教の自由により干渉しない条件を考慮することなく課すことはできない。本件での問題において、教育委員会は信教の自由も父と生徒によって提案された調整案も十分に考慮していない。控訴審は単に校則を文字通り適用しただけである。信教の自由を考慮しなかったこと及びリスクを小さくまたは無にする解決策の可能性を考慮することなく学校の安全に訴えかけたことによって、教育委員会は不合理な決定を行なった」としている (at para

98)。

　また、彼女らは、❸最小限の制約テストと合理的調整の分析に共通性があることは認めるが、人権法の法理として発展した合理的調整の分析が要求するのは、当事者の置かれた個別具体的な状況をより細やかに考慮すること及び当事者間の対話――「この対話は、彼らの立場を和解させ、彼ら自身のニーズを調整する共通の土台を発見することを可能にする」――であるという。これに対して最小限の制約テストは、「社会的事実や法律を適用した場合に生じる潜在的な結果」を考慮して法律の正当性を審査するものであるから、合理的調整の分析と最小限の制約テストは類似しているが、両者を同一視するべきではないとする（at paras 129, 132-133）。

　デシャン裁判官とアベッラ裁判官の主張は、司法審査の対象が、法令であるか、行政裁量を前提とした行政の決定なのかをトリガーとして、司法審査の枠組みを区別すべきだというものと整理できる。これに対して、ムルタニ判決のシャロン裁判官の法廷意見は、憲法上の権利が関わる（制約されている）事例であれば、オークス・テストが司法審査の枠組みとなると理解している。ただし、デシャン裁判官とアベッラ裁判官も、オークス・テストを審査枠組みとして採用しない場合――行政裁量の統制が問題となる場合――だとしても、憲法的価値によって行政裁量が拘束されると考えており（❷）、判断過程審査を採用する場合にも合理的調整の分析を取り込むことを志向している。

　シャロン裁判官が示唆するように、憲法上の権利が関わる事件において、司法審査の枠組みを一本化することは、美学的観点や分かり易さの観点から魅力的かもしれない。デシャン裁判官とアベッラ裁判官もその利点があることは認めている（at para 109）。しかし、構造化された比例原則であるオークス・テストが法令審査に特化して発展してきたというデシャン裁判官とアベッラ裁判官の指摘が正しいのであれば、オークス・テストの構成要素が行政裁量の統制に過不足なくフィットするのかについて疑問も残る。

(2) 構造化された比例原則と調和する判断過程審査——ドレ判決

　この論点の大きな転機となったのが、2012年のドレ判決である。この判決では、ケベック州の弁護士倫理法（Code of ethics of advocates, R. R. Q. 1981, c. B-1）の2.03条（当時）に違反したこと等を理由に懲戒処分（戒告処分）を受けた弁護士が、その決定に対して、不服を申し立てた。弁護士倫理法2.03条は「弁護士の行動は、客観性、節度、品位を備えたものでなければならない」と規定している。また、本件では、弁護士倫理法2.03条自体の合憲性は争われていない。

　アベッラ裁判官による全員一致の法廷意見は、まず、行政裁量を前提とした行政の決定と憲法上の権利が関わる場合に、その審査枠組みの選択をめぐって、カナダ最高裁の従来の判例に一貫性がなかったことを改めて整理している（at paras 25-34）。そのうえで、憲法上の権利の保護という観点からは適切に思えるオークス・テストの構成要素のいくつかは行政の決定を審査するのに適していないとして（at para 37）、オークス・テストの適用を退ける。ここでアベッラ裁判官が適切ではない構成要素として挙げるのは、①憲章1条の文言に関わるものと、②目的に関する審査に関わるものである。前者は憲法の文言との関係が強いが[64]、後者は構造化された比例原則一般に妥当する指摘である。アベッラ裁判官は、違憲の疑いが提起されていない法律に基づく「行政の決定の『圧倒的で実質的な』目的とは何か、あるいはそれを定義し擁護する責任が誰にあるのかを概念的に理解することは難しい」という（at para 38）。

　次の問題は、行政法上の審査として、正確性の審査（判断代置）を採用するか、合理性の審査（判断過程審査）を採用するかである。アベッラ裁判官は、憲法上の権利が関わる場合には、正確性の審査を行うという選択肢もありうるとしつつも（at para 51）、法令が行政機関に裁量を認める理由は、裁量を与えられた問題について、専門性と専門的知識を有することであるから、行政機関は、当該問題に関わる「憲法的価値を評価する際に考慮すべき事項」についても特に精通しているという（at paras 47, 54）[65]。よって、正確性の審査を採用するか合理性の審査を採用するかは憲法上の権利が関わるかどう

第6章　信教の自由の制約とその正当化

かによって左右されない。

　しかし、アベッラ裁判官は、合理性の審査を採用するとしても、行政の判断主体及びそれを審査する裁判所は、「分析において憲章の価値の持つ根本的重要性を常に考慮しなければならない」という (at para 54)。アベッラ裁判官によれば、その考慮の仕方は、裁量の根拠となっている制定法の目的と憲章の価値を均衡させることである。「行政の判断主体は、制定法の目的に照らして、問題となる憲章の価値をどのようにして最善の形で保護するかを検討しなければならない」が、これは唯一の均衡点を求めるものではなく、合理的な「一定の余地」が認められる (at paras 55-56)。そして、司法審査においては、「決定の性質又は制定法上及び事実上の条件を考慮した上で、決定が実際に適用されている憲章の保護の比例的な均衡を反映しているかどうかが問題となる」とする (at para 57)。ここで、アベッラ裁判官は、合理性の審査に憲章1条の精神を統合する。その趣旨は、オークス・テストの一部を反映するとの趣旨だと思われるが、やや曖昧であった。この点、ドレ判決と同じ審査枠組みを採用した2015年のロヨラ判決の法廷意見では、ドレ判決のいう「比例性」は、オークス・テストの最小限の制約テストと狭義の比例性テストと調和するとされている[66]。

　以上を踏まえると、カナダ最高裁が憲法上の権利が関わる行政裁量の統制に構造化された比例原則を用いたのは、ムルタニ判決が最後の事例であり、現在のカナダ最高裁では構造化された比例原則の一部を取り込む判断過程審査が用いられているといえる。

(3) 整　理

　合理的調整の法理の検討からはやや逸れた感もあるが、ここで、憲法上の審査枠組みと合理的調整の法理の位置づけを改めて整理しておきたい。

　冒頭でも述べた通り、カナダ最高裁の違憲審査は2段階である。本章で検討してきた判例において、カナダ最高裁は憲章2条 (a) 項の保障する信教の自由の権利内容として、「合理的調整を求める権利」があるかを直接論じていない。信教の自由の権利内容としては、この権利を新たに付け加える必

要がないからであろう。信教の自由における合理的調整の法理は、信教の自由の制約を正当化する判断枠組みにおいて、「過度の負担」の基準などを参考にするという形で取り込まれている。

そして、合理的調整の法理の個別具体的な性格から、この法理を法令の司法審査の枠組みの中に取り込むことは退けられた。その一方で、行政の決定が問題となる場合は、合理的調整の法理が参考にされる。この際、ムルタニ判決は、構造化された比例原則を行政の決定に対する司法審査の枠組みとして用いて、最小限の制約テストに合理的調整の法理を読み込んだ。しかし、その後、ドレ判決によって行政の決定に対しては、憲法上の権利が関わる場合も、オークス・テストではなく、判断過程審査が適用されることが判例法理によって定着してきている[67]。もっとも、ドレ判決の判断過程審査は、構造化された比例原則のうち最小限の制約テスト及び狭義の比例性テストと調和的に運用することが想定されている。信教の自由の領域でこの審査枠組みを採用したロヨラ判決は[68]、既に法令上に調整規定が存在し、その該当性の判断が問題であったため、合理的調整の法理に言及する必要性があまりない事例であった。そのため、この判断過程審査において、合理的調整の法理がどのように位置づけられるのかは、明言されていない。とはいえ、これまでの先例との関係からすれば、最小限の制約テストと調和的に運用される以上、行政裁量統制の場面ではムルタニ判決と同じような形で合理的調整の法理が参照されることになるように思われる。

Ⅳ　日本への示唆

最後に、本章での検討結果を踏まえて、日本への示唆についても検討を行うことにしたい。日本への示唆としては、①合理的調整という考え方そのもの、②合理的調整の法理を踏まえた司法審査の枠組み、③（付随的ではあるが）信教の自由の制約論に関する示唆がある。前後するが、③、②、①の順に検討することにしたい。

1　信教の自由に対する「制約」の捉え方

現代社会において、宗教を狙い撃ちで規制する直接的な制約は幸いにして過去のものとなり、現実に生じうる可能性が高いのは、一般に適用される法規制と宗教的実践等の衝突というより微妙な問題である[69]。加持祈禱事件、日曜日授業参観事件、牧会活動事件、エホバの証人剣道受講拒否事件といった、日本の主要判例の多くもこうしたタイプの問題であった。

ここで問題となるのが、①憲法上の信教の自由の「制約」をどのような場合に認めるのか、②制約の様態と制約の強度をどのように整理するのか、という点である。

(1) 憲法上の制約はどのような場合に生じているのか

信教の自由の制約論を論じる研究はそもそもあまり多くないが、①については、アメリカ合衆国の議論を参考に、形式的中立性と実質的中立性という二つの立場から、信教の自由への制約が生じると認定する場面を整理する安西文雄の研究が注目される[70]。安西の説明によれば、形式的中立性の立場は、「規制法令の形式あるいは制定意図」に焦点があてられ、「宗教中立的で一般に適用されうる法令」であれば、「信教の自由に対して負担を課すこととなっても、自由の制約はないことになる」。これに対して、実質的中立性の立場は、「信教の自由に対する負担の実質的な重さ」に焦点があたり、「法令の形式が宗教狙いうちか一般的なものか、は問題ではなく、当該法令による規制が、信教の自由に対し及ぼす負担が実質的なレヴェルに達すれば、制約があるとみられる」という[71]。安西の議論は、形式的中立性と実質的中立性のどちらに立つべきかを選択するものではなく、それぞれの立場から日本の判例を分析しつつ、たとえ憲法上の「制約」がないとされる場合も、信教の自由との「緊張関係」は生じているため、この緊張を緩和するための何らかの措置を検討することを示唆するものとなっている。

とはいえ、形式的中立性の立場を採用すれば、現実に生じうる信教の自由の問題の多くは、信教の自由の制約ではないということになる。信教の自由を保護する理由として、個人の自律や人格の核心の保護を措定するのであれ

ば[72]、その制約を権利主体である個人から離れて、規制法令の形式的なあり方によって決めるとする論理には同意し難い。制約の有無は、信教の自由に対する実質的な負担の有無で決せられるべきであろう。オウム真理教解散命令事件[73]は、「宗教法人に関する法的規制が、信者の宗教上の行為を法的に制約する効果を伴わないとしても、これに何らかの支障を生じさせることがあるとするならば、憲法の保障する精神的自由の一つとしての信教の自由の重要性に思いを致し、憲法がそのような規制を許容するものであるかどうかを慎重に吟味しなければならない」(強調点筆者)と述べており、「間接的で事実上」の制約だとしても制約があることを肯定しているように思われる。形式的中立性の立場は日本の判例法理とも整合しないのではないだろうか[74]。

　アメリカ合衆国の議論（及びこれを参考にする議論）が、憲法上の制約が生じる場面を絞ろうとする傾向にあるのは、「信教の自由に関しては制約があるか否かを問い、あれば厳格審査を適用」するという「思考方式」の影響が大きいように思われる[75]。しかし、制約の有無と正当化審査として何を採用するかを連動させる必然性はない。そもそも、厳格な審査が必ずしも予定されているわけではない日本においては、殊更このような思考方式にこだわる必要もないように思われる。

　なお、実質的中立性の立場においては、どの程度の負担を実質的負担とみるかという問題もある。この点について、小山剛は、制約の概念を「あまりに緩やかにすると、国家の行為に法律上の根拠や必要性・合理性が要求される場面が際限なく増大する。このため、個人の権利・自由の行使に対して負担を与える国家のすべての行為ではなく、負担が一定の閾値を超えたものだけが、『制約』となる」という（強調点筆者）[76]。この「一定の閾値」がどの程度のものなのかについては言及されていないが、憲法上の権利への負担の程度のみが合憲性の判断を左右するわけではないとすれば、簡単に正当化されてしまうような、取るに足らないレベルの負担を除けば、制約を認めるべきだと考えることもできるように思われる。カナダ最高裁が採用している定式——信教の自由に対する負担が「取るに足らないか非実質的でない」限り制

約がある——は、〈実質的負担＝取るに足らない負担を超えるもの〉と想定しており、この方向性を示したものである。

(2) 制約の様態と制約の強度はどう関係するのか

②は、制約の有無の段階ではなく、制約の様態によって、どの程度の正当化が求められるのかにかかわる論点である。この論点に関する日本の判例の現状は、横大道聡によって次のように整理されている。

横大道は、判然としないところもあるとしつつも、判例は、「憲法上の権利それ自体を制約することを『目的』とし、かつ／または、憲法上保障された行為を『対象』にこれを制約している場合を指して、『直接的な制約』と位置づけ」ており、「『直接的な制約』に該当しないものを広く『間接的な制約』ないし『間接的、付随的な制約』と位置づけている」という。その上で、「『間接的（、付随的）な制約』という『態様』の規制である」ことをもって、「失われる利益が小さい」＝「権利の制約の程度が弱い」と解していると整理する（強調点筆者）[77]。なお、学説は、付随的制約や間接的制約と呼びうるものを整序することで、直接的制約でないものを広く緩やかに審査する判例を批判してきた[78]。

こうした制約論については、横大道が注意を促すように、「憲法上の権利に対する制約の『態様』に応じて、制約の『強度』ないし『効果』の程度を考える際、あくまでもそれは、各類型の一般的性質に基づいて考察されるものにとどまるから、それを絶対視してはならない」[79]。また、規制の目的・対象を指標にして規制の効果を考えることには「相応の理由が認められる」が、「この連関が自由権一般にあてはまるかどうかは議論の余地がある」[80]。この注意点は、信教の自由及び思想良心の自由といった内心における人格の核心に由来する権利・自由への制約を考える場合とくに重要であると思われる。こうした権利の場合、制約の様態が何であれ、権利に対する実質的な負担の程度は変わらないと想定できる場面が少なくないように思われるからである。規制様態が直接的であれ間接的であれ付随的であれ、特定の宗教的行為が妨げられる／ある宗教的信念に反する行為を行わざる得なくなるのであれば、

信教の自由にかかっている実質的な負担に大きな差があるとは考え難い。もちろん、直接行為が禁止ないし強制される場合と、制裁が課されることによって間接的に行為が禁止ないし強制される場面は区別可能であるが、この区別が常に実質的負担の閾値と連動するものと想定できるとは思えない。

　この点について、ウィルソン・コロニー判決の説示が参考になるだろう。同判決は「宗教的行為に対する制限の深刻さを測るための魔法の物差しは存在しない」としたうえで、それに背くことが背教を意味するような神聖なもの、個人にとって重要な意味をもつもの、個人が選択的に実践する付属的なものがグラデーションをもって無数に存在するとしていた。そして、信仰の問題に対して政府が強制するような制限は、「常に極めて深刻である」が、法規制の付随的効果が問題となる場合、「常に深刻な制約となるわけではない」と述べていた（強調点筆者）。注目すべきなのは、付随的な制約であったとしても、深刻な制約になりうる場合がある、という留保をつけていることである。実際、アベッラ裁判官の反対意見は、運転免許証に顔写真を義務付けることは、ウィルソン・コロニーのメンバーに対して彼らの宗教的共同体の自給自足 (self-sufficiency) を諦めるか、不正なドライバーとなるかの２つの悪しき選択を迫るものであり、宗教的実践に深刻な害を与えると評価していた。制約の「態様」が間接的・付随的なものであったとしても、当事者が行おうとする宗教的行為が妨げられることに変わりはない。信教の自由の領域においては、とりわけ、制約の「態様」が一律に制約の強度と相関しない、という点を意識する必要があると思われる[81]。

　他方で、制約の様態や強度なども踏まえて、正当化審査の枠組みを設定する場合には、規制目的の考慮も必要であり、その限りにおいて、制約の様態は審査の枠組みの設定における考慮要素でありうる。本章では制約論そのものを詳細に検討したわけではないため、信教の自由の領域においては、制約の「態様」が一律に制約の強度とつながらないことを示唆するに留め、制約論そのものの本格的な検討は他日を期すことにしたい。

　いずれにせよ、合理的調整の主戦場となる、一般的な法規範と宗教的行為等の衝突という問題類型は、①憲法上の信教の自由の「制約」があると想定

第 6 章　信教の自由の制約とその正当化

される類型であり、②その制約の「様態」が間接的、付随的であったとしても、常に制約の強度が弱いとは想定できないものといえるのではないだろうか。

2　行政裁量統制の審査枠組み

(1) エホバの証人剣道受講拒否事件の審査枠組み

　合理的調整の法理が、行政裁量を前提とした行政の決定が問題となる場面を主戦場とするであれば、憲法上の権利（信教の自由）が関わる行政裁量統制の審査枠組みとして、どのようなものを用いるべきか、という問題が重要である。

　この問題に関する日本のリーディングケースは、エホバの証人剣道受講拒否事件（以下、「エホバ事件」）である。著名な事件であるが、この事件の概要を簡単に確認しておく。神戸高専に入学した真摯な信仰を有する「エホバの証人」の学生らは、その教義に基づき、格技である剣道の実技に参加することはできないとの信念を有していた。体育科目として実施される剣道の実技に参加する代わりに、レポート提出などの代替措置を求めたが、体育担当教員らはこれを即座に拒否した。神戸高専は代替措置を採用しないことを決定し[82]、体育担当教員と校長は、当該学生らとその保護者に対し、剣道実技に参加するよう説得を試みたが、最終的に当該学生らは剣道実技及び補講に参加しなかったため、剣道実技に参加しなかった当該学生を欠席したものとし、総合的な体育科目の得点が認定の水準を下回るとして、原級留置とした[83]。翌年度も同様であったため、当該学生は退学となった。これに対して、当該学生らが、退学処分及びその前提となる原級留置処分の取消しを求めた。

　この事件では、校長が行った原級留置・退学という本件処分を行った校長の裁量的決定が問題となっており、その根拠法である学則などの合憲性は問われていない。事案の類型としては本章で検討したムルタニ判決に類似するものといえるだろう。

　日本の最高裁は本件について、次のような判断枠組みを提示する。①「高等専門学校の校長が学生に対し原級留置処分又は退学処分を行うかどうかの

239

判断は、校長の合理的な教育的裁量にゆだねられるべきものであり、裁判所がその処分の適否を審査するに当たっては、校長と同一の立場に立って当該処分をすべきであったかどうか等について判断し、その結果と当該処分とを比較してその適否、軽重等を論ずべきものではなく、校長の裁量権の行使としての処分が、全く事実の基礎を欠くか又は社会観念上著しく妥当を欠き、裁量権の範囲を超え又は裁量権を濫用してされたと認められる場合に限り、違法であると判断すべきものである」（強調点筆者）。②「しかし、退学処分は学生の身分をはく奪する重大な措置であり、……、当該学生を学外に排除することが教育上やむを得ないと認められる場合に限って退学処分を選択すべきであり、その要件の認定につき他の処分の選択に比較して特に慎重な配慮を要するものである」（強調点筆者）。③「また、原級留置処分も、学生にその意に反して一年間にわたり既に履修した科目、種目を再履修することを余儀なくさせ、上級学年における授業を受ける時期を延期させ、卒業を遅らせる上、神戸高専においては、原級留置処分が二回連続してされることにより退学処分にもつながるものであるから、その学生に与える不利益の大きさに照らして、原級留置処分の決定に当たっても、同様に慎重な配慮が要求されるものというべきである」（強調点筆者）。

　ここで最高裁が採用するのが、いわゆる判断過程審査と呼ばれるものである（①）[84]。この判決が注目されるのは、本件各処分の判断過程を審査するにあたり、「特に慎重な配慮」が要請されるとしている点である（②・③）。これは、判断過程審査において行政裁量を限定する趣旨であるが、最高裁がどのような条件で「特に慎重な配慮」を要請しているのかが問題である。従来の憲法学説は、信教の自由が関わっていることが「行政裁量審査の密度を深めた」とする理解を示してきた[85]。

　しかし、最高裁の行論からは、審査枠組みの設定の段階で信教の自由が考慮された形跡は見られない。「特に慎重な配慮」は退学処分や原級留置処分による不利益の大きさを理由とすることとの理解が判例内在的な読解としては正確だと思われる[86]。この理解が正しければ、最高裁の理論構成としては、信教の自由が関わっていることは、行政裁量の審査枠組みの設定の段階では

関係がない、ということになるだろう。

　他方、最高裁は、判断過程審査の中で、信教の自由を考慮している。最高裁は次のようにいう。当該学生らが剣道実技への参加を拒否する理由は、「信仰の核心部分と密接に関連する真しなもの」であり、本件各処分による「重大な不利益を避けるためには剣道実技の履修という自己の信仰上の教義に反する行動を採ることを余儀なくさせられるという性質を有するものであったことは明白」である。校長のとった措置が、「信仰の自由や宗教的行為に対する制約を特に目的とするものではなく、教育内容の設定及びその履修に関する評価方法についての一般的な定めに従ったものであるとしても」、校長は、裁量権の行使に当たり、当然に、本件各処分による不利益を避けるためには、自己の信仰上の教義に反する行動を採ることを余儀なくさせられるという性質に「相応の考慮を払う必要があったというべきである」。

(2) 行政裁量と憲法上の権利

　エホバ事件における最高裁の結論は、「信仰上の理由による剣道実技の履修拒否を、正当な理由のない履修拒否と区別することなく、代替措置が不可能というわけでもないのに、代替措置について何ら検討することもなく、……原級留置処分をし、さらに、不認定の主たる理由及び全体成績について勘案することなく、……退学処分をしたという上告人の措置は、考慮すべき事項を考慮しておらず、又は考慮された事実に対する評価が明白に合理性を欠き、その結果、社会観念上著しく妥当を欠く処分をしたものと評するほかはなく、本件各処分は、裁量権の範囲を超える違法なものといわざるを得ない」というものである。この結論自体は妥当だが、行政裁量の統制の場面における憲法上の権利の役割については、疑問が残る。

　最高裁の立場において、憲法上の権利は行政裁量を「外」から縛るものではなく、裁量の「中」において考慮されていると思われるが、どのように考慮すべきかについて規範的な立場は示されていない。この点に関し、宍戸常寿はありうる可能性として、次の3点を指摘している。第一が、人権は様々な考慮要素の一つとして位置づけられるに過ぎないとするものである。この

場合、エホバの証人剣道受講拒否事件は「信教の自由は教育の目的や退学の不利益と並ぶ考慮要素であるが、その侵害の程度を適切に斟酌しなかった点が誤りとされたもの、と再構成」することになる。第二が、人権が考慮要素の評価の際に、「重みづけ規範」として働く可能性があるとするものである。この観点からは、「学生の失う利益が人権の観点から質的に重たいと評価されるが故に、考慮遺脱の瑕疵が他の要素を凌駕したと説明」することになる。第三が、「衡量の一要素に人権が載った場合には、行政の衡量はその分だけ慎重でなければならず、それが翻って裁判所の審査密度を深めるという、慎重な衡量を義務づける規範として人権が働く可能性」である。ただし、この第三の可能性は「判決の明文上採用されたとはいえない」[87]。

本章で検討したカナダ最高裁の判断枠組みに共通するのは、憲法上の権利が関わる行政裁量の統制の場面において、構造化された比例原則を採用するか、判断過程審査を採用するかにかかわらず、行政は憲法上の権利を考慮することから逃れられないということである。これは憲法が最高法規であることから当然に要求される。また、カナダ最高裁は、ドレ判決において、憲法上の権利が関わる場面においては、構造化された比例原則の一部——最小限の制約テストと狭義の比例性テスト——と調和する判断過程審査を導いている。すなわち、憲法上の権利が関わるという条件によって、判断過程審査の審査密度が高められると判示している。これは、宍戸の指摘する第三の可能性の具体化であるといえるだろう。少なくとも憲法上の権利の「制約」が認定できるだけの実質的な負担が信教の自由に課されている状況であれば、司法審査の枠組みとして判断過程審査を設定するとしても、憲法上の権利は常に考慮されなければならない重要な考慮要素となり、かつ、審査密度を高めることを要請する条件であると考えるべきであるように思われる。憲法上の権利が各国家機関を拘束する最高法規である以上、国家機関は裁量が認められた領域においても比例性が認められる範囲内でしか憲法上の権利への実質的な負担を正当化できないといえるのではないだろうか。この方向性は、行政裁量審査に対して判断過程審査を使用する日本の最高裁の傾向とも無理なく接合可能であり、かつ、行政裁量の統制の場面で憲法上の権利の観点を適

切に考慮することを裁判所に義務付けるため、「信教の自由の役割の不明確さ」[88]という学説の懸念のいくつかも解消可能であると思われる。また、行政機関に憲法価値を考慮した判断を行う義務があることを明確に示すうえでも重要である。

　なお、基本的な審査枠組みとして、判断代置型の審査を採用すべきか、判断過程審査を採用するべきかという問題は残る。構造化された比例原則のような法令の違憲審査の枠組みは基本的には判断代置型の審査と位置づけられている[89]。確かに、行政裁量を認める趣旨からすれば、当該問題状況において、裁量行使の根拠法の目的と憲法上の権利の価値との適切な均衡を判断できるのは専門性をもつ行政機関だとする理解には一定の説得力があると思われる。他方、アベッラ裁判官が検討するように、憲法上の権利が関わる場合には、裁判所は判断代置型の審査を行うべきとの可能性もありうる[90]。判断代置型の審査によって、行政裁量を審査するための構造化された比例原則の型――処分の審査枠組みの構造化？――等を開発していくという可能性もありうるかもしれない。ただし、日本においては、行政訴訟法30条が「行政庁の裁量処分については、裁量権の範囲をこえ又はその濫用があつた場合に限り、裁判所は、その処分を取り消すことができる」と規定しているため、判断代置型の審査はこの規定との整合性がとれない。この点も踏まえると、その試みにどの程度成功の見込みがあるのかは現在の筆者には予測できない。

3　合理的調整の法理の視点

　ここまでの日本への示唆の検討では、①一般に適用される法規制と宗教的実践等が衝突する場面は、信教の自由に課される負担が実質的なものであれば、信教の自由の「制約」といえること、②その衝突を緩和する方法の一つである合理的調整の法理は行政の決定が問題となる場面で適用されること、③この場面での司法審査としては、構造化された比例原則の一部と調和する審査密度の高い判断過程審査を採用することが有益であることを主張した。最後に、③のような判断過程審査の中に合理的調整の法理を取り込むことの意義について検討する。

(1) 平等取扱説と義務免除説

　前述の通り、学説においては、アメリカ憲法学の知見に影響を受け、信教の自由を理由とする一般的法義務からの免除の可否という問題設定のもと議論がなされてきた。学説上の理論枠組みとしては、安念潤司による平等取扱説と義務免除説の整理が挙げられる。安念による整理は次の通りである[91]。

　平等取扱説は、「直接的な不利益を科すことだけが信教の自由に対する制約になると定義」し、「一般的に適用される法令による間接的・偶然的な制約までも信教の自由の名の下に免除するとすれば、当該信仰をもつ者に対して、その信仰を理由として報償を与えることになり、平等原則に反する」と考える。これに対して、義務免除説は、「間接的、偶然的な」信教の自由に対する制約であったとしても、信教の自由に対する侵害を認めうる考え方であり、「当該信仰が真摯なものであり、かつ当該〔信教の自由行使に対する〕妨げの程度が重大である場合には、規制によって得られる利益が、特に重大な公共の利益である場合を除き、間接的、偶然的な制約でも、当該信仰者に対する関係で違憲となる」とする[92]。

　この整理は、渡辺康行が指摘する通り、「制約の捉え方と違憲となり得る場合の捉え方という二つの要素から構成されている」[93]。制約の捉え方については、上述した形式的中立性と実質的中立性の立場に対応しており、制約の様態によって制約の有無を判定することへの疑問は既に検討した通りである（→本章Ⅳ-1）。

　また、平等取扱説は、法義務免除が平等原則違反となることを主張するが、ムーンが指摘していたように、当該社会において「歴史的に支配的なグループの宗教的実践は……、すでに公共政策の構成要素となっている」可能性が高い。そうであれば、「一般に適用される法令」の策定に際して考慮される可能性の低い――あるいは認知されることすらないこともありうる――宗教的マイノリティの宗教的行為に対する実質的な負担を不平等な形で強いることになる場合が想定されうる。法義務免除が平等原則違反であるとの主張はそれほど強固に維持できるものではないだろう[94]。

(2) 義務免除説と合理的調整の法理

　義務免除説と合理的調整の法理は基本的に軌を一にしているように思われるが、本章におけるカナダ法に基づく分析は、義務免除説の内容をより詳細に詰めることに貢献していると思われる。

　第一に、信教の自由を理由とする義務免除を考慮すべき国家の義務の程度が、立法者と行政決定の判断主体で区別される。立法者には個別の義務免除を考慮する義務は課されないが、立法目的を妥協しない義務免除が可能であるにもかかわらずその選択をしないことは、最小限の制約と言えない可能性――適用違憲の可能性――が残る。他方、行政決定の判断主体には、当該行政裁量の行使に際して、「過度の負担」にならない範囲で合理的調整を行う義務が課され、判断過程においてこの点を考慮していなければ、その裁量行使は、違憲違法と判断される。

　第二に、義務免除の主戦場となる行政の決定が問題となる場面で使い勝手のよい審査枠組みを提示している。アメリカ合衆国の議論を参考にした議論では、信教の自由に実質的な負担が課されている場合、厳格審査を行うべきとする定式になるものが多い[95]。もちろん、厳格審査を発動させればより強く信教の自由を保護することが可能であるが、日本の裁判所が採用する審査枠組みとの距離が遠いという実践的理由だけでなく、厳格審査の構成要素がこの問題を判断するために適切なのかという疑問もある。カナダ最高裁が提示している、構造化された比例原則（の一部）と調和する判断過程審査という審査枠組みは、日本の判例実務との接合可能性が高く、かつ、信教の自由の重要性も適切に考慮できる枠組みの一つであると思われる。

　第三に、「法義務免除」の実践方法に多様性があることを提示している。第5章でも検討した通り、当事者との対話・交渉を通じて、可能な調整案を探ることが、合理的調整の法理の手続的側面として重視されている。行政機関にはこの対話の義務が課されることになる。したがって、法義務を免除できるか否か[96]、というある種のゼロサムゲームではなく、幅のある調整可能性が論点となる。たとえば、ムルタニ判決は、学校へのカーパンの持ち込みを許容したが、鞘にしまったカーパンを、抜けないように縫い付けておく等

第2部　信教の自由における承認と対話

という条件——調整案——のもとで許容したのであった。

　なお、こうした方向性の萌芽は、日本のエホバ事件の最高裁判決にも含まれていたとみる余地もある。同判決は、「高等専門学校においては、剣道実技の履修が必須のものとまではいい難く、体育科目による教育目的の達成は、他の体育種目の履修等の代替的方法によってこれを行うことも性質上可能というべきである」（強調点筆者）と述べ、代替措置を取りうることに着目していた[97]。代替措置は合理的調整案の1つの形態と捉えられるだろう。さらに、「本件各処分に至るまでに何らかの代替措置を採ることの是非、その方法、態様等について十分に考慮するべきであった」とも述べるため、少なくとも処分の不利益が重い場合においては、信仰に対する合理的調整案を検討する義務が学校長にあったという方向性を読み取る素材とすることも不可能ではない。また、同判決は、代替措置をとることによる学校側の負担も考慮に入れている。他の学生との関係については、「信仰上の理由に基づく格技の履修拒否に対して代替措置を採っている学校も現にあるというのであり、他の学生に不公平感を生じさせないような適切な方法、態様による代替措置を採ることは可能であると考えられる」としているし、学校全体の秩序との関係では、「代替措置を採ることによって神戸高専における教育秩序を維持することができないとか、学校全体の運営に看過することができない重大な支障を生ずるおそれがあったとは認められないとした原審の認定判断も是認することができる」と述べている。

　エホバ事件の最高裁判決に合理的調整の法理の萌芽を見出し、接合可能の高いカナダ法の議論を踏まえて、議論を深めていく方向性には意義があるように思われる。日本においては本章で扱ったような問題場面が裁判所で争われたケースが少ないが、冒頭で述べた通り、この問題場面は、行政国家の拡大や移民の受入等を理由に増加していく。程度の差はあれ日本にも同様の現象がみられるだろう。本章での検討は、十分に発展しているとは言い難い日本の判例法理が進むべき一つの方向性を提示したものである。

注

1) もちろん、現実の政治権力に対して当該憲法が十分な規範的効力を発揮していない場合にはその限りではない。
2) 安西文雄「信教の自由に対する『制約』およびその周辺」立教法学82号（2011年）112頁は、「あからさまな宗教迫害の事例は、幸いにして過去のものとなりつつある。……世俗の一般的義務が、結果的に特定宗教の信者にとりわけ重い負担となる場合など、より微妙な問題が、現代的争点状況といえる」という。
3) Paul Horwitz, "The Sources and Limits of Freedom of Religion in a Liberal Democracy: Section2（a）and Beyond"（1996）54 UT. Fac. L. Rev. 1 at 2.
4) Dieter Grimm, "Conflicts Between General Laws and Religious Norm"（2009）30 Cardozo L. Rev. 2369 at 2370-71. ディータ・グリムによると、近年のドイツ・ヨーロッパにおいても、西洋社会と異なる文化を持つ移民（主にムスリム移民）の流入を主な原因とした1990年頃以降の「宗教の復権」に伴い、一般的な法規範と宗教的規範の衝突に関連する議論が重要になってきている。
5) Sara Weinrib, "An Exemption for Sincere Believers: The Challenge of Alberta v. Hutterian Brethren of Wilson Colony"（2011）56 McGill L. J. 719 at 723.
6) 最大判昭和38年5月15日刑集17巻4号302頁。
7) 東京地判昭和61年3月20日行集37巻3号347頁。
8) 神戸簡判昭和50年2月20日判時768号3頁。
9) 最判平成8年3月8日民集50巻3号469頁。
10) 芦部信喜『憲法学Ⅲ——人権各論（1）〔増補版〕』（有斐閣、2000年）136頁。日本における信教の自由は「あいまい」であると評価されることもある。栗田佳泰「多文化社会における憲法学の序論的考察——日本・アメリカ・カナダの信教の自由を素材に」同『リベラル・ナショナリズム憲法学——日本のナショナリズムと文化的少数者の権利』（法律文化社、2020年）245頁。
11) 最新のモノグラフィーとして森口千弘『内心の自由——アメリカの二元的保護枠組みの考察と分析から』（日本評論社、2023年）を挙げておく。
12) *Syndicat Northcrest v. Amselem*, [2004] 2 S. C R. 551 [Amselem].
13) *Multani v. Commission scolaire Marguerite-Bourgeoys*, [2006] 1 S. C. R. 256 [Multani].
14) *Alberta v. Hutterian Brethren of Wilson Colony*, [2009] 2 S. C. R. 567 [Wilson Colony].
15) *R v. N. S.*, [2012] 3 S. C. R. 726 [N. S.].
16) *R v. Oakes*, [1986] 1 S. C. R. 103. この点については、佐々木雅寿「カナダ憲法における比例原則の展開——『オークス・テスト（Oakes Test）』の内容と含意」北大法学論集63巻2号（2012年）604頁以下などを参照。
17) この用語は、長谷部恭男「グローバル・スタンダードとしての構造化された比例原則」比較法学57巻3号（2024年）1頁。構造化された比例原則がグローバル・スタンダードになっていることについては、横大道聡＝吉田俊弘『憲法のリテラシー』（有斐閣、2022年）第14章を、カナダモデルの世界的影響力については、山本健人「カ

ナダ憲法の世界的な『影響力』」憲法研究 10 号（2022 年）303 頁以下を参照。
18) *Amselem, supra* note 12.
19) *See*, Richard Moon, "Religious Commitment and Identity" (2005) 29 S. C. L. R. (2ed) 201.
20) ほぼ無限定の保護領域を認めることにより、宗教的行為と一般的な法規範との様々な場面での衝突を惹起する点こそが、信教の自由にとって最大の困難であると指摘するものとして、Benjamin L. Berger, "Section1, Constitutional Reasoning and Cultural Difference: Assessing the Impacts of Alberta v. Hutterian Brethren of Wilson Colony" (2010) 51 S. C. L. R. (2ed) 25 at 27, 30.
21) Multani, *supra* note 13. なお、本判決の邦語での評釈として、栗田佳泰「判批」富大経済論集 58 巻 2・3 号（2013 年）445 頁以下がある。
22) *Singh Multani c. Commission scolaire Marguerite-Bourgeois*, 2002 CanLII 473 (QC CS).
23) *Commission scolaire Marguerite-Bourgeoys c. Singh Multani*, 2004 CanLII 31405 (QC CA).
24) 「圧倒的で実質的な (pressing and substantial)」の訳出については、松井茂記『カナダの憲法──多文化主義の国のかたち』（岩波書店、2012 年）158 頁に倣った。
25) *See*, Richard Moon, "Accommodation Without Compromise: Comment on Alberta v. Hutterian Brethren of Wilson Colony" (2010) 51 S. C. L. R. (2ed) 95 at 124-126.
26) Wilson Colony, *supra* note 14.
27) *Operator Licensing and Vehicle Control Regulation*, Alta. Reg. 320/2002, s. 14 (1) (b).
28) フッタライトは、アーミッシュ（Amish）やメノナイト（Mennonite）といった再洗礼派（Anabaptist）と似通った宗教的教義を有するが、アーミッシュほど現代的な便利さを否定しておらず、移動手段として自動車を使用していた。たとえば、病院に行くためや共同体内での消防活動を行うため、商業活動を行うために自動車を使用していた。Wilson Colony, *supra* note 14 at para 118.
29) 政府利益の妥協を「過度の負担」と捉えて、合理的調整の分析を維持することも考えられるが、多数意見は合理的調整に伴う対話も拒否しており、また、常に政府利益を優位させる思考を合理的調整と呼ぶには違和感がある
30) Moon, *supra* note 25 at 108-109.
31) N. S., *supra* note 15.
32) 憲章 7 条は、「何人も、生命、自由及び身体の安全に関する権利を有し、基本的正義の原理に基づかなければこれらの権利を奪われない権利を有する」と規定する。
33) 憲章 11 条は、「犯罪の嫌疑で告発または起訴された者は、次の各号に掲げる権利を有する」と規定し、(a) ～ (i) 項が掲げられる。なかでも、(b) 項は「合理的期間内に裁判を受ける権利」、(d) 項は「独立かつ公平な裁判所による、公平かつ公開の審理において、法に従い有罪が立証されるまで、無罪の推定を受ける権利」を規定する。
34) *R v. N. S. Preliminary order of Weisman J*, 16 October 2008, ON Ct (Prov Div). ただし、この予審判官の判断は公刊されていない。*See*, Vrinda Narain, "The Place

of the Niqab in the Courtroom"（2015）9 ICL Journal 41 at 42.; *N. S.*, *supra* note 15 paras 4, 11-14.
35) Faisal Bhabha, "R. v. N. S.: What is Fair in a Trial? The Supreme Court of Canada's Divided Opinion on The Niqab in The Courtroom"（2013）50 Alta. Law Rev. 871 at 871.
36) *Dagenais v. Canadian Broadcasting Corp.*, ［1994］ 3 S. C. R. 835.; *R. v. Mentuck*, ［2001］ 3 S. C. R. 442.
37) マクラクリン裁判官は、アムセルム・テストは信仰の「真摯さ」を判断するもので、その「強さ（strong）」を判断するわけではないことを強調した。
38) ただし、マクラクリン裁判官は、本件においては合理的調整が上手くいく可能性は低いと考えているように思われる。本件においては、法廷から男性をすべて排除することは、被告人の弁護人選任権・裁判の公開の原則等に影響をあたえてしまうため採用できず、ニカブをとってビデオ回線を用いたり、遮蔽措置を行ったりしたうえで、証言や反対尋問を行うことがN.S.への配慮としては不十分であるからである（at para 33）。
39) マクラクリン裁判官は、第5章で検討した人権法上の合理的調整に関する諸判決及びムルタニ判決、アムセルム判決などを引用する。
40) Moon, *supra* note 25 at 108-109
41) なお、アベッラ裁判官は、最小限の制約テストをクリアしないことで、自身の違憲審査は終了しているとしつつも、狭義の比例性に関する審査も行っている。
42) Moon, *supra* note 25 at 106.
43) *Ibid* at 99.
44) *Ibid* at 97.
45) ただし、ウィルソン・コロニー判決はかつて設置していた免除規定を撤回した事例であり、さらにその結果行政裁量を認めない法律となった点を考慮すると、一般論としての合理的調整と立法裁量との関係を論じたものではない可能性も想起されるが、マクラクリン裁判官の説示は、法律に対する合理的調整の一般論を論じているような書きぶりのように解される。
46) Multani, *supra* note 13 at para 57-59.
47) Multani, *ibid* at para 62-63. ただし、空港や裁判所の場合においても携帯の仕方によっては認められる余地がありうることが示唆されている。
48) Richard Moon, *Freedom of Conscience and Religion*（Irwin law Inc., 2014）at 103. N. S. 判決の法廷意見に対するこうした理解は、ファイサル・バーバーやブリンダ・ナレインにも見られる。その一方で、アベッラ裁判官の反対意見は、本件が性的暴行のケースであることに着目し、ニカブ着用を許可する合理的配慮が行われるべきであるとする。*See*, Bhabha, *supra* note 35 at 878-879; Narain, *supra* note 34 at 58-59.
49) Multani, *supra* note 13 at para 76.
50) 長岡徹「宗教に対する便宜供与――マコネル（Michael W. McConnell）教授の所説に関するノート」佐藤幸治先生還暦記念『現代立憲主義と司法権』（青林書院、1998年）401頁以下、山崎英壽「宗教に対する便宜供与」憲法理論研究会編『憲法基礎理論の

再検討』（敬文堂、2000年）75頁以下、高畑英一郎「宗教への配慮」宗教法19号（2000年）209頁以下、田近肇「宗教の公益性と憲法」初宿正典ほか編『国民主権と法の支配　佐藤幸治先生古稀記念論文集〔下巻〕』（成文堂、2008年）349頁、森口・前掲注11) など。宗教の自由回復法 (RFRA) 制定以後の展開に焦点をあてたものとして、小林祐紀「信教の自由と司法の優越」大沢秀介＝大林啓吾編『アメリカ憲法判例の物語』（成文堂、2014年）597頁以下も参照。これらの先行研究における"accommodation"の訳出も一定ではないが、アメリカ合衆国での議論を念頭に置く場合、おそらく最も支持されていると思われる「宗教に対する配慮」と訳出することにする。

51) 野坂泰司「公教育の宗教的中立性と信教の自由――神戸高専の事例に即して」立教法学37巻（1992年）1頁以下、長谷部恭男『憲法〔第7版〕』（新世社、2018年）200-203頁。

52) ケベック州との歴史的経緯から、一部の特殊な規定は存在する。この点については、富井幸雄「カナダ憲法と世俗主義――宗教、教育、国家（一）～（二・完）」法学会雑誌49巻1号（2008年）201頁以下、49巻2号（2009年）123頁以下を参照。

53) Sujit Choudhry, "Rights Adjudication in a Plurinational State: the Supreme court of Canada, Freedom of Religion, and the Politics of Reasonable Accommodation" (2013) 50 Osgoode Hall L. J. 575.

54) *Congrégation des témoins de Jéhova de St-Jérôe-Lafontaine v. Lafontanie*, [2004] 2 S. C. R. 650 [Lafontanie]. 本判決の詳細については補論を参照。

55) チョードリーが分析する反対意見の系譜は次のものである。ただし、この中でも、司法審査の枠組みを問題とするムルタニ判決のデシャン裁判官とアベッラ裁判官の結論同意意見は例外とされる。*See also, Amselem, supra* note 12; *Lafontanie, ibid; Bruker v. Marcovitz*, [2007] 3 S. C. R. 607.; Multani, *supra* note 13. Choudhry, *supra* note 53 at 585-605.

56) *S. L. v. Commission scolaire des Chênes*, [2012] 1 S. C. R. 235. なお、カナダ最高裁は、中立的な宗教についての教育によって原告の信教の自由は侵害されていないといい、第1段階の審査――憲章2条 (a) 項の制約の有無――で原告の主張を認めなかった。

57) Moon, *supra* note 25 at 117-118.

58) Faisal Bhabha, "From Saumur to L. (S.): Tracing the Theory and Concept of Religious Freedom under Canadian Law", (2012) 58 S. C. L. R. (2ed) 109 at 137-138.

59) 確かに政教分離原則を形式的に厳格に適用すれば、信教の自由と政教分離の対抗関係が生じることになるが、日本の学説においても、そのように政教分離原則を理解する立場は少数であり、エホバの証人剣道受講拒否事件で最高裁が「代替措置」を採用することが「その成果に応じた評価をすることが、その目的において宗教的意義を有し、特定の宗教を援助、助長、促進する効果を有するものということはできず、他の宗教者又は無宗教者に圧迫、干渉を加える効果があるともいえないのであって、およそ代替措置を採ることが、その方法、態様のいかんを問わず、憲法20条3項に違反するということができないことは明らかである」（強調点筆者）と判断したことは妥当である

と評価するものが多い。細かい理論構成や説明方法を詰める必要はあると思われるが、結論においては、日本においてもある程度まで決着済みの論点と言えるようにも思われる。川神裕「判解」最判解民事編平成8年度（上）（1999年）188-194頁など参照。
60) 行政法上の審査がなされたものとして、*Chamberlain v Surrey School District No 36*, [2002] 4 S.C.R. 710; *Trinity Western University v. College of Teachers*, [2001] 1 S.C.R. 772.
61) *Doré v. Barreau du Québec*, [2012] 1 S.C.R. 395.
62) 行政裁量に対する判断枠組みとしては、大別すれば、正確性の基準（correctness）と合理性の基準（reasonableness）の2つがあるとされる。この基準は、行政の決定に対して裁判所が示すべき敬譲の度合いによって区別され、正確性の基準は敬譲を認めない（裁量行使に唯一の正解があり、判断代置型の審査が行われる）。これに対して、合理性の基準では、行政の決定に一定の敬譲が認められ、裁判所は、問題となる行政の意思決定に関する要素を文脈に即して評価するものであるとされる。この審査は、いわゆる判断過程審査といえる。ただし、この審査枠組みをめぐっては、近年のカナダ行政法において、議論の進展があるようである。この点については十分にフォローできていないため、別の機会に詳しく検討したい。
63) 彼女らは、「一般的には裁量的判断に敬譲すべきであるけれども、裁量は、制定法、法の支配の原則、行政法の原則、カナダ社会の基本的価値、憲章の原理によって課せられる限界に従って行使されなければならない」とするベイカー判決（*Baker v. Canada (Minister of Citizenship and Immigration)*, [1999] 2 S.C.R. 817 at para 56）を引用する。
64) これは、憲章1条が「法」による制限を前提としているところ、ここでいう「法」は制定法や規則のような一般に適用される法規範と解釈されるため、行政の決定はここでいう「法」に含まれないとするものである（at para. 37）。また、Multani, *supra* note 13 at para 111. も参照。
65) なお、アベッラ裁判官は、懲戒処分の決定に関する審査には合理性の審査が適切とする。
66) *Loyola High School v. Quebec (Attorney General)*, [2015] 1 S.C.R. 613 at para 40.
67) なお、ドレ判決による構造化された比例原則の一部を取り込む判断過程審査に対しては、憲法上の諸価値なる概念の不明確性や憲法上の審査と行政法上の審査がごちゃ混ぜにされている等の数々の批判が展開されている。これらの批判論については、カナダ行政法の詳細な検討をも必要とするため他日を期したい。*See*, Audrey Macklin, "Charter Right or Charter-Lite?"（2014）67 S.C.L.R.（2ed）561; Faisal Bhabha, "Hanging in the Balance" in Dwight Newman, *Religious Freedom and Communities* (LexisNexis, 2016).
68) 少数意見を執筆するモールデイバー裁判官とマクラクリン裁判官は、オークス・テストを使用している。
69) 安西・前掲注2）112頁。
70) 安西・同上。
71) 安西・同上115頁。なお、アメリカ合衆国連邦最高裁の現在の立場は形式的中立性で

ある。森口・前掲注11）も参照。
72) 第4章を参照。
73) 最決平成8年1月30日民集50巻1号199頁。
74) 関連して、エホバの証人剣道受講拒否事件では、「被上告人の信教の自由を直接的に制約するものとはいえない」とされている（強調点筆者）。これが直接的制約ではないという趣旨であれば、制約の有無の問題としては、後述する間接的・付随的制約といった別の制約様態での制約を認めるものとも解される。また、この事件で直接問題となっている処分は「原級留置、退学」であり、これらの処分そのものが直接信教の自由を制約するという説明には無理が生じるだろう。
75) 安西・前掲注2）128-129頁。
76) 小山剛『憲法上の権利の作法〔第3版〕』（尚学社、2017年）36-37頁。
77) 横大道聡「憲法上の権利に対する制約──事実上の制約、直接的な制約、間接的な制約、付随的な制約について」法律時報91巻5号（2019年）35-36頁。小山剛「間接的ないし事実上の基本権制約」法学新報120巻1・2号（2013年）166-169頁も参照。
78) たとえば、小山・前掲注76）37-38頁など。
79) 横大道・前掲注77）37頁。
80) 横大道・同上36頁。横大道は表現の自由については、この連関を認める相応の理由があるという。
81) この点に関連し、「外部的行為に対する規制も、場合によっては内面的信仰に対する制約を構成する可能性があること」を指摘し、内面的信仰と外面的行為によって保障の程度を区分する2分法的思考法に注意を促す、長谷部恭男編『注釈日本国憲法(2)』（有斐閣、2017年）308-309頁〔駒村圭吾〕も参照。
82) 体育担当教員等関係者は当該学生らと協議して、剣道実技への不参加者に対する特別救済措置として補講を実施するとしているが、その内容は原告が参加を拒否している剣道実技であった。
83) 「神戸高専の学業成績評価及び進級並びに卒業の認定に関する規程に……よれば、進級の認定を受けるためには、修得しなければならない科目全部について不認定のないことが必要であるが、ある科目の学業成績が100点法で評価して55点未満であれば、その科目は不認定となる」とされていた。また、同規程によれば、「休学による場合のほか、学生は連続して2回原級にとどまることはできず、神戸市立工業高等専門学校学則……及び退学に関する内規……では、校長は、連続して2回進級することができなかった学生に対し、退学を命ずることができることとされている」。
84) 判断過程審査に関する研究は行政法学の領域で発展しており、類型化も進んでいるが、本章ではこの点には深く立ち入らず、憲法上の権利が関わる場合の判断過程審査のあり方に関する示唆を提示することに注力する。行政法学の議論としては、村上裕章「判断過程審査の現状と課題」同『行政訴訟の解釈理論』（弘文堂、2019年）、山本隆司「行政裁量の判断過程審査の理論と実務」司法研修所論集129号（2019年）、近藤卓也「いわゆる判断過程合理性審査に関する一考察──辺野古最判を契機に」同志社法学74巻3号（2022年）697頁以下などを参照。
85) 渡辺康行「行政裁量審査の内と外──エホバの証人剣道受講拒否事件と『君が代』訴

訟懲戒処分事件を素材として」同『「内心の自由」の法理』（岩波書店、2019年）286頁以下は、後述するように、信教の自由は裁量審査の密度を高める要素としては機能していないとする理解を踏まえつつ、「信教の自由に対する間接的制約性は一般に懲戒処分の審査密度を高める要因とされるべきではないか、といった事柄を検討するための重要な手がかりとなる判決として扱う」可能性を探る（同289頁）。

86) たとえば、木下昌彦「学校における規律と自由」横大道聡編著『憲法判例の射程〔第2版〕』（弘文堂、2020年）314頁以下、堀口悟郎「行政裁量と人権」法学研究91巻1号（2018年）479頁以下など。

87) 宍戸常寿「裁量論と人権論」公法研究71号（2009年）106頁。エホバ判決の調査官解説は、「本判決は、その判断にあたって、信教の自由が背景にあることを十分に考慮に入れるべきものとしつつ、裁量権の逸脱濫用に当たるかどうかという観点から判断をしたものである」と明言するが（川神・前掲注59）185頁）、宍戸は、「具体的にどのように考慮されたかが問題である」とし、「考慮遺脱に踏み込んで審査することの理由が、信教の自由にある、と明示されたわけではありません」と分析する（宍戸・同105-106頁）。

88) 渡辺・前掲注85) 289頁。

89) Doré, *supra* note 61 at para 43.

90) 宍戸・前掲注87) 109頁。

91) 安念潤司「信教の自由」樋口陽一編著『講座・憲法学〔第3巻〕』（日本評論社、1994年）195頁。

92) 安念・同上196頁。なお、どの程度の信教の自由の行使が妨げられたら違憲となりうるかについては、議論が分かれると若干の留保を伴っている。

93) 渡辺康行「『思想・良心の自由』と『信教の自由』——判例法理の比較検討から」同『「内心の自由」の法理』・前掲注85) 278頁。

94) 同様の立場を示すものとして、小山剛「信教の自由と政教分離（1）」法学セミナー707号（2013年）55頁。

95) なお、森口によれば、ここでいうアメリカ合衆国における厳格審査はSherbertテストと呼ばれるもので、「厳格な審査基準を満たなさない場合に一般的・中立的な規制そのものが違憲となるのではなく、特定の信仰をもつ者のみに法義務が免除される」ものである。厳格な審査基準とは、「規制にやむにやまれる利益があり、かつ他の代替的手段がないこと」を審査するものである。また、森口は、この議論はいわゆる「適用違憲に近い議論」という。森口・前掲注11) 19頁。この点とも関連し、日本における処分審査において、目的手段の思考様式を裁判所が用いていないことについては、駒村圭吾『憲法訴訟の現代的展開』（日本評論社、2013年）30頁などを参照。

96) 厳密な意味での義務免除説に立った裁判例が日本に存在しないことについて、渡辺「『思想・良心の自由』と『信教の自由』」・前掲注85) 279-281頁。

97) 代替措置に着目するものとして、高畑・前掲注50) も参照。加えて、最高裁は、「公立学校において、……、学生が信仰を理由に剣道実技の履修を拒否する場合に、学校が、その理由の当否を判断するため、単なる怠学のための口実であるか、当事者の説明する宗教上の信条と履修拒否との合理的関連性が認められるかどうかを確認する程

度の調査をすることが公教育の宗教的中立性に反するとはいえない」とも述べており、宗教上の信念に関する対話を公立学校の教職員と学生が行うことに憲法上の問題がないことも付言している。ただし、エホバ事件における最高裁の判示は、学校における事例であるため「教育的配慮」が必要であるとの観点から述べられたものとの指摘がある。堀口悟郎「子どもの人権」横大道編『憲法判例の射程〔第2版〕』・前掲注86）47-48頁を参照。この指摘が正しいとすれば、①学校における事例においては、本書のいう合理的調整の観点がとりわけ重要となることが確認できる。他方で、②学校以外の事例に、エホバ事件の該当説示の趣旨が及ぶかについては定かではなくなるが、本書で検討してきた合理的調整の法理の性格からすれば、学校における事例でのみ機能する法理・考え方とみるべきではないと主張することになる。

第7章 宗教的共同体の内部紛争と司法審査

I　はじめに

　宗教的共同体の内部紛争への司法的介入という問題は日本においても継続的に検討されてきた問題である[1]。この問題と関連しつつも、日本において十分には取り上げられていないと思われる観点が、いわゆる「マイノリティの中のマイノリティ」問題である。

　この問題は、一般に「集団の権利」に親和的とされる多文化主義[2]を批判する文脈で登場したものであり、スーザン・オキンに代表されるフェミニズムの論客が、多文化主義に基づき共同体の（文化的・宗教的）独自性を尊重することは「女性にとって悪である」とする議論を展開したことに端を発する[3]。たとえば、ある共同体[4]の構成員資格（membership）に関するルールが男性優位に設計されており、女性が不利になっていること等が問題視される。ここでは、男女平等や個人の自律といった「リベラルな価値」に合致しない共同体のルールや実践を尊重することを問題視し、共同体をリベラル化するよう国家が介入することが目論まれている。したがって、この批判は、何も女性――ジェンダー論――に限定されるわけではなく、より抽象的にはリベラルな立憲主義に基づく「我々の（憲）法文化」に合致しないような共同体のあらゆる実践に当てはまる[5]。

　このようなリベラルでない共同体のルール[6]に基づく内部紛争が裁判所に持ち込まれたとき、裁判所は次のようなジレンマに陥る。裁判所が共同体のリベラルでない差別的・抑圧的ルールを支持しようとすれば、裁判所は当該構成員に対する差別に加担することになる一方、裁判所が共同体内部の特定のルールを禁止しようとすれば、共同体の自律を脅かすことになり、共同体

の信教の自由及び結社の自由等とも無関係ではいられない。つまり、宗教的共同体の内部紛争への司法的介入を回避すれば、宗教的共同体の自律を尊重できる一方で、共同体内のマイノリティ（ヴァルネラブルな構成員）に対して抑圧的なルールを尊重することになってしまうのである。

　本章では、「マイノリティの中のマイノリティ」問題を念頭に置きつつ、宗教的共同体の内部紛争への司法的介入について新たな知見を得ること——上記ジレンマを解消ないし軽減すること——を目標に、宗教的共同体の構成員資格に関するルールをめぐるカナダ最高裁の判例及び判例を起点に展開される議論を検討する。構成員資格に関するルールに着目するのは、共同体に所属する者とそうでない者を分け、構成員資格に付随する利益を享有する者を決定するがゆえに、共同体のアイデンティティと密接に関連しているからである[7]。

　また、本章の検討は、「リベラルな多文化主義」ないし「法の下の多文化主義」を指向するカナダ最高裁が、リベラルでない共同体の実践をどのように扱うのかを分析することを通じて、多文化主義がリベラルでない実践を行う共同体を当該社会において許容してしまうのではないか、という警戒に対する応答を試みるものでもある。後述するように、カナダ最高裁（及び学説）は、直接的ではない方法を用いて宗教的共同体の内部ルールへの介入を試みているのである。なお、カナダにおいては、裁判所が宗教的共同体の内部紛争へ介入することは司法権の（内在的）限界の問題とは捉えられていない[8]。裁判所は、「宗教的中立性ないし宗教的実践に対する国家からの強制の禁止」等を理由に、実体的判断に踏み込まない姿勢を示している[9]と理解されている[10]。しかし、一定の場合には、宗教的共同体のルールへの介入が為されているのである。

　ところで、日本においては、宗教団体の内部紛争の司法審査に対して、裁判所は消極的な姿勢を示しており、事件性の要件を満たす訴えであっても前提問題として宗教上の教義解釈に関わらなければならない場合、法律上の争訟ではないとして却下判決を下す傾向にある[11]。本章での検討は、日本の状況に対してもいくつかの有益な示唆をもたらす。

第7章　宗教的共同体の内部紛争と司法審査

本章では、共同体の内部ルールに手続的条件を課すという手法（→Ⅱ）、手続的介入を超えて実体的なルールへの「間接的な介入」を試みる手法（→Ⅲ）、について検討する。そして、最後に日本への示唆を検討する（→Ⅳ）。

Ⅱ　宗教的共同体の自律と手続的条件

　理論家の多くは、共同体の構成員に「離脱の自由」があれば、共同体による構成員に対する不合理な抑圧を許容し、共同体の自律を尊重すべきだとする議論を展開する。その代表的論者である政治理論家のチャンドラン・クカサスは、「もし個人が共同体の中で生きることを望み、不当に扱われることに従っていたとしても、個人が自由に〔共同体から〕離れることができるのであれば、不正義についての我々の懸念を減少させる」と述べる[12]。

　しかし、このような離脱の自由を核心とした理論構成には根強い批判がなされている[13]。その1つが、離脱の自由の現実的な行使可能性についての懸念である。大半の共同体は離脱に関して様々な条件を設定するが、中には非常に過酷な条件を課すものもあり、その過酷な条件が当該共同体の宗教的信念と密接に結びついていることがある。

　カナダにおいては、フッタライト（Hutterite）と呼ばれる宗教的共同体からの追放をめぐってこのような問題が提起された。そしてカナダ最高裁は、共同体の構成員資格に関するルールそれ自体ではなく、共同体からの追放と加入にまつわる手続的条件について判断するという手法を採用したのである。

1　フッタライトとは

　まずは、あまり馴染のないフッタライトという宗教的共同体について簡単に紹介しておく[14]。フッタライトは、日本でもよく知られたアーミッシュに近い信仰体系を有する宗派であり、1528年にヤコブ・フッター（Jacob Hutter）を指導者として東欧で誕生し、19世紀後半に迫害を逃れるために北米に渡った。再洗礼派であり、近代的なものを部分的に拒否し、絶対的平和主義を採用する。なお、アーミッシュに比べると近代的なものの拒否は徹底

しておらず、自動車等も利用しており、運転免許証と信教の自由をめぐって憲法訴訟を提起したこともある[15]。このフッタライトは、60名〜160名ほどの構成員からなるコロニーで自給自足の共同体生活を送り、構成員が増えるとコロニーを分割し、移住する。

　フッタライトの共同体においては、共同体を拘束する包括的な宗教規範——行為規範だけでなく違反行動を行った者に対する制裁を含む紛争解決方法についても定められている——が生成され、この規範に従って生活を送っている。特に特徴的なのは、その歴史的経緯（迫害から逃れるために集団で一致団結して移動したこと）から、共同所有原則を信仰の核心としており、多くのコロニーでは、共同所有原則を維持するために土地を管理する法人を設立し、財産を共同所有とする定款を作成している。よって、フッタライト共同体の生活領域においては、生活を秩序付ける包括的な規範として、国家法とフッタライト共同体の包括的な宗教規範が併存していることになる[16]。

2　ホファー判決——同意の観念

　カナダ最高裁は、1970年のホファー判決[17]において、フッタライト共同体から離脱する者／追放された者が、一般的な法原則に合致しない共同所有原則に従わなければならないか否かを判断することとなった。本件は、1982年の憲章制定以前の判決であるが、この種の問題についての数少ないカナダ最高裁判決の一つであるため、リーディングケースの一つとして理解されている。

　上述の通り、フッタライトは私的所有を認めず、全ての財産は共同体とその構成員全員のために利用するという生活様式を宗教的価値観として有する共同体である。本件で問題となったインターレイク・コロニーも、この目的を達成するために法人を設立し、構成員の財産を共同所有としており、新たなメンバーがコロニーに加入する場合、加入を望む者たちには法人の定款に同意する旨の署名をすることを求めていた。そして、当該定款には、フッタライトの信仰を共有していることが、コロニーにおける構成員資格を持ち続ける条件であることが、明確な文言で記載されていた[18]。本件は、コロニー

第 7 章　宗教的共同体の内部紛争と司法審査

の構成員 4 人が、異なる宗教に改宗したため、コロニーから追放されたことに端を発する。追放された 4 人は、本件の追放手続において、インターレイク・コロニーの定款に定められていた手続が守られていなかったこと、及び当該定款が公序良俗に反し無効であると主張し、いまだコロニーのメンバーであることの宣言的判決とこれまでのコロニーに対する貢献分に関する財産の分配等を求めて訴訟を提起した。

　法廷意見を執筆したローランド・リッチ裁判官は、「フッタライトの生活様式が大半のカナダ人のそれと同様のものではないことは疑う余地がない。しかし、……コロニーの中で生まれたり、自ら選択したりすることによって、このような厳格な生活様式に賛同し、フッタライト教会の過酷な規律に自ら服するあらゆる個々人は、自由にそうしていると私にはみえる。私は、彼らが自身のルールと信念に従って、そのような共同体的な生活実態を続けることが公序良俗に反しないと考えることができる」と述べ、追放された 4 人の構成員が当該定款に記載された共同体の構成員資格のルールに同意していたことに着目し、彼らの主張を退けたのである[19]。

　他方、反対意見を執筆したルイス・ピジョン裁判官は、「信教の自由[20]は、自身の宗教を変更する個人の権利を含むものである」という前提のもと、教会は他の自発的結社と同じように彼ら自身が望むルールに基づいて設立することができるが、「信教の自由は、教会の構成員の改宗という基本的な自由を妨げるようなルールを作ることはできないということを意味する」という。そして、「私の見解では、フッタライトが試みていることはまさにこのことである……」と法廷意見を批判する[21]。

　本判決によりカナダ最高裁は、共同体から離脱する／追放される場合に共同体のルールに拘束させるためには、〈共同体の構成員が共同体の構成員資格に関するルールに同意していなければならない〉とする原則を提示したことになる。すなわち、宗教的共同体は広範な自律権を有するが、当該自律は、「同意の観念（the notion of consent）」によって条件付けられることになる。カルガリー大学の憲法学者ハーワード・キスロウィックは、「共同体の構成員の文書による同意がなければ、フッタライトの共同所有の原理及びその生

活様式は是認されなかっただろう」と指摘している[22]。そして、この原則はその後の判例の中でも重視されていく。

3　レイクサイド・コロニー判決——自然的正義としての手続的公正

　カナダ最高裁は、1992年に再びフッタライト共同体から生じた事件を判断することになる。このレイクサイド・コロニー判決[23]は、上述のホファー判決と異なり、改宗の自由というような信教の自由が直接問題となった事例ではない。本件では、豚の餌箱（Hog-feeders）の特許に関わる論争を背景に[24]、レイクサイド・コロニーによって行われた構成員に対する追放処分が争われた。レイクサイド・コロニーによって、追放された元構成員らがもはや当コロニーの構成員ではないことの宣言と土地等の明け渡しが求められたのである。

　カナダ最高裁の法廷意見は、まず、当該共同体は自発的なものであり、その構成員は当該共同体の定款に同意しており、当該定款が、フッタライトの信仰に背いたものを当該コロニーから追放する権限を規定していることを認める。しかし、にもかかわらず、善意（in good faith）で行動し、自然的正義の原則（principle of natural justice）に従うことが要求されると判断した[25]。ここで法廷意見のいう自然的正義の最も基本的な要求は、「告知・聴聞の機会、非偏頗的な裁定（unbiased tribunal）」である[26]。そして、レイクサイド・コロニーの行った当該追放手続が手続的公正の要請に反している——告知・聴聞の機会がなかった——として、当該追放を無効と判断した[27]。ただし、法廷意見は、一般にこのような介入をするのではなく、当該共同体の構成員資格の問題に「財産的ないし民法（civil law）上の権利」が関係する場合にのみ介入すると付言している。

　ここでカナダ最高裁が採用したのは、公正な手続の保障という観点からの介入であり、コロニーによる追放の決定そのものについての判断は行わないが、当該追放手続が自然的正義（＝手続的公正の義務）に従っているかについては判断するという戦略であった。なお、自然的正義の原則の根拠について法廷意見が明言することはないが、判例法理あるいは法の一般原則から導か

れていると推測される[28]。キスロウィックによると、このような原則は、後の判決で「手続的公正の義務（duty of procedural of fairness）」として整理されていく[29]。

本判決において、〈共同体は追放手続を実行する際に自然的正義の原則を遵守しなければならない〉という原則が提示されたと同時に、このような手続的介入は、「財産的ないし民法上の権利」が関係する場合にのみ為されるということが明らかにされた。これらの原則も後の判例で援用される。

4　若干の検討──手続的介入の根拠

ホファー判決とレイクサイド・コロニー判決を通して、カナダ最高裁は共同体の自律を一定程度認めながらも、共同体がリベラルでないルールを構成員に対して課すためには、①共同体の構成員が共同体の構成員資格に関するルールに同意していなければならないとする要請と、②共同体は追放手続を実行する際に自然的正義の原則から導かれる手続的公正を遵守しなければならないとする要請から為る、手続的条件を満たす必要があるとする判例法理を形成した。カナダ最高裁のこのような立場は、共同体の実体的ルールへ過度に介入することなしに[30]、いくらかの個人の権利利益を保護することを可能にする。つまり、このアプローチは、実体的ルールに何らかの方法で構成員が同意しており、最低限の手続的公正の要請を満たしている場合、共同体が実体的ルールを構成員に課すことを許すのである。

しかし、なぜ明らかに抑圧的で、一見して個人の権利利益を否定するような共同体の実体的ルールについて裁判所が判断をすべきでないのだろうか。ここで問題となっているのは（次節で検討する正統派ユダヤ教の離婚をめぐるルールを含め）、明らかに構成員の平等や信教の自由に反するような宗教的共同体のルールであるようにみえる。また反対に、宗教的共同体からの離脱の障壁は、裁判所の介入が必要なほどに困難なものなのだろうか。以下これらの点について、若干の検討を加える。

第 2 部　信教の自由における承認と対話

(1) 過酷な追放ルールの正当性

　ホファー判決において問題となったのは、非常に厳しい財産的条件を課すことで実質的に改宗を妨げていると思われるフッタライトの宗教的教義であった。こうした問題について、本書で幾度も登場するが政治理論家ウィル・キムリッカによる、「対内的制約（internal restriction）」と「対外的防御（external protections）」を区別する思考方法が示唆的である。「対内的制約」とは、集団が自らの集団のメンバーに対して行う権利要求であり、文化的伝統や宗教上の正統教義の名の下に市民的・政治的諸権利を制約することを意図しているものである。「対外的防御」とは、集団が外部の主流社会に対して行う権利要求であり、より強い政治的経済的力をもつ外部の決定から集団を保護することを目的とするものである。彼の議論は、「対内的制約」は認められないが、「対外的防御」は認められるとするものである[31]。

　個人の自律を基礎に据える彼のリベラルな多文化主義観によれば、対外的防御は個人の自律を保障することと首尾一貫するが、対内的制約はそうではない。そして、「対内的制約」の観点からキムリッカはホファー判決におけるピジョン裁判官の立場を擁護する[32]。キムリッカは、この問題を、自身の見解を洗練させる個人の権利——信仰を変更する権利——と特定の善き生を採用する集団の権利との衝突と位置付ける。

　しかし、このキムリッカの見解に対してはいくつかの批判もある[33]。もっとも強力な批判を展開するサスカチュワン大学の憲法学者ドワイト・ニューマンは、ピジョン裁判官やキムリッカの見解は、当該共同体に対して信念に関する取り決めを捨て去れということを意味し、共同体の存続という目的を止めよと言うに等しいという[34]。すなわち、もし政府によって共同体の実体的ルールが修正されれば、そこでは「共同体の非個人的利益」が犠牲にされているという。ホファー判決の事例を踏まえれば、裁判所が追放されたメンバーに対してコロニーの財産を分配すべきだと決定したら、財産は共同で保有するというコロニーの共通の宗教的信念を形成する能力が犠牲になるのである。そのような利益が毀損されるとき、ある個人は共同体の価値ある構成員資格を形成する手段を失うことで苦しむのである。彼が強調するのは、特

定の様式に他者とともに参加することによってのみ実現可能な善き生の構想が存在するということである[35]。ニューマンの見解からすれば、キムリッカの立場は個人の自律を暗に制限している。すなわち、ある個人が、自身の宗教的見解の変更を制限するような実体的ルールに同意することが制限されているのである。また、ニューマンは、共同体の追放の権利（rights to eject）を認めるべきだとする。

　ニューマンが指摘するように、多様な――特定の様式に他者とともに参加することによってのみ実現可能なものも含む――個人の善き生の構想に安易に介入すべきではない、という主張には一定の説得力があると思われる。しかし、ニューマンの主張は、リベラルでない、あるいは、当該社会において一般的ではなく、構成員の権利利益に不利益を与える共同体の実体的ルールへの「同意」は、適切な手続的ルールで行われるべきであるとの議論までをも否定しえるものではないだろう。そうであれば、少なくとも、手続的ルールへの司法的介入は許容されるといえる。

(2) 離脱の障壁

　ホファー判決では、離脱／追放に際して、財産が個人に配分されることのない共同所有原則が問題となった。これは上述のように離脱に関する財産的障壁であり、ピジョン裁判官やキムリッカは、このような障壁が実質的には個人の改宗の自由を制約すると捉えたのである。

　これに対して、トロント大学の法学者デニス・レオムは財産的障壁を強調する分析には誤りがあるという。彼女によれば、「政府は、追放された構成員も申請可能な様々な所得支援プログラムを用意」しているから、フッタライト共同体の構成員も税金の負担という形で、「追放されたメンバーの排除の後の緊急の必要に関する救済」に適切に貢献しているとも論ずることができる[36]。すなわち、共同体の自律を強く認める結果がもたらす過酷な状況を軟化させる政府の様々なプログラムが存在し、フッタライト共同体もその運営に間接的に貢献しているといえるのである。したがって、ホファー判決で問題となった過酷な財産的障壁は離脱の権利行使にとって重大な制約ではな

いと指摘する。確かに、レオムの指摘を踏まえれば、財産的障壁の過酷さはある程度下方修正されるべきであろうが、無一文で共同体から出ていかなければならないハードルは依然高いものがあり、財産的障壁が離脱を思い留まらせる効果を持つことは否定しきれないように思われる。

財産的障壁とは別に、ジェンダー論を専門とするウーナ・リットマン[37]やウィンザー大学の憲法学者リチャード・ムーンは、離脱の「社会心理的(socio-psychological)」障壁という問題を指摘する。たとえば、ムーンは、社会関係資本の観点からみた離脱の障壁を次のように説明する。「宗教的共同体が偏頗的なものであるとすれば、たとえ自由に離脱できるとしても、共同体の外での生活をイメージすることはできない。しかもその共同体内で生まれた者は、友情や親愛の結びつきによって共同体に拘束される。すなわち、物理的障壁がわずかである場合でさえ、自らのアイデンティティと結びついている共同体からの離脱は困難」なのである[38]。リットマンは、このような社会心理的障壁の問題に取り組むことは、政府の領分を超えていると論じる[39]。果たして、政府の領分を超えており、このような障壁を軟化することへの取組みは不可能だとしてよいか悩ましいところではあるが、本章ではこうした問題の所在を指摘するに留める[40]。

いずれにせよ、離脱の自由を形式的に認めればよいという理論構成には難点があり、プラスアルファの条件を求めたり、その条件の遵守をチェックしたりすることが必要となろう。ホファー判決とレイクサイド・コロニー判決によって、その方法として手続的介入が選択されたが、それで十分といえるのかという疑問も残る。この点、カナダ最高裁は後の判決でより踏み込んだ姿勢を示しているように思われる。

Ⅲ　宗教的共同体の実体的ルールへの間接的な介入？

2007年に下されたブリュカー判決において、カナダ最高裁は、宗教的共同体の実体的ルールへの介入を行ったと指摘されることがある。しかし、宗教的共同体の実体的ルールに司法が介入することは、共同体の自律を損なう可

能性の高いものであり、過度な介入であると考えられてきた。カナダ最高裁は、なぜ、そして、どのようにして、実体的ルールへの介入を行ったのだろうか。ブリュカー判決は、正統派ユダヤ教の離婚に関するルールが問題となったものであるから、まず、正統派ユダヤ教における離婚の仕組みについて簡単に確認した上で、ブリュカー判決をやや詳細に検討することとしたい。

1 正統派ユダヤ教徒の離婚

　正統派ユダヤ教上の離婚が成立するためには、夫がユダヤ教の宗教的指導者ラビの下で離婚許可状（get）を発行し、妻がこれを受け入れなければならない。この離婚許可状がなければ、正統派ユダヤ教上は婚姻が継続していることになり、正統派ユダヤ教徒の女性は「鎖のついた妻（agunah / chained wife）」と呼ばれ、正統派ユダヤ教上再婚することができない。さらに、離婚許可状を得ることなく、別の男性との間に子供をもうけた場合、その子供は正統派ユダヤ教上、「非嫡出子（mamzerim）」となる。正統派ユダヤ教上のスティグマであるこの身分の者は、同じスティグマを持つ者同士でしか結婚できない。このような極めて男女不平等な規定について、多くのユダヤ教共同体が問題視しており、大半の正統派ユダヤ教徒は、離婚許可状の発行に応じているが、中にはそうしない者もいる。

　このようなルールについて、ブリュカー判決の以前に、離婚許可状の発行を世俗の裁判所に求めることについては司法判断適合性がないと判断されていた[41]。

　なお、連邦議会は、1990年に連邦離婚法[42]の一部を改正し、配偶者の主張に従って宗教上の離婚に関する障害を取り除かない限り、離婚に関する権利行使を制限する規定を導入した（s. 21.1）。具体的には、改正連邦離婚法 21.1 条は次のような内容をもつ。まず、配偶者 A（夫婦の内一方を配偶者 A、もう一方を配偶者 B と訳出した）は、「書面で、自身の宗教において、再婚を妨げるあらゆる障害のうち、配偶者 B の支配下にあるものについての除去を配偶者 B に要求した」にもかかわらず、「配偶者 B が……再婚を妨げるあらゆる障害で、配偶者 B の支配下にあるものの除去を怠った」ことを示す宣誓供述

書（affidavits）を、配偶者Bに対して送付し、裁判所に提出することができる（s. 21.1（2）（e），（g））。そして、ここで証明された障害が取り除かれない場合（s. 21.1（3）（a），（b））、裁判所は、「この法律に基づく配偶者Bによるあらゆる申し立てを却下」し、「この法律に基づく配偶者Bによって提出されたあらゆる訴答書面（pleadings）及び宣誓供述書を無効」とすることができる（s. 21.1（3）（e），（d））。もっとも、「再婚の障害を取り除くことが真に宗教的ないし良心的な理由」に基づくと裁判所が認定すれば、裁判所は21.1条（3）（c）及び（e）に基づく権限の行使を拒否することができる。ただし、「宗教的な再婚の障壁を取り除く権限が宗教的組織あるいは聖職者にある場合、21.1条は適用されない」（s. 21.1（6））。

この条項の主な狙いは、離婚許可状の発行を盾に、その他の離婚条件の譲歩を迫ることを防ぐことである。実際問題として、宗教的な再婚の障害を取り除かない配偶者——正統派ユダヤ教の場合、離婚許可状の発行を拒否した男性——は、財産の分配や子供の親権（custody）について裁判所に申し立てる機会を失うことを意味する。この離婚法の改正を分析するリサ・フィッシュバーンによれば、この規定の挿入は、多数のユダヤ教共同体の組織の支援と正統派ユダヤ教徒の女性の努力によって為されたのである[43]。

2 ブリュカー判決[44]

(1) 事実の概要

1969年にステファニー・ブリュカー（妻）とジェーソン・マルコビッツ（夫）は、ケベック州で世俗法及びユダヤ法に基づき結婚したが、11年後の1980年に、ブリュカーによって離婚手続が開始された[45]。両者はそれぞれの弁護士と共に、離婚に伴う付随的救済（corollary relief）[46]に合意した。この合意には、二人の子供の親権、養育費の支払いの他、離婚が成立すると直ちに夫がラビの下に行き、正統派ユダヤ法上の離婚許可状を発行することが含まれていた。しかし、マルコビッツは15年に渡り、この離婚許可状の発行を拒否した。ブリュカーはマルコビッツの離婚許可状の発行義務への違反を理由に1989年に損害賠償請求手続を開始し、マルコビッツは1995年になっ

てようやく離婚許可状を発行するが、ブリュカーは損害賠償の請求（$130,000）を継続した。

(2) アベッラ裁判官法廷意見

ロザリー・アベッラ裁判官による法廷意見の概要は、以下の通りである。

①私の法廷意見を貫く方針は、「民族的・宗教的・文化的差異の認識と尊重に関する承認を伴う」多文化主義に対するカナダのコミットメントから、カナダ人は「差異への権利を保障されている」が、この権利は「カナダの基本的価値」と共存しなければならず、その共存性の判断は、「複雑で、ニュアンスに富み、個別の事実に依存」するというものである（at paras 1-2）。

②本件の争点は「マルコビッツに課せられた債務が、ケベック法上有効で拘束力を有する民法上の債務であるか、もしそうだとすれば、マルコビッツは彼の信教の自由の侵害を理由として、自身の債務不履行の責任から逃れることができるか」である（at para 40）。

③当裁判所は、宗教的問題が関わる場合であったとしても、「民法上の権利ないし財産的権利（civil rights or property right）」が関わっている場合、宗教的教義に関する判断を為さない方法で、司法判断を行いうるし、そうしてきた（at paras 40-45）[47]。本件において、離婚許可状を発行し、宗教上の再婚に関する障害を取り除くことは、成人である２人（とその弁護士）の間で行われた交渉によって法的に執行されることを意図して自発的に行われたものである。本件は合意された内容の不履行に基づく損害賠償を請求する事案であるから、教義的な宗教的信念を司法審査で扱うわけではない（at para 47）（強調点筆者）。

④民法上の契約の有効性は次のように考えられている。ケベック民法（*Civil Code of Quebéc*, S. O. 1991, c. 64）は、道徳的債務、法的債務、自然債務の３つの種類の債務を認めており、このうち、本件に関係するのは道徳的債務[48]と法的債務[49]である。また、民法は「道徳的債務を法的に有効で拘束力のあるものに変換することを妨げておらず」、民法上の契約は、「契約する能力を有する人の間での同意の交換のみによって形成され」る。なお、契約の

267

本質は、契約の有する「コーズ（cause）と対象（object）」である（Civil Code of Quebéc, §1385）(at paras 48-51)。

⑤本件において、「当事者間の同意と能力については疑う余地がな」く、「彼らの宗教的信念と世俗的権利の双方に従って、再婚を自由にするという相互の要求」というコーズについても争いはない（at paras 53)。

⑥しかし、マルコビッツは、「再婚を許可するために、ユダヤ法に則った離婚を成立させるためラビの法廷に出向く」という契約の「対象」は、自身の信教の自由を侵害しているので、公序良俗に反すると主張する。「公序良俗に反するもの及び法によって禁止されているもの」を対象とした契約は無効であるが、公序良俗は、時と共に変化するものであり、「民法上の明確な指示」もない（at paras 54-62)。

⑦そのため、公序良俗に反しているか否かは、ある契約が「我々の法・ポリシー・民主主義的価値に一致している程度」に基づくことになる。この点に関連し、連邦離婚法の改正及びその制定過程は、連邦議会が「再婚に対する宗教上の障害を取り除くことを奨励するという明確な意図」を有していることを明らかにしているので、「マルコビッツに課せられた責務は公序良俗に反しない」といえる（at paras 63-64)。

⑧マルコビッツは信教の自由に基づき、当該民法上の債務を怠った責任から免除されるべきであると主張するが、彼が離婚許可状を発行しないことに宗教上の理由があるとはいえないから、彼の信教の自由は一応の「制約」もされていない（at paras 65-68)[50]。

⑨加えて、信教の自由は絶対無制約の権利ではなく（at paras 71-72)、1990年の連邦離婚法改正が示しているようにカナダの法システムは、「ユダヤ教徒の女性が離婚許可状の発行拒否によって不当に屈辱（indignity）を与えられている」ことを承認するべきではないから、たとえ、マルコビッツの主張が真摯な信仰だったとしても、その主張は当裁判所の判例法理及びケベック憲章[51]によって退けられる。すなわち、「平等権の保障、結婚及び離婚する独立した能力（independent ability）を有するユダヤ教徒の女性の尊厳及び有効かつ拘束力を有する契約による責務を執行するという公の利益」は、

第 7 章　宗教的共同体の内部紛争と司法審査

当該合意が信教の自由を制約するという主張に勝るのである（at paras 81-82, 92-93）。

⑩したがって、損害賠償について、再婚を阻まれたことにより 1 年毎に $2,500、子供を持つことを阻まれたことにより $10,000 の計 $47,500 を認定した第 1 審の判断を是認する（at para 99）。

(3) デシャン裁判官反対意見

以上のアベッラ裁判官の法廷意見に真っ向から反対するのがマリー・デシャン裁判官による反対意見である。デシャン裁判官の反対意見の概要は以下の通りである。

❶裁判所は、確かに、宗教的なものであったとしても、法に基づき完全な民法上の契約となっているものについては判断可能である（at para 130）。

❷しかし、離婚許可状の発行とそれによる宗教上の離婚はユダヤ法によって運営されており、「国家はこのような領域に介入してはならない」。アムセルム判決は[52]、国家が宗教上の教義に関する判断を行うことは禁止されていると述べていた（at para 130）。

❸裁判所は「消極的な」意味を超えて宗教に関わるべきではないという意味での「国家の中立性」を維持しなければならない。カナダの採用する多文化主義・良心及び信教の自由・平等権の基本的価値は、宗教的教義が関係している場合、裁判所が中立を維持していることで、全てのカナダ人に保障されるのである。また、このような中立性は、「異なった宗教の共存に関する裁定者としての、あるいは、権利紛争をどのように調整するかを決定する」裁判所がその役割を果たすために必要な正統性を付与するものである（at paras 101-102）。

❹本件においては司法判断適合性の有無が重要な論点であり（at para. 106）、妻が再婚できないのは宗教法上の問題であって、それは個人の選択に委ねられている領域の問題であるため、国家が関与すべき問題ではない。このような国家の宗教的中立性の観点から、本件において司法判断適合性はないと考える（at paras 131-132）。しかし、その他の論点——民法上の契約の有効性

第2部　信教の自由における承認と対話

や損害賠償の容認――についても意見を述べる（at para 156）。

❺民法上の契約の有効性については、契約の「対象」を問題とする法廷意見に同意する。しかし、契約の形成には、当事者が「法的作用（juridical operation）」を期待したことも必要である。「裁判官は、当事者が法的作用に相当するメカニズムに同意したのかを決定しなければならない」。ここでいう、法的作用とは、売買やサービスの提供、賃借やローン等であり、「離婚許可状を発行するためにラビの前に出向くこと」は、「法的作用」ではない。宗教上の離婚許可状を得ることは、法的な性格を欠いているのである。つまり、宗教上の離婚への同意ないし宗教上の離婚それ自体が成立するか否かは宗教上の問題であって、民法（あるいは民法上の地位）に影響を及ぼさない。当該合意は、「当事者が民法において認識されている作用に同意したものではな」く、法的作用が見込まれるものではないから、民法上有効な契約ではないと結論付けるべきなのである（at paras 168-176）。

❻そもそも本件は司法判断に適しておらず、契約法上も有効なものと考えられないにもかかわらず、法廷意見は、それを認め損害賠償を認容している。ブリュカーの要求する損害賠償は、「彼女の特定の宗教的信念の遵守が根拠となって」おり、確かにカナダ連邦政府もケベック州も信教の自由を認めているが、それは、「裁判所が他者に対して特定の宗教的行為を強制する手段としてでも、何らかの宗教的行為を行わなかったことによる制裁として利用するため」でもないのである。また、離婚許可状が発行されなかったことによる損害は、ブリュカーの「宗教的共同体内での地位ないし立場」に由来するものであり、カナダ社会における法的な地位や立場に関する損害は何ら発生していない。裁判所の役割は世俗の法を適用することであって、宗教的な義務について判断することではない（at paras 177-180）。

❼法廷意見は、宗教的な教義に踏み込んでいる。裁判所が世俗の権威を利用して、「離婚許可状の発行を拒否したこと、イスラームの結納金（mahr）の支払いを怠ったこと、子供を特定の宗派として育てなかったこと、ヴェールの着用を拒否したこと、宗教的祝日を祝わなかったこと等」を理由に制裁を与えることはできないはずである（at para 184）。

3　若干の検討——宗教的共同体の実体ルールへの間接的な介入の条件
(1) 両意見の整理

　まずは、ブリュカー判決のアベッラ法廷意見とデシャン反対意見について整理しておくこととしたい。両意見は、A. 司法判断適合性の有無、B. 民法上の契約の有効性、という公法と私法に関する主要な争点で完全に対立している。

　もっとも、アベッラ裁判官も、裁判所が宗教的教義に関する実体的ルールを判断できるとは述べていない（③）。アベッラ裁判官が意図していたのは、民法上有効な契約の一要素として宗教的な教義を組み込むことが可能であり、本件で争われているのは民法上有効な契約の不履行を理由とする損害賠償請求であるから（③）、これは法的に執行可能なものであって、結果的にマルコビッツはユダヤ教上の離婚許可状を発行しなかったことで損害賠償を支払わなければならないが、裁判所が教義判断を行って離婚許可状という仕組みの是非について判断したわけでも、離婚許可状の発行を強制したわけでもなく、あえて言えば、本件のような同意をした以上（④・⑤）、特定の宗教的行為を為すことを間接的に強制することになる、ということであろう。なお、ブリュカーが、離婚許可状の発行そのものではなく、離婚許可状の発行を含む契約の不履行に対する損害賠償請求という訴えを選択したことも、法廷意見の立場を導いた要因であると考えられる。トロント大学の憲法学者ディビッド・シュナイダーマンは、もしブリュカーが明確な契約の執行そのものを求めていたとしたら、裁判所の立場は異なったものになっていただろうという[53]。

　デシャン裁判官からすれば、そもそも、民法上有効な契約に変換可能なのは、民法上の権利義務ないし地位に影響を与えるもののみであって（❶・❺）、本件では「宗教的共同体内での地位ないし立場」のみが問題となっており（❺・❻）、カナダ社会における法的な地位や立場は何ら問題になっていないのである。そして、宗教的共同体内でのブリュカーの地位について国家は何ら権限を持っていないはずだということになる。

　元カリフォルニア大学バークレー校の憲法学者スジ・チョードリーは、こ

の両意見がともに多文化主義の思想を反映させながらも、多文化社会における裁判所の役割についての見解を対立させていると説く[54]。つまり、アベッラ裁判官は、適切な状況において、裁判所（あるいはより広く政府）は宗教的教義の関わる問題に関与することができ、またそうすべきであると捉えており（⑨）、デシャン裁判官は、裁判所は宗教的共同体の教義に関わりを持たないことで、多様な宗教が共存する多文化社会における裁判所の権威を保つことができると考えている（❸）。本章冒頭で述べた通り、宗教的共同体の内部秩序に対する自律を強く認めると、当該共同体構成員——とりわけ、女性や子供といったヴァルネラブルな構成員——の権利の抑圧という問題が生じうる。もちろん多文化主義には様々な構想がありうるが、「個人主義的リベラリズムを基調とする多文化主義」（第1章）あるいは「法の下の多文化主義」（第2章）を採用するカナダにおいては、共同体の実践を単に容認すればよいというわけにはいかない。アベッラ裁判官の立場の方が、「カナダの多文化主義」の理解には親和的であると考えられる。

　もっとも、「民法上の権利ないし財産的権利」が関わる場合、裁判所が宗教的共同体の内部問題に介入しうることはデシャン裁判官も認めている。だが、アベッラ裁判官の法廷意見は、宗教的行為を間接的に強制することになるだけでなく、それを超えて、ユダヤ法上の離婚許可状という実体的ルールそのものにも介入していると読む余地がある[55]。これはどういうことであろうか。

(2) ブリュカー判決は実体的ルールへの介入を試みているか？

　ここでは、キスロウィックによる分析[56]を手掛かりに検討を進める。彼によれば、アベッラ裁判官の法廷意見は、確かに、その判断の法的基礎としてブリュカーとマルコビッツの間で取り交わされた離婚に際しての合意に基づいているため、手続的条件を課してきたこれまでの判例法理と整合するという。しかし、アベッラ法廷意見には明らかにこのような手続的条件に関する判断を超えている部分があり、本件は実体的介入を行ったケースと位置付けられる。アベッラ裁判官は、本件において直接適用されないにもかかわら

ず[57]、1990 年の改正連邦離婚法に随所で言及し、連邦議会による公序良俗の宣言として同法を位置付ける。彼女の見解によれば、当該改正は、「離婚許可状の発行を拒否することは、ユダヤ教徒の女性に不当な侮辱」するものであり、カナダの法システムにとって支持することのできないものである（⑨）。

キスロウィックの分析によれば、アベッラ裁判官が改正連邦離婚法を公序良俗と接合させ参照することは、個人間の合意に基づくことを超えている。彼女の見解は、妻に対して離婚許可状の発行を拒否する夫は、妻の信教の自由、再婚の権利、個人としての平等な地位を侵害していることを意味している。つまり、たとえ合意がなくとも、夫に対して離婚許可状を発行することを求める妻の要求を平等の観点から支持することになり、マルコビッツが離婚許可状の発行に同意していたことは、些細な事柄であり[58]、そのような同意をしていない夫に対しても、アベッラ裁判官が明言した公序良俗への懸念の方がより重要であるという議論を提起しうる。彼女の法廷意見は、正統派ユダヤ教の宗教的教義である離婚許可状の発行を拒否しようとする全ての男性を明確に非難しているのである[59]。

(3) 立法を媒介した実体的ルールへの間接的な介入

ただし、アベッラ裁判官の法廷意見は、宗教的共同体の実体的ルールに直接的に踏み込んで、離婚許可状に関する教義を違憲と判断したりしたわけではもちろんない。アベッラ裁判官が行っているのは、離婚許可状の発行を拒否する夫を非難し、離婚許可状を発行するように・プ・レ・ッ・シ・ャ・ー・を・か・け・るというものである。とはいえ、離婚許可状という宗教的なものを発行すべきであるという規範的な態度を示しており、また、公序良俗に反するかを判断する前提問題としてこの規範的判断を行っているから、手続的介入を超えて、実体的ルールへの介入に踏み込んでいると評価できる。このような介入の仕方を実体的ルールへの「間接的な介入」と呼ぶことにしたい。上述した宗教的実践の「間接的な強制」と、ここでいう「間接的な介入」とは区別するべきである。前者は、当事者の合意に基づく宗教的内容を含む契約の不履行に対

して損害賠償を認めることで発生するものであり、何らかの宗教的教義への規範的態度を表明するものではないが、後者は、一定の規範的態度を表明するものであるからである。

　では、このような実体的ルールへの間接的な介入は、常に許容されるのだろうか、この点、キスロウィックが分析するように、アベッラ裁判官が、1990年の改正連邦離婚法をメルクマールにしていることは重要である。マギル大学の民法学者ロザリー・ジュキアと同じくマギル大学の民法学ショウナ・ヴァン・プラーグは、本件をジェンダー平等が信教の自由に勝った判決として読むこと——すなわち、潜在的に男女平等を侵害するような宗教的共同体の実体的ルールに常に間接的な介入が許容されることを意味する判決と読むこと——は危険であると主張する[60]。彼女らによると、そのような読み方は、宗教的に生きる女性の「現実」を適切に捉えられていない。すなわち、正統派ユダヤ教徒の女性の多くはユダヤ教共同体から離れることを望んでおらず、ジェンダー平等の観点から、常に、彼女らの宗教的規範に介入されることも望んでいないのである。この点に関連し、リットマンは、正統派ユダヤ教における離婚のような事例において政府が宗教的規範に介入することの危険性を次の3点に要約する[61]。第1に、政府が、共同体内の女性保護の観点から共同体の実体的ルールに介入する場合、人種主義や外国人排外主義に類似した偏ったフェミニストの思想を押し付ける危険が存在する。リットマンによれば、それはイスラームフォビアをフェミニストの言葉で言い換えているだけでありうる[62]。第2に、政府は効果的に目標を達成するための情報を持っていない可能性がある。政府は、共同体内のヴァルネラブルな構成員に対する適切な支援が何かについて十分に知らないという危険性があるのである。第3に、もし、共同体の指導者が政府の介入に反感を持ち、共同体の構成員が民事訴訟に訴えることを共同体への裏切りとみなすようになれば、実際問題として法を媒介とする政府の介入は一層困難になる[63]。

　ジュキア＆ヴァン・プラーグは、政府による一方的な介入ではなく、宗教的な女性が宗教的な男性と「交渉し合意に至る……能力を有すること」を認識することから開始すべきであり[64]、政府の役割は、そのような対話のプラ

ットホームを形成することにあると主張する[65]。その過程で、国家は宗教の変化に関わるけれども、「その方向性を決定付けるのではなく、多面的な相互作用の1つとして」関わるのだという。政府の役割は、宗教的共同体内での変化の支援ということになろう。そして、改正連邦離婚法21.1条が正統派ユダヤ教徒の女性の努力に大きく支えられていたことは、こうした方法の可能性を示唆すると結論付ける。

　リットマンも「共同体支配層（community establishment）とそのシステムの犠牲者双方の要請」による立法府の発案に価値を見出しているし[66]、フィッシュバーンも立法は完全な解決でも永続的な解決でもないが、1990年の離婚法改正が提示する物語は、カナダの採用した仕組みが、正統派のラビと相談・交渉し、一般的に彼らの支持とともに設計されていることを強調するという[67]。

　改正連邦離婚法21.1条自体が、離婚許可状の発行を拒否する（宗教上の離婚／再婚障壁を取り除かない）配偶者に対抗して、離婚に関する夫婦の交渉能力を均衡させる仕組みを導入することで宗教的な実体的ルールへの間接的な介入を行う立法である。アベッラ裁判官の法廷意見は、このような立法による間接的な介入を肯定したものとも読めるだろう。また、この法律は、正統派ユダヤ教徒を名宛人とするのではなく――正統派ユダヤ教が念頭に置かれていることは明らかであるが――、一般性を有している。けれども、そのような立法があれば常に宗教的実体ルールへの間接的介入が正当化されると考えることも危険である。アベッラ裁判官が注意深く、その制定経緯にも着目していること、当該立法を評価する各論者が、政府と共同体の交渉だけでなく、交渉過程に共同体内のヴァルネラブルな構成員が関わっていることを重視していることを踏まえる必要があるだろう。恣意的な政府の介入も、共同体の多数派のみの同意による介入もジュキア＆ヴァン・プラーグやリットマンの指摘する危険をもたらすのである。立法によってそのような恣意的な介入が為された場合、当該立法を違憲――共同体の信教の自由の侵害ないしヴァルネラブルな構成員の信教の自由あるいは平等権の侵害――と判断するべきであろう。

すなわち、アベッラ裁判官による宗教的共同体の実体的ルールへの間接的な介入は、政府と共同体、そして共同体内のヴァルネラブルな構成員の集団との交渉の場とみなせる過程を経て、成立した法律を（暫定的な）交渉の結果として捉え、当該法律の目的の範囲でなされたものと考えるべきであろう。このような状況においては、手続的条件のみを課す理由の一つとして挙げられた、多様な──特定の様式に他者とともに参加することによってのみ実現可能なものも含む──個人の善き生の構想に安易に介入すべきではない、という根拠に対しても次のように反駁することができるだろう。第一に、適格な当事者による適切な交渉結果を踏まえた実体的ルールへの間接的な介入は「安易」な介入とはいえない。第二に、ほとんどの当事者が変更すべきと考える共同体の実体的ルールを前提に、そのルールによって不利益を被る他者とともに参加することによってのみ実現可能な善き生の諸構想は、その実現の過程で他者を犠牲にするものであり、公権力による介入も許容される。

Ⅳ　日本への示唆

　最後に本章の議論を簡単にまとめて、日本への示唆を検討することにしたい。まず、ホファー判決とレイクサイド・コロニー判決を通して、カナダ最高裁は宗教的共同体の自律を重視しつつも、①共同体のルールへの構成員の同意と、②共同体のルールの手続的公正に着目し、共同体のルールに手続的条件を課すという判例法理を形成した。また、手続的介入は、「財産的ないし民法上の権利」が関係する場合にのみ行われる。なお、裁判所による介入を手続的ルールに留めるべきとする理由として、❶信教の自由を根拠とする宗教的中立性に加えて、❷特定の様式に他者とともに参加することによってのみ実現可能なものも含む個人の善き生の構想に安易に介入すべきではないという指摘が挙げられる。

　次に、ブリュカー判決を検討することで、特定の宗教的行為を義務付ける当事者間の取り決めないし同意が存在すれば、司法判断の結果、特定の宗教的行為を為すことが間接的に強制されるとしても、司法判断適合的だとする

見方がありえることを示した。また、ブリュカー判決には、そのような当事者間の同意を超えた判示をしている部分もあると理解可能であり、問題となる実体的ルールの是正に向けた適格な当事者間の適切な対話が存在すれば、その成果が示す限りで、実体的ルールへの間接的な介入を正当化しえることを指摘した。ブリュカー判決の事例では、改正連邦離婚法の立法過程が政府と共同体そして共同体内のヴァルネラブルな構成員と共同体の支配層との交渉の場となっており、改正連邦離婚法の立法目的の範囲内で実体的ルールへの間接的な介入が行われたものといえる。またこうした状況においては、上記❷の指摘に対しても反駁可能であることを示した。

　整理すると、カナダ最高裁は、宗教的共同体の内部紛争に対して、財産的ないし民法上の権利が関わっていれば、①共同体の手続的ルールに対する直接的な介入を行い、②共同体の実体的ルールに対しては、上記のような追加的な条件のもと、間接的な介入を行っている、といえるだろう。

　以上のカナダの議論からどのような日本への示唆を導き出すことができるだろうか。日本において、宗教団体の内部紛争への司法的介入が問題となってきたのは、本章で検討してきたようなリベラルでない宗教的共同体の内部ルールに関するものというよりも、宗教団体内部での地位や立場をめぐる生々しい問題が主流であったように思われる。しかし、近年では、オウム真理教の後継団体である Aleph による出家会員制度や「エホバの証人」による児童虐待の疑い[68]、安倍晋三元首相の銃殺事件を契機とした旧統一教会の反社会的な活動実態及びそれを受けた「カルト規制法」の是非[69]などが注目されるようになっており、日本においても、一般社会から見れば特異な――リベラルでないと言いうる場合もあるような――宗教的共同体の内部ルールが関わる司法審査が問題となる局面が顕在化していく可能性が高いように思われる。

　日本への示唆を考えるにあたって、まず、判例・学説の現状をごく簡単に整理する。次に、本章で検討してきた手続的ルールへの直接的介入と実体的ルールへの間接的な介入の視点からどのような示唆があるかを検討する。

第 2 部　信教の自由における承認と対話

1　宗教団体の内部問題と司法審査——議論状況の整理

　日本において、宗教団体の内部紛争を裁判所が審査するためには、法律上の争訟の要件を満たすかが問題となる。具体的には、①訴訟物それ自体に法律上の争訟性が認められるかどうかが問題となり、次に、②具体的な法律上の争訟を判断するための前提問題が宗教上の教義について関わらないかが問題となる[70]。そして、裁判所は、事件性の要件を満たす訴えであっても前提問題として宗教上の教義解釈に関わらなければならない場合[71]、法律上の争訟ではないと結論付け却下判決を下す傾向にある。すなわち、司法権の内在的限界に関する事例として位置づけられる。裁判所はこの根拠として、「憲法 20 条、宗教法人法 1 条 2 項、85 条の規定の趣旨」を挙げ、宗教上の教義に関わる「紛議については厳に中立を保つべき」であると述べている[72]。

　しかし、宗教団体の内部紛争を一律に司法権の内在的限界とすることに対しては、山本龍彦による次のような批判がある。山本によれば、裁判所は、司法権の内在的限界に関わる法律上の争訟該当性の問題と、司法権の外在的限界を「混濁」させている[73]。「宗教上の教義がナマで争われていた」板まんだら判決は内在的限界の事案であるが、「団体の自律的な決定が存在し、当事者によって当該決定の手続き上の問題（準則違反等）も指摘されていた」蓮華寺判決は裁判所が法的に解決できる事案であると整理できる。そして、蓮華寺判決の事案では外在的限界（本件では憲法 20 条）に配慮しつつ、「限定的な審査」を加えるべきであったとする[74]。

　この点について、その射程については不明確な部分があるものの岩沼市議会出席停止事件[75]は、「法令の規定に基づく処分の取消しを求めるもの」は、「その性質上、法令の適用によって終局的に解決し得るものというべきである」と述べている[76]。ここでは、法令の規定に基づく処分に関する訴えであれば、法律上の争訟に該当すると判断したうえで、司法審査の可否及び程度について憲法上の根拠に基づく外在的な制約を検討するという枠組みが示唆される[77]。

　以上、宗教団体の内部紛争と司法審査の関係を整理すると、①宗教団体の内部問題に関わる紛争が法律上の争訟の要件を満たすかという論点と、②法

律上の争訟だとしても、憲法上の信教の自由や政教分離規定等を根拠にどの程度の司法審査を行うべきかという論点があると整理できる。この整理を踏まえて、日本への示唆を検討することにしたい。

2 法律上の争訟に該当させるための工夫

　日本の最高裁は、近年、宗教上の教義判断を前提問題として求めないで済む争い方が可能であったのに、そうしなかったので、本件は法律上の争訟に該当しないと言わざるをえないという趣旨の判断を下している[78]。

　ブリュカー判決の事案は、教義判断を回避する形で訴訟を提起したとものともいえる。そこで扱われたのは、両当事者が民法上有効に行った契約の不履行に対する損害賠償請求であり、ブリュカーはマルコビッツに対する契約の執行や離婚許可状の発行自体を求めてはいない。もちろん、日本で一般に問題となってきた事案類型とブリュカー判決の事案類型は大きく異なるが、宗教が関わる問題を法律上の争訟に該当するように構成し、裁判所に判断を可能にさせる訴訟類型を検討する際に示唆を与えてくれる[79]。

3 外在的制約下での審査方法

　信教の自由や政教分離規定等の外在的要因によって、裁判所による司法審査が限定されるとしても、一切の審査ができなくなるわけではない。外在的な限界を正当化する憲法上の根拠に配慮した形での抑制的な司法審査のあり方が模索される。

(1) 手続的ルールへの介入の復権？

　ホファー判決とレイクサイド・コロニー判決で確立された手続的条件を課すアプローチは、①フッタライト共同体の実体的ルールに対する当該構成員の同意の有無と、②手続的ルールが自然的正義の原則から要請される手続的公正を満たすものであったかを審査していた。これは原則として実体的ルールの内容に関する判断を避けるものであるが、手続的ルールに対しては、当該共同体自身の策定したルールを超えた自然的正義の原則から導かれる条件

を課している。

　こうした手法は、日本の判例の中にも見出せる。本門寺事件判決[80]は、宗教法人である本門寺の代表役員兼責任役員であることの確認を求める訴訟である。最高裁は、本件では「代表役員兼責任役員たる地位を有することの前提として」、適法・有効に住職に選任されたかが争われているとしたうえで、「住職選任の手続上の準則に従って選任されたかどうか、また、右の手続上の準則が何であるか」に関して、裁判所が「審理、判断することになんらの妨げはない」とする。そして、住職選任の手続に関する定めがなく、確立された「慣習」の存在も認められない以上は、「条理に適合したものということができるかどうかによってその効力を判断するほかはない」とした原審の判断を是認する。このような判示は、カナダ最高裁が示す手続的介入の姿勢と親和的といえるだろう。

　もっとも、このような手続的介入の手法は本門寺事件以降、共産党袴田事件[81]で用いられた後、しばらく裁判所で言及がなく、最高裁は手続的介入を放棄しているかのようにも思える[82]。しかし、日常生活に著しい不利益をもたらすような宗教団体の内部ルールが関わる事例において、再びその活用の兆しがみられる。たとえば、オウム真理教を継承した権利能力なき社団である宗教団体 Aleph の出家会員資格――全財産を Aleph に寄付する代わりに同団体が出家会員の生活の保障する制度――の一時停止が争われた事例[83]が注目される。この事例において東京高裁[84]は、次のように判示した[85]。

　①「会員資格一時停止処分について、Aleph が自律的に定めた規範は存在しない」。

　②「私的任意団体が、団体の規律と秩序を維持するため、団体の目的あるいは規範に違反した構成員に対し、不利益処分（懲戒処分）を課すことは、強行法規や公序良俗に反しない限り、団体の自治権ないし自律権として、その裁量に基づいて行うことができるといえ、さらに、当該団体が宗教団体である場合には、信教の自由及び結社の自由を保障する観点から、裁量権行使の適否を判断する当たり、宗教的観点を加味する必要があるというべきである」（強調点筆者以下同じ）。

第 7 章　宗教的共同体の内部紛争と司法審査

　③しかし、Aleph の出家制度においては、「出家後の生活は Aleph にほぼ全面的に依存することになるのであるから、Aleph がその一方的判断により出家会員たる地位を喪失させること……は、当該出家会員を何ら生活基盤のないまま一般社会に放逐するに等しい結果を招くもので、その日常生活及び生存に重大な影響を与え、基本的人権を侵害する著しく不利な処分といわざるを得ない」(下線筆者以下同じ)。

　④「このように団体が構成員に対し著しい不利益処分を一方的に課す場合においては、それが私的任意団体であったとしても、団体による懲戒権濫用の防止及び構成員の予見可能性の確保の観点から、事前に、処分の種類、内容、要件等が、抽象的にでも明文で定められるか、少なくとも確立した慣習として団体内で規範化されていることが条理として求められるというべきであり、明文又は確立した慣習がないにもかかわらず、構成員に対し、著しく不利な処分を一方的に課すことは、適正な手続に則ったものとはいえず、公序良俗に反し、懲戒権を逸脱・濫用するものとして、無効であるといわなければならない」。

　⑤かかる見地からすると、本件各処分は、「いずれも明文の定め又は確立した慣習に基づかずにされたものであるから、適正な手続に則ったものとはいえず、公序良俗に反し、懲戒権を逸脱・濫用するものとして、無効といわざるを得ない」。

　本判決は、一般的な枠組みとして、憲法上の信教の自由及び結社の自由を根拠に (②)、司法審査を手続的側面に限定するが、処分の過酷さを理由に (③)、手続審査は比較的厳格に行う (④)。条理による審査も許容する本判決の手法は、(懲戒処分の事例ではないこともあってか) 引用こそされないが、既に本門寺事件で最高裁が示していたものの延長線上にある[86]。本判決以降、下級裁判所でこの基準を採用するものもあり[87]、本判決は厳格な手続審査の道を再び拓くきっかけとなるかもしれない。

　手続的介入に関する本章での検討は、裁判所が手続的介入を行う方向性に関する理論的基礎付けを検討する素材を提供する。たとえば、共同体の教義とも関連する過酷な内容をもつ実体的ルールに従うことに対して、一度は当

事者間の同意があったとしても、宗教的共同体が当該ルールを貫徹させるためには、実体的ルールを課すための手続的ルールが手続的に公正であることが要請される。カナダ最高裁は、この要請を自然的正義の原則から導いた。カナダ最高裁は、自然的正義の原則や手続的公正をどのような規範ランクに位置づけるべきかを明示していないが、少なくともこのような規範を引き出す憲法上の手がかりとして、日本国憲法13条及び31条が存在する。日本の裁判所の思考様式は、信教の自由や結社の自由、政教分離原則等の観点から、フルスペックの司法審査をどの程度まで謙抑するかというものと思われるが、手続的公正の追求も憲法上の要請であるといえるはずであるから、手続的介入すら行うべきでない可能性があるのは手続的ルール自体が宗教的教義と密接に関連しているような事例に限られるだろう。

(2) 実体的ルールへの間接的な介入の可能性

　ブリュカー判決による実体的ルールへの間接的な介入の手法は、裁判所が宗教的共同体の実体的ルールに直接的に介入することを除けば、最も強力な宗教的共同体の実体的内部ルールへの介入であると考えられる。日本においても、特定の宗教的教義に関わる実体的ルールへの規範的な態度を間接的にとはいえ裁判所が示すべきではないとする反論がありうるだろう。

　もっとも、ブリュカー判決における間接的な介入の手法は、司法権の内在的限界（法律上の争訟該当性）に関わる論点ではない。そうであれば、この手法の可否は、信教の自由と政教分離原則の観点を踏まえて、裁判所がどの程度踏み込むべきかに関わるものであり、信教の自由や政教分離原則を理由として絶対にとりえない手法とはいえないように思われる[88]。カナダとの比較検討から得られる示唆の一つとして、日本では、信教の自由・政教分離原則という司法権の外在的限界に関する要因を高く見積もり過ぎているのではないか、という観点ないし論点を得ることができると思われる。

　冒頭で述べたとおり、「マイノリティの中のマイノリティ」問題を念頭に置けば、裁判所が宗教的共同体の内部紛争への司法的介入を回避することで、共同体内のマイノリティに対する抑圧や権利侵害を見過ごすことになってし

まう。アベッラ裁判官が肯定したように、立法過程などに、適格な当事者を含む適切な交渉過程が存在するのであれば、その結果を踏まえて、裁判所が信教の自由や政教分離原則にも配慮しつつ、実体的ルールに間接的に介入するような手法を選択することもありうる道筋のように思われる。

　ここで論点となるのは、裁判所が宗教的共同体の実体的ルールに間接的に踏み込むための前提となる、当事者間の交渉とその結果として、どのようなものを適切とすべきかである。①適格な当事者をどのようにして特定するのか、②適切な交渉の場とはどのようなものか（立法過程にのみ限定されるわけでもないだろう）、③交渉の場を提供する政府の具体的役割はどのようなものとなるのか、④交渉の過程が適切であれば、その結果の内容如何は不問にして、裁判所が踏み込む素材となるのか、といった論点に細分化することもできる。ブリュカー判決の事例は、①政府、共同体のリーダー（多数派）、共同体内のヴァルネラブルな構成員が適格な当事者であること、②立法過程が適切な交渉の場であること、③交渉を決定付けるのではなく交渉を支援することが政府の役割であることを示唆するが、各論点に関するより詳細な検討が必要である。

　「マイノリティの中のマイノリティ」に関する問題が、カナダや欧米諸国ほど顕在化していると捉え難い日本において、こうした手法を発展させていくべきかは、今後の社会状況にも依存するだろう。もっとも、上記の通り、日本においても特異な——リベラルでないといいうるかもしれない——宗教的共同体の活動やその背後にある内部的ルールに起因する問題が顕在化しつつある。そうした際に、リベラルな（憲法的）諸価値が、信教の自由や政教分離原則あるいは多文化主義や多様性の尊重を理由に、宗教的共同体の主張に常に道を譲らなければならないとするのは極端な立場であるだろう。重要なのはバランスの採り方である。本章では、「リベラルな多文化主義」あるいは「法の下の多文化主義」にコミットするカナダ最高裁が採用するバランスの採り方——手続的介入や実体的ルールへの間接的な介入という手法——を検討し、その示唆を考察したのである。

注
1) この論点に関する論考は枚挙にいとまがなく、また、行政法学・民事訴訟法学上の論点としても活発に論じられている。差し当たり、宍戸常寿「団体の内部問題と司法審査」LS憲法研究会編『プロセス演習憲法〔第4版〕』（信山社、2011年）617頁以下及びそこで挙げられている参考文献の参照を願う。また、アメリカ合衆国の事例を題材にした最近の業績として、田中謙太「宗教団体の自律権の基礎——宗教団体の内部紛争を題材として」同志社法学71巻6号（2020年）1997頁以下などがある。
2) もっとも、多文化主義にとって共同体と個人の関係は難問であり、一様に共同体を尊重するわけではない。その権利構想は論者により様々である。たとえば、代表的な論者の一人であるキムリッカは、「集団別権利」として構成するのであって、「集団の権利」を構想するわけではない。ウィル・キムリッカ（角田猛之他監訳）『多文化時代の市民権』（昭洋書房、1995年）63-68頁。詳しくは第1章を参照。
3) Susan Moller Okin, *Is Multiculturalism Bad for Women?* (Princeton University Press, 1999); *see also*, Avigail Eisenberg & Jeff Spinner-Halev, eds, *Minorities within Minorities: Equality, Rights and Diversity* (Cambridge University Press, 2005). また、日本において、この問題に取り組む数少ない例外として、志田陽子「多文化主義とジェンダー——憲法理論の視座から」GEMC journal 9号（2013年）30頁以下、石川涼子「リベラルではない文化への介入——カナダにおけるムスリム女性をめぐる事例の政治理論からの考察」お茶の水女子大学ジェンダー研究センター年報15号（2012年）99頁以下を参照。
4) 本章では、便宜的に共同体と団体、集団を区別することなく扱う。また、多文化主義ないし宗教を問題とする場合、民族や宗教等に基づき範疇化された自然集団を捉える必要があるため、こうした点を想起しやすい、「共同体」という言葉を使うことが多い。ただし、日本の文脈では状況的に「団体」を用いた方が適当と思われるのでそうしている。なお、共同体、団体（結社）、集団の概念を区別する見方については、小泉良幸『リベラルな共同体——ドゥオーキンの政治・道徳理論』（勁草書房、2002年）を参照。
5) カナダにおけるリベラルな立憲主義と多文化主義の関係についての理論的考察は第2章を参照。
6) 本章では、共同体の構成員となるための条件や、行動規範、規範に違反した場合の制裁の内容等に関するルールを「実体的ルール」と呼び、実体的ルールへの同意手順や制裁を課す際の手続等に関するルールを「手続的ルール」と呼ぶ。宗教的共同体の教義や宗教的信念は多くの場合、実体的ルールと関連するが、手続的ルールに関連する場合もある。
7) Howard Kislowicz, "Judging the Rules of Belonging" (2011) 44 U. B. C. L. Rev. 287 at 289.
8) M. H. Ogilvie, *Religious Institutions and the Law in Canada* 4th ed. (Irwin law Inc., 2017) at 228-232.
9) Richard Moon, *Freedom of Conscience and Religion* (Irwin law Inc., 2014) at 147. また、たとえ非リベラルな実践に直面したとしても、特定の共同体の規範に介入することを避けようとする裁判官の間の強力な直感が存在する。その直感には、共同体の内

的実践を判断する裁判所は、特定の善き生の構想を課することを避けようとするリベラルな本能にそぐわないとする認識が反映されているとの指摘もある。Alan Brudner, "The Liberal Duty to Recognize Cultures"（2003）8 Rev. Const. Stud. 129.
10) カナダにおける宗教的共同体の重要性も抑制的な態度と関係するだろう。たとえば、ムーンは、カナダにおいて宗教的共同体は、「個人にとっての意味ないしアイデンティティの源泉、あるいは社会生活、公共的な慈善活動、共同体的活動の中心として、その重要性が法によって認識されている」と指摘する。Moon, ibid. at 140. なお、法律による承認として、連邦及び州法による各種税制上の優遇措置等が規定される。この点については、差し当たり、加藤普章＝藤原聖子「カナダ」文化庁宗務課『海外の宗教事情に関する調査報告書』（2012 年）15 頁以下を参照。
11) 石川健治「宗教団体内部の紛争と裁判権の限界」ジュリスト臨増 1046 号〔平成 5 年度重要判例解説〕（1994 年）12 頁は、これを「宗教問題の法理」と呼ぶ。
12) Chandran Kukathas, "Are There Any Cultural Rights?"（1992）20 Pol. Theory 105 at 133.
13) See, Newman, infra note 34. また、小泉良幸「人権と共同体」ジュリスト 1244 号（2003 年）39 頁も、「離脱の自由の行使は実際上可能だろうか。離脱のコストが禁止的に大きい場合、共同体の共通善への全員一致の想定は疑わしい」と指摘している。
14) より詳しくは、小坂幸三『アーミッシュとフッタライト』（明石書店、2017 年）、丹羽卓「後期近代から見るフッタライトの近代性」金城学院大学キリスト教文化研究所紀要 24 号（2021 年）5 頁以下、鵜海未祐子「フッタライトの学校教育にみる『宗教の自由』と『学習権』の調整のあり方」金城学院大学キリスト教文化研究所紀要 24 号（2021 年）21 頁以下を参照。
15) Alberta v. Hutterian Brethren of Wilson Colony,〔2009〕2 S. C. R. 567. 本判決については、第 6 章を参照。
16) したがって、フッタライト共同体とカナダ法の関係は法多元主義の観点からも考察可能である。この点については、山本健人「カナダにおけるフッタライトの信教の自由──宗教制度主義と法多元主義の観点から」金城学院大学キリスト教文化研究所紀要 24 号（2021 年）37 頁以下を参照。
17) Hofer v. Interlake Colony of Hutterian Brethren,〔1970〕S. C. R. 958〔Hofer〕.
18) Hofer, ibid at 970-71.
19) Ibid. at 974-75.
20) 本件は、1982 年の憲章制定以前のケースであるため、ピジョン裁判官のいう信教の自由は、歴史的に判例で認められてきた信教の自由及び連邦法であるカナダ権利章典 1 条（c）の規定する信教の自由であると推測される。See, Canadian Bill of Rights, S. C. 1960, c. 44. なお、カナダにおける信教の自由の歴史的展開については、富井幸雄「カナダにおける信教の自由」法学会雑誌 48 巻 2 号（2007 年）181 頁以下を参照。
21) Hofer, supra note 17 at 984.
22) Kislowicz, supra note 7 at 298. なお、エメット・ホール裁判官による同意意見は、同意の観念について、本件で問題となったのは十分な行為能力を有する大人であったが、子どもや障害をもつ者の同意といった問題は残っていると指摘した上で、法廷意見は

コロニー内で生まれたものの、未だその定款に同意していない者にも同意の観念を適用しようとしているようにみえるとの懸念を示す。*Hofer, supra* note 17 at 975-76.
23) *Lakeside Colony of Hutterian Brethren v. Hofer,*［1992］3 S. C. R. 165 [Lakeside Colony].
24) その経緯は次の通りである。追放された構成員の中心であるダニエル・ホファーは、豚の餌箱について、ウェットアンドドライ方式（the wet and dry method）による革新的な発明を為した（と思っていた）。ところが、同時期に同じくフッタライトのコロニーであるクリスタル・スプリング・コロニーでも同様の発明が行われ、特許として登録されていた。クリスタル・スプリング・コロニーは一般企業と当該餌箱の製造販売に関する契約を締結するが、ダニエルは自分たちの発明が先であることを主張し、餌箱を作り続け、レイクサイド・コロニーが賠償金を支払うことになった。
25) *Lakeside Colony, supra* note 23 at 175.
26) *Ibid.* at 195.
27) *Ibid.* at 225.
28) オギルビーによると、自然的正義の原則は宗教的共同体の規律に関するあらゆる問題に適用される原則である。Ogilvie, *supra* note 8 at 328.
29) Kislowicz, *supra* note 7 at 302. なお、そこで、キスロウィックが挙げるのは、*Baker v. Canada*,［1999］2 S. C. R. 817 at 836-842 である。この判決は移民法に関するものであるが、確かに移民法に関する事件では、自然的正義の原則として手続的公正の義務を具体化している。なお、移民法をめぐる判決では自然的正義の原則が憲章7条の「基本的正義の原則」の内容として実定化されている。移民法に関する判決については、山本健人「カナダにおける移民法の憲法的統制をめぐる近時の動向——「人の密輸」に関するB010判決アプロナッパ判決を中心に」慶應義塾大学大学院法学研究科論文集 57号（2017年）283頁以下、同「危険人物認証制度（Security Certificate）の「司法的」統制——対テロ移民法制における手続的公正」大沢秀介＝新井誠＝横大道聡編著『変容するテロリズムと法——各国における〈自由と安全〉法制の動向』（弘文堂、2017年）218頁以下を参照。
30) ただし、キスロウィックは、そのような手続的条件だとしても、実体的な影響を及ぼしうると指摘する。裁判所によって課された手続的条件は、真空から生まれたものではなく、リベラル及びアングロ・アメリカ法の伝統の中で、発展し正当化されてきたものであるからである。Kislowicz, *supra* note 7 at 303.
31) キムリッカ『多文化時代の市民権』・前掲注2）51-53頁。また、ウィル・キムリッカ（岡崎晴輝他監訳）『土着語の政治』（法政大学出版会、2012年）30頁も参照。
32) キムリッカ『多文化時代の市民権』・同上 240-241頁。
33) その一つとして、キムリッカの二分法ではなく、より詳細に離脱／追放ルールの正当性を検討するための3段階考察を提示する政治哲学者スチュワート・ホワイトの議論がある。彼の主張は、実体的ルールの正当化を検討する枠組みとして、キムリッカとは異なるものを提案する。その概要は、次の通りである。まず、第1段階として、追放に関するルールが当該共同体の目的と合理的に結びついているのであれば、当該ルールは弱い正当性の推定を受ける。次に、第2段階として、当該ルールが追放される

者の「機会利益（opportunity interests）」——たとえば、福祉や教育へのアクセス権、財産の配分等——に悪影響をあたえるのであれば、正当性をもたないことが推定される。そして、第3段階として、機会利益に悪影響を与える場合、追放に関するルールが、共同体の構成員の「純一性利益（integrity interest）」——良心の自由ないし表現の自由等、自身の善き生の構想を追求するための個人の能力に関係するもの——を保護することに仕えているのであれば、正当化される。すなわち、もしある個人らが、自身の宗教は同じ信仰を共有する他者と共同ですることで最もよく表明されると信じていれば、共同体の組織からその信念を有さない構成員を追放するルールを正当化することができる。彼の議論ではホファー判決で問題となったようなフッタライト共同体の実体的ルールは正当化される。Stuart White, "Freedom of Association and the Right to Exclude" (1997) 5 Journal of Political Philosophy 373.

34) Dwight G. Newman, "Exit, Voice, And 'Exile': Rights to Exit and Rights to Eject" (2007) 57 U. T. L. J. 43 at 66.
35) *Ibid* at 72.
36) Denise G Reaume, "Legal Multiculturalism from the Bottom Up" in Ronald Beiner & Wayne Norman, eds, *Canadian Political Philosophy: Contemporary Reflections* (Oxford University Press, 2001) at 200-201.
37) Oonagh Reitman, "On Exit" in Avigail Eisenberg & Jeff Spinner-Halev, eds, *Minorities within Minorities: Equality, Rights and Diversity* (Cambridge University Press, 2005).
38) Moon, *supra* note 9 at 142.
39) Reitman, *supra* note 37 at 195-196.
40) この点は今後の課題であるが、憲法理論の中に社会関係資本論の観点を導入し、絆や関係性という視角から結社の自由を捉えようとする、岡田順太『関係性の憲法理論——現代市民社会と結社の自由』（丸善プラネット、2015年）が示唆的である。
41) *Re Morris and Morris*, [1974] 42 D. L. R. (3d) 550.
42) *Divorce Act*, R. S. C. 1985, c. 3 (2nd Supp.).
43) Lisa Fishbayn, "Gender Multiculturalism and Dialogue: The Case of Jewish Divorce" (2008) 21 Can. J. L. & Jur. 71.
44) *Bruker v. Marcovitz*, [2007] 3 S. C. R. 607.
45) 離婚手続の開始が1980年であるため、上述の改正連邦離婚法は本件に直接は適用されない。
46) 付随的救済とは、一方又は双方の元配偶者が、子の養育費に関する命令、配偶者の扶養に関する命令若しくは監護命令を請求する裁判手続である。
47) Lakeside Colony, *supra* note 23 が引用されている。
48) 道徳的債務とは、良心等に関する問題であり、「国家によって執行不可能なもの」である。たとえば、他者へのチャリティの義務等がこれにあたる。
49) 法的債務とは、何らかの行為を、国家の保護のもと法的手続によって完全に強制することのできるものである。債権者は、裁判所によって当該法的債務を執行可能である。
50) マルコビッツは、離婚許可状の発行を拒否する理由として次のことを述べる。「彼女

は私を困らせる。彼女は私の子供を私から遠ざける。彼女は私のお金を盗んだ。彼女は私の母から銀食器を盗んだ。彼女は子供たちとの適切な面会を妨げた……」(at para 68)。

51) ケベック憲章9.1条は、「民主主義的価値、公の秩序、ケベック市民の一般的幸福」を維持するために基本的権利が制約されることを認める。*Charter of Human Rights and Freedom*, R. S. Q., c. C-12, s. 9.1. これは、構造的には、憲章上の権利は「法で定められ、自由で民主的な社会において明確に正当化することができる合理的制約にのみ服することを条件に、この憲章で規定する権利及び自由を保障する」と規定するカナダ憲章1条と同様である。

52) デシャン裁判官は、アムセルム判決の具体的なパラグラフを指定して引用していないが、その趣旨からすると、「国家は、宗教的ドグマの裁定者の地位になく、なるべきでもない。裁判所は、宗教的な要求、義務、教え、命令、慣習、儀式の主観的理解について、明示的にであれ暗示的にであれ、司法的に解釈し決定することを避けるべきである」と述べた部分であると推測する。*Syndicat Northcrest v. Amselem*, 〔2004〕2 S. C. R. 551 at para 50.

53) David Schneiderman, "Associational Rights, Religion, and the Charter" in Richard Moon, ed, *Law and Religious Pluralism in Canada* (UBC Press, 2008) at 77.

54) Sujit Choudhry, "Rights Adjudication in a Plurinational State: the Supreme court of Canada, Freedom of Religion, and the Politics of Reasonable Accommodation" (2013) 50 Osgood Hall L. J. 575.

55) Kislowicz, *supra* note 7; Moon, *supra* note 9; FC DeCoste, "Caesar's Faith: Limited Government and Freedom of Religion in 'Buker v. Marcovitz'" (2009) 32 Dal. L. J. 153. なお、FC・デコスタは、ブリュカー判決の法廷意見をそのように捉えた上で、法廷意見の信教の自由構想は、多文化主義という政府の価値からして不適切であると論じる。デコスタによれば、「政府は権利の作者ではなくその管理人」なのである。

56) Kislowicz, *supra* note 7.

57) 前掲注45) を参照。たとえば、ケベック州控訴裁判所は、1990年の改正連邦離婚法21.1条が本件に適用可能かという問題について、「マルコビッツが手続を開始した時に存在しなかったものを彼女〔ブリュカー〕に対して使うことはない」と述べている。*Marcovitz c. Bruker*, 2005 QCCA 835 at para 24.

58) もちろん、個別の事案解決としては、司法判断適合性の問題をクリアする必要があるから、その意味では同意の有無は些細な問題ではない。

59) Kislowicz, *supra* note 7 at 308. また、ムーンもアベッラ裁判官の法廷意見は、「多かれ少なかれ、宗教的契約が司法判断適合的であるという判断以上のものを伴っている」という。Moon, *supra* note 9 at 155.

60) Rosalie Jukier & Shauna Van Praagh, "Civil Law and Religion in the Supreme Court of Canada: What Should We Get out of Bruker v. Marcoviz?" (2008) 43 S. C. L. R. (2ed) 381.

61) Reitman, *supra* note 37 at 204-206.

62) シャリーン・ラザックもまた、多文化主義を批判するリベラル・フェミニストは、女

性に対するエンパワーメントの名の下に、自身のレイシズムや外国人嫌いを隠蔽しているのだと指摘する。Sherene H. Razack, *Casting Out: The Eviction of Muslims from Western Law and Politics*（University of Toronto Press, 2008）at 83-87. こうした指摘は常に妥当するわけではないが、その可能性があるというレベルでは重要なものと思われる。

63) この点に関連し、アイェレット・シャカールは、「反発的文化主義（reactive culturalism）」の危険性を指摘する。つまり、同化的な政策に直面していると感じる少数派集団は特徴的な実践――多くの場合、最も主流社会の世界観と距離のあるもの――にしがみつき、同化の恐怖から自身の文化を守ろうとするので、リベラルでない――多くの場合、内部のヴァルネラブルな構成員の人権を侵害する、あるいは害のある――文化的実践であっても絶対的禁止は、当該実践を廃止させることに対して有効な手法ではないのである。Ayelet Shachar, *Multicultural Jurisdictions*（Cambridge University Press, 2002）at 35-37.

64)「宗教的な女性は、変革のためのエネルギーを結集し活用する動機と能力を有している」。彼女らは変化を開始した者たちであり、公的なパートナーとして政府を認識した者たちである。つまり、宗教的共同体内部の男女不平等なルールを変えるための動機と能力を宗教的共同体内部の女性たちが有しており、彼女らは、共同体の変化のために世俗の政府を利用することが有意義であることに気がついたのである。これは、宗教的共同体内部の女性を宗教的な男性に従属した存在と捉える見解への批判でもある。Jukier & Van Praagh, *supra* note 60 at 407. 同様にエイドリアン・バーネットは、改正連邦離婚法の立法経緯は、「自身の文化内の抑圧に対する抵抗活動への従事として、離婚許可状を得るという試みのために政府の法を利用した女性という見方を提供する」という。Adrienne Barnett, "Getting a 'Get': The Limits of Authority?"（2000）8 Fem. Legal Stud. 241 at 253.

65) このような対話の促進の奨励は、本書の一貫したモチーフである。とくに序章・第1章を参照。

66) Reitman, *supra* note 37 at 207.

67) Fishbayn, *supra* note 43 at 96.

68) 詳しくは、山本健人「宗教を背景とした児童虐待と法の枠内での信教の自由」法学館憲法研究所 WEB オピニオン（2023 年 12 月）[https://www.jicl.jp/articles/opinion_20231226.html]を参照。

69) 田近肇「カルト規制に関する憲法学の視点」近畿大学法学 70 巻 2・3・4 号（2023 年）1 頁以下、山元一「信教の自由・宗教団体・市民社会秩序」消費者法研究 13 号（2022 年）85 頁以下などを参照。

70) 判例の立場を的確に整理するものとして、たとえば、木下智史「司法権の観念」同ほか編著『事例研究憲法〔第 2 版〕』（日本評論社、2013 年）281-282 頁、田中豊『論点精解民事訴訟法〔改訂増補版〕』（民事法研究会、2018 年）457 頁以下。

71) 前提問題であるにもかかわらず、裁判所が審査を回避することの是非も重要な論点であるが、この点については踏み込まない。差し当たり、竹下守夫「団体の自律的処分と裁判所の審判権」書研所報 36 号（1990 年）1 頁以下、木下昌彦編集代表『精読憲

第 2 部　信教の自由における承認と対話

法判例〔統治編〕』(弘文堂、2021 年) 307 頁〔山本健人〕を参照。

72) 最判平成元年 9 月 8 日民集 43 巻 8 号 889 頁〔蓮華寺事件判決〕。ただし、最判昭和 56 年 4 月 7 日民集 35 巻 3 号 443 頁〔板まんだら判決〕では、憲法 20 条等への言及は為されていない。

73) 山本龍彦「「板まんだら判決」再考——終局的解決可能性要件の射程?」中林暁生 = 同『憲法判例のコンテクスト』(日本評論社、2019 年) 79 頁以下。

74) 山本龍彦・同上 87-88 頁。なお、山本龍彦が指摘する「混濁」あるいは判例・学説を巻き込んだ混乱の要因として、いわゆる部分社会の法理との関係で、裁判所が用いた「法律上の係争」と「法律上の争訟」の区別も関わってくる。これらの論点については、柴田憲司「言葉の違いの意味——「法律上の争訟」と「法律上の係争」は何が違うのか?」大林啓吾 = 同編著『憲法判例のエニグマ』(2018 年) 115 頁以下、田近肇「団体内部紛争と司法権」曽我部真裕ほか編著『憲法論点教室〔第 2 版〕』(2020 年) 198 頁以下、木下編『精読憲法判例〔統治編〕』・前掲注 71) 296-297 頁〔山本健人〕、栗島智明「『コップの中の嵐』と裁判所——部分社会論のゆくえ」法学セミナー 68 巻 3 号 (2023 年) 72 頁以下などを参照。

75) 最大判令和 2 年 11 月 25 日民集 74 巻 8 号 2229 頁。

76) 同判決をめぐっては憲法・行政法にまたがって、多数の議論が交わされている。差し当たり、土井翼「地方議会に関する司法審査の方法」論究ジュリスト 36 号 (2021 年) 143 頁以下、山本侑「判批」法学協会雑誌 140 巻 2 号 (2023 年) 292 頁以下、木下編『精読憲法判例〔統治編〕』・前掲注 71) 318 頁以下〔木下昌彦 = 横大道聡 = 山本健人〕などを参照。

77) これを明快に説明する同判決の宇賀克也裁判官の補足意見も参照。宇賀裁判官は、「法律上の争訟は、〔1〕当事者間の具体的な権利義務ないし法律関係の存否に関する紛争であって、かつ、〔2〕それが法令の適用により終局的に解決することができるものに限られるとする当審の判例……に照らし、地方議会議員に対する出席停止の懲罰の取消しを求める訴えが、〔1〕〔2〕の要件を満たす以上、法律上の争訟に当たることは明らかであると思われる。法律上の争訟については、憲法 32 条により国民に裁判を受ける権利が保障されており、また、法律上の争訟について裁判を行うことは、憲法 76 条 1 項により司法権に課せられた義務であるから、本来、司法権を行使しないことは許されないはずであり、司法権に対する外在的制約があるとして司法審査の対象外とするのは、かかる例外を正当化する憲法上の根拠がある場合に厳格に限定される必要がある」と述べている（強調点筆者）。

78) 最判平成 21 年 9 月 15 日判時 2058 号 62 頁〔玉龍寺事件判決〕。なお宍戸は、本件につき、「宗教上の教義が「紛争の実質」である場合は、仕方がないとしても、そうでないと見る余地がある場合には、わざわざ教義に立ち入った主張をしないよう当事者を誘導して、本案判決を下そうというのが、最高裁のねらいかも知れない」と指摘する。宍戸・前掲注 1) 624 頁。

79) 後述する宗教団体 Aleph の出家会員資格の一時停止が争われた事例では損害賠償請求も行われており、東京高裁は、「出家に関する契約」が成立しているとしたうえで、その不履行による損害賠償を認めている。後掲注 84)。

80) 最判昭和 55 年 4 月 10 日裁民 129 号 439 頁〔本門寺事件判決〕。なお、蓮華寺事件も、宗教団体法上の地位に関するものであっても「宗教上の教義、信仰に関する事項に何らかかわりを有しない」手続上の準則に従ってるか否かを審理判断すれば足りるときは判断可能とする
81) 最判昭和 63 年 12 月 20 日判タ 694 号 92 頁。
82) 最高裁の判例法理形成の流れについては、石川・前掲注 11)、木下・前掲注 70)、田中・前掲注 70) を参照。
83) 本件の事実の概要は以下の通りである（ただし、事実関係が複雑であるため、部分的に割愛している）。宗教団体 Aleph の出家会員になることを望む者は、身の回りの限られた荷物を除きその時点で有していた全財産を Aleph に贈与しなければならず、貯蓄も許されない。その代わり、Aleph は、出家会員に対して、出家会員の居住場所、衣類、食事、医療費、国民健康保険費用その他生活に必要な費用及び物資を提供するとともに、月 8000 円程度の金銭を支給する。Aleph の運営規則によれば、出家会員のみが Aleph の重要事項について議決する会員総会の構成員となる（5 条 1 項・2 項）。会員資格は、「退会、除名、死亡により」喪失する（4 条 8 項）。除名手続等の規定は存在しないが、Aleph の運営に関わる事項については合同会議が決定する（6 条）。合同会議は、団体内の各部門の責任者で構成され（9 条 2 項）、師（Aleph の宗教上の地位であり、教祖一家及び正悟師の次に地位が高い）クラスの中堅構成員約 30 名からなる。運営規則に除名手続等の規定はないが、合同会議の扱う事項とされている。出家会員であった X の問題行動に対し、合同会議は、X に対する事情聴取等を行った上で、6 月 3 日に、X の行為は重大な規律違反に当たるとし、内省を促すため期間の定めのない長期修行入りをさせる決定をしたが、X は 3 ヶ月で任意に修行を打ち切り、その後説得にも応じなかったため、合同会議は X を会員資格一時停止処分とする等した。その後、生活に必要な費用等は供給されなかった。そこで、X は、Aleph に対して、X らが出家会員の地位にあることの確認、不法行為及び債務不履行に基づく損害賠償を求めた。
84) 東京高判平成 30 年 5 月 30 日宗務時報 123 号 40 頁。なお、本判決の評釈としては、山本健人「宗教団体における出家会員契約と司法審査」新・判例解説 Watch. No. 162 (2019 年) を参照。
85) なお、法律上の争訟該当性については、まず、終期を出家会員の死亡時とする「出家に関する契約」が成立しているというべきであるとする。そして、法律上の地位としての出家会員たる地位は、宗教上の地位としての出家会員たる地位を前提とし、後者が失われれば、前者も失われるという関係にある」ため、「判断の前提として、Aleph における宗教上の地位としての出家会員の資格を一時停止する本件各処分の有効性を審理する必要がある」としている。
86) ただし、本判決は、本門寺判決よりもさらに進んで、宗教団体がその構成員に対して著しい不利益処分を課した場合について、団体の自律的規範がないとき、条理によって、「団体による懲戒権濫用の防止及び構成員の予見可能性の確保の観点から、事前に、処分の種類、内容、要件等が、抽象的にでも明文で定められるか、少なくとも確立した慣習として団体内で規範化されていること」を要求している。ここには、処分等の

第 2 部　信教の自由における承認と対話

過酷さに応じて手続審査の厳格度を増すという比例性の発想があるように思われる。
87) 東京地判平 30 年 7 月 19 日（判例集未搭載、LEX/DB 25556558）。
88) カナダの憲法とは異なり、日本国憲法は各政教分離規定を明文で規定するという違いはあるが、①カナダ最高裁も解釈論としては宗教的中立性の原則を確立しており、この観点を無視しているわけではないこと（補論を参照）、②明文の各政教分離規定の存在が、あらゆる場面で厳格な国家と宗教の分離を導くわけではないこと（第 3 章を参照）などを踏まえると、この違いは本章のカナダの議論を日本で参照することを妨げるような絶対的な差異ではないだろう。

終 章 | 承認と対話の憲法理論
その総括と課題

　本書は、異なる価値観のなかでも、最も対立を招きやすく、多様性の受容にとって試金石となる、宗教的多様性の受容という問題——異なる宗教的価値観を抱く人々との共生の問題——に対して、憲法学がどのような貢献を為しうるかを、カナダの憲法判例・学説を主な比較検討素材として考察することを目的としていた。

　こうした考察を行うにあたって、本書は、〈承認と対話〉〈憲法による多様性の管理〉を主要なモチーフとしてきた。日本への示唆も含め、本書で取り上げた各論点に対する筆者の考え方ないし結論は各章のなかで示しているが、終章では、このモチーフにそって、本書の検討を簡単に要約しつつ、残された課題に言及する。

I　第1部のまとめ

　第1部——とくに第1章及び第2章——では、本書の依って立つ基本的な理論的枠組みを提示することが目的であった。

　第1章では、まず、「カナダの多文化主義」が、個人主義を基調とし、社会統合を目的とした「リベラルな多文化主義」であることを明らかにした。また、ウィル・キムリッカの議論を参照し、このようなリベラルな多文化主義を採用する正当な理由があることも指摘した。次に、カナダにおいては多文化主義を憲法化していることに特徴があるものの、多文化主義条項（憲章27条）は、基本的には解釈指針条項であることを示した。ただし、その解釈の指針とすべき原理として、マイノリティの「承認」と異文化間「対話」の奨励が導かれる。また、チャールズ・テイラーやビク・パレクの議論を参照し、多文化社会における「承認」と「対話」という概念の意義と重要性を論じた。

まとめると、第1章では、①「カナダの多文化主義」はリベラリズムの系譜に位置づけられるものであり、カナダの憲法と日本国憲法の比較を行うことについて一定の共通基盤があること、②「カナダの多文化主義」に基づく憲法解釈論にとって「承認」と「対話」が重要なモチーフになることを提示した。

　第2章では、ベンジャミン・L・バーガーの憲法理論に依拠し、「法の下の多文化主義」を批判的に検討するという視覚から、〈憲法による多様性の管理〉という枠組み自体を批判的に検討した。第2章の検討では、まず、リベラルな立憲主義もまた「文化」の1つであるという視点を自覚すべきではあるが、法の優位というそれ自体は揺るがし難い一線があることが示唆される。しかし、法の優位の下で法が判断する際の基準に反映されている「リベラルな立憲主義」の価値観——各国に固有の憲法文化を反映した価値観——は変容可能性に開かれているべきであると論じた。そして、この変容は、法の優位の下で宗教的マイノリティによる信教の自由の主張を契機に、異文化間「対話」を行うことで、宗教的マイノリティの適切な「承認」をなし、かつまた、対話の継続によって法の基準の部分的変容可能性——文化借用の可能性——が開かれる、という議論を行った。まとめると、第2章では、〈憲法による多様性の管理〉は無条件に肯定できるものではなく、法の優位は維持すべきであるが、宗教的マイノリティの承認及び彼らとの対話を通じて、「リベラルな立憲主義」の価値の変容可能性に開かれたものであるべきだとの枠組みを提示した。

　第3章では、文化や宗教の多様性を公的領域で承認するリベラルな多文化主義に基づく立憲主義にとって、〈公的領域における宗教〉はどのような位置づけを持ちうるのかを明らかにした。第3章は、理論的枠組み自体を提示するものではないが、本書の主張する「リベラルな立憲主義」の特徴をよく表すことになる。第3章の検討では、まず、公的領域の分節化を補助線にリベラルな立憲主義からいえるのは、〈公的決定理由として宗教的理由のみを用いることは許されない〉、〈非政治空間において宗教を排除することは、宗教に敵対的な立場をとることになり、むしろ国家の中立性に反する〉、とい

うことまでであると論じた。次に、「カナダ最高裁モデル」――法令や国家行為等の公的判断の帰結には宗教的中立性の義務が課されるが、その判断過程においては宗教に動機付けられた見解を述べることも許容されるモデル――が、信教の自由の観点からも支持可能であり、道徳心理学の観点からみたとき、〈公的領域における宗教〉の問題状況にとって有益な視点を提供していることを主張した。また、日本の最高裁が、完全分離の理想の根拠にあげる、歴史的条件と社会的条件は、いずれも完全分離を理想としなければならないだけの説得力を持つものではなく、日本においても、インフォーマルな政治空間、公的判断過程から宗教（に理由付けられた言説）を排除しない、カナダ最高裁モデルの導入可能性があると結論付けた。

II　第 2 部のまとめ

　第 2 部では、第 1 部で提示した問題意識や理論的枠組みを踏まえて、カナダにおける（第 5 章を除き）憲法上の信教の自由の解釈論を分析し、日本国憲法のもとでの信教の自由の解釈への示唆を明らかにした。
　第 4 章では、憲法上の権利としての信教の自由の保護範囲を検討した。本書の問題意識からすれば、信教の自由の保護範囲の広狭は、多様な宗教的実践を承認し、法的保護を与えうるかの重要な入り口の問題である。第 4 章で検討した論点は、①憲法が保障の対象とする「宗教」の範囲と、②信教の自由の権利内容である。①につき、カナダ最高裁は、個人の主観的な宗教理解に基づき、信教の自由の保障する「宗教」該当性を判断している。カナダ最高裁は、一応、宗教概念の外縁を客観的に示そうとしているが、この外縁の定義は非常に広範なものとなっており、信教の自由の主張者が「宗教」と認識しているものが保護の範囲から外れる可能性はほとんどないと解される。この立場に対しては、共同体主義的な宗教への承認に失敗するとの批判もあるが、リベラルな多文化主義であるカナダの多文化主義、個人主義的な信教の自由理解に対する宗教制度主義の観点から補完、という観点から反論可能であることを示した。②につき、カナダでは信教の自由の権利内容として、

政府による単なる強制の禁止ではなく、宗教的マイノリティが社会的に排除されないことを保障しようとする「是認の禁止」も含まれていることを示した。この考え方は、国家がシンボリックに何らかの宗教と結びつくことは、宗教的マイノリティにとって、当該社会における不承認ないしマジョリティに有利な「不公正」な承認の契機として受け取られることとなり、彼らを社会への不完全な参加者とみなしてしまうことを危惧している。以上を踏まえ、①日本国憲法の信教の自由における「宗教」の定義においても主観的な宗教理解を採用することが可能であり、そうすべき利点——宗教か宗教でないかを国家機関である裁判所が判断すること、及び不承認による個人の人格への深刻なダメージを与えることを回避できる——があると主張した。また、②カナダの裁判例及び信教の自由解釈論がいう「是認の禁止」の問題意識は、「政教分離人権説」と類似することを指摘した。政教分離人権説は、権利規定ではない各政教分離規定を人権と解する点で致命的な欠点を抱えていたが、同様の問題意識を踏まえて、信教の自由の権利内容として〈宗教に基づく社会的排除のメッセージを受けない権利〉を構想する可能性を指摘した。

　第4章の分析と関わる重要な残された課題として、本書で提示した信教の自由の解釈論の射程に関わる論点がある。現時点の筆者は、日本国憲法の規定する思想・良心の自由と信教の自由は原則として同様の保障内容を有すると考えているため、本書第2部の解釈論は、思想・良心の自由にも同様に及ぶと想定している。とはいえ、思想・良心の自由と信教の自由に関するこのような捉え方の是非について、より本格的な検討を行う必要がある。

　第5章では、人権法の領域での合理的調整の法理が、どのような特徴を有するか、どのように展開してきたかを分析した。カナダ最高裁による合理的調整の法理は、雇用者等が労働者等の要求に真摯に対応したかを問題とする手続的要件と、実体的な負担（過度の負担）の要件に基づいて審査し、当該法規範を無効にするというよりも、法規範それ自体は維持したまま、特定の個人らに個別の免除等を行うことの可否を判断する法理であった。合理的調整に対しては、①マイノリティへの行き過ぎた配慮になっている、②「真の平等」を実現する手法ではない、との批判があるが、これらについては次のよ

終　章　承認と対話の憲法理論

うに応答できる。①合理的調整の限界に関する考慮が適切に行われているのであれば、合理的調整を為すことがマイノリティに対する譲歩のし過ぎであるとは言えないはずである。②合理的調整は、確かに「現存する体制」の温存を前提とするが、合理的調整と制度変更のアプローチは共存可能であり、共存させた方が平等の実現にとって有効である。合理的調整は万能の手法ではないが、多様性を尊重するか、我々の価値観を保護するかの二項対立的思考を避け、異文化間対話を促進する側面も併せ持つ、多様性の管理の有益な手法であるというのが第 5 章の結論である。

　第 5 章の分析は、直接、日本の憲法解釈論への示唆を導くものではないが、❶日本の制定法による合理的調整の対象を「障害」に限定する必然性がないこと、❷法律による平等原則の実現とそのための専門機関の整備が重要な問題となることを示唆する。特に❷の観点から、どのような制度設計が望ましいのかを提示していくことは憲法学にとって重要な課題である。

　第 6 章では、合理的調整の法理を踏まえた、憲法上の信教の自由の制約とその正当化に関する論点を検討した。本章では、合理的調整の法理の射程、信教の自由の制約論、司法審査の枠組みなど憲法訴訟論に関わる技術的な論点も多々検討しているが（これらに関する日本への示唆については第 6 章Ⅳを参照）、本書のモチーフとの関係では次の点が重要である。すなわち、行政機関は行政裁量の行使において、憲法的価値に常に拘束され、その裁量行使の判断過程を審査する司法審査の枠組みにおいて、合理的調整の法理が読み込まれる。合理的調整の法理は、当事者との対話・交渉を通じて、可能な調整案を探ることを手続的側面として重視しているから、行政機関にはこの対話・交渉の義務が課されることになる。第 5 章で検討したように、合理的調整の法理は、異文化間対話を促進する側面も持つ多様性の管理にとって有益な法的道具であり、この局面では、行政機関と信教の自由の主張者間での対話が義務付けられるのである。そして、この対話・交渉が成功すれば、紛争は裁判所に持ち込まれる前に解決されることになり、紛争解決の手段としては望ましいといえるだろう。また、こうした方向性の議論は日本の法実務にとって異質なものではなく、エホバの証人剣道受講拒否事件の中にその萌

芽を見出すことができることも指摘した。

　第5章・第6章を通じて、合理的調整の法理は多様性の管理にとって有益な法的道具となっていることを提示したが、それは万能な道具ではなく、活用できる場面に限りはある。合理的調整の法理が適当ではない場面で機能する法的道具を探究することは今後の課題である。とりわけ、憲法論の視点からは、立法過程で適切に活用できる法的道具を示すことが重要な課題となるだろう。

　第7章では、「マイノリティの中のマイノリティ」問題を念頭に置いて、宗教的共同体の内部紛争への司法的介入に関する論点を検討した。この論点は、次のように言い換えることもできる。リベラルな（憲法的）諸価値が、信教の自由や政教分離原則あるいは多文化主義や多様性の尊重を理由に、非リベラルな宗教的共同体の主張に道を譲らなければならないのだろうか。本章で分析したカナダ最高裁の判例は、宗教的共同体の内部紛争に対して、財産的ないし民法上の権利が関わっていれば、①共同体の手続的ルールに対する直接的な介入を行い、②共同体の実体的ルールに対しては、問題となる実体的ルールの是正に向けた適格な当事者間の適切な対話が存在すれば、その成果が示す限りで、実体的ルールへの間接的な介入を行っている、と整理できる。序章でも言及したように、多様性の尊重のみを強調するのは極端な立場であり、対抗する／考慮すべき利益とのバランスの採り方が重要である。本章では、「リベラルな多文化主義」あるいは「法の下の多文化主義」にコミットするカナダ最高裁が採用するバランスの採り方を提示した。

　日本への示唆はやや技術的な論点が中心となったが、日本においても、Alephによる出家会員制度や「エホバの証人」による児童虐待の疑いなどの事例も存在し、将来的にこの論点が重要になってくるように思われる。いわゆる「宗教2世」の問題やその背後にある偶然的環境（家族・共同体）をどのように考えるかを含め、日本法のもとで宗教的共同体の実体的ルールへの介入の是非・あり方を検討していくことは残された課題である。

＊　＊　＊

終　章　承認と対話の憲法理論

　以上、本書は、リベラルな憲法価値の重要性を踏まえ、リベラルな立憲主義「文化」を宗教「文化」をはじめとする多様な「文化」に優位させて、憲法を〈多様性の管理者〉として位置づける〈法の下の多文化主義〉を採用したうえで、よりよい多様性の管理のために「承認」と「対話」を鍵概念とする憲法解釈論が重要になるとの理論的枠組みを提示し（第1部）、その各論として、信教の自由の解釈論を展開した（第2部）。

　本書の採用した理論的枠組みは、リベラルな立憲主義をラディカルに変容させるまでには至らず、その枠内で、「多様な価値観を抱く人々が、公平に共存し得る社会の枠組み」を構築する1つのモデルである。よって、本書の理論的枠組みは、日本あるいは日本国憲法と全く異質な前提に立つものではなく、一定の共通基盤のもとにある。

　世界でも有数の多文化社会であるカナダにおいて採用されているこのモデルは、社会統合を目指しつつも、マイノリティの不満をある程度効果的に軽減するものといえる。現時点の日本の状況はカナダの多文化的状況にまでは至っていないのかもしれない。けれど、状況は変わりつつあり、日本の近い将来において、本書で示した承認と対話の憲法理論が有効である場面が増加することは想像に難くない。

あとがき

　本書は、筆者がこれまでに公表してきた関連論文をもとに、慶應義塾大学大学院法学研究科に提出した博士論文「承認と対話の憲法理論――カナダにおける宗教的多様性の憲法による管理」(2021年9月に博士（法学）授与) に大幅な加筆修正を施したものである。このテーマは、2013年に修士課程に入学して以来、約10年の間取り組んできたものである。この間、日本学術振興会の特別研究員（DC1）研究奨励費（15J07675）、若手研究（19K13507）など、このテーマに関わる研究助成もいただいた。

　筆者の研究生活はそれほど長いものではないが、様々な外因や筆者自身の飽き性な性分が影響し、本書とは無関係のテーマに注力していた期間も多い。とりわけ、ここ数年は、デジタル技術の急激な発展に伴う法理論のアップデートに関するテーマに集中的に取り組んでいた。そのため、約10年の研究期間を費やした成果と言えるだけの内容を本書が備えているのかは心許ない。とはいえ、現在時点から、研究生活初期の論文を見返すことで、その至らなさと自身の成長を感じることができた。時間を置いたことで、当時の拙稿の不十分さや問題点のいくつかを改善することができたのではないかと思う。

　また、以下の先生方からは直接本書各章へのコメントをいただいた。さらに第6章については、研究会で報告し、石塚壮太郎先生（日本大学）、近藤卓也先生（北九州市立大学）、堀口悟郎先生（岡山大学）、前硲大志先生（関西学院大学）、棟形康平先生（大阪教育大学）、山本真敬先生（新潟大学）からコメントをいただいた。先生方からのコメントによって、本書の抱える問題点の多くが（事前に）解消され、よりよいものとなった。心より感謝いたします。本書になお残る問題点への責任は、言うまでもなく全て筆者にある。

　　序　章：小川亮先生（國學院大学）、吉川智志先生（大阪大学）

第1章：栗田佳泰先生（新潟大学）
　第2章：瑞慶山広大先生（九州産業大学）
　第3章：大澤津先生（北九州市立大学）
　第4章：佐藤大樹さん（慶應義塾大学・院）
　第5章：手塚崇聡先生（千葉大学）
　第6章：瑞慶山広大先生
　第7章：佐藤大樹さん

＊　＊　＊

　筆者が研究者の道を考え始めたのは、都留文科大学文学部で横田力先生の憲法ゼミ、山崎英壽先生の日本国憲法／アメリカ憲法の講義に参加したことがきっかけだったと思う。高校生の頃、弓道に熱中していた筆者は、学業にはそれほど関心をもっておらず、将来弓道で食べていくことは困難であるから、高校の教員になって弓道部の顧問になれれば……、という高校教員を取り巻く環境を全く認識していない甘すぎる見通しを持っていた。法学部生でもなく、憲法学への高い関心を持っているわけでもない学生を相手にしたゼミ・講義であったにもかかわらず、両先生の熱意溢れる語りに触発され、おそらく筆者がはじめて真剣に勉強したのが憲法学であった。そして、いずれ高校の教員になるとしても大学院に進学してもう少しこの学問に取り組んでみたいと思うようになっていた。
　その後、縁あって慶應義塾大学大学院法学研究科に進学し、大沢秀介先生に師事することとなった。素性のはっきりしない筆者を受け入れて下さり、研究の手ほどきをしていただいただけでなく、研究者としての立ち振る舞い方についてもご指導いただいた。筆者にとってはじめての海外経験は、大沢先生に同伴したカリフォルニア大学アーバイン校で開催された学会への出席であり、現地の（憲）法学者と軽妙にやり取りされている姿に憧れたのを鮮明に覚えている。
　2013年に筆者が大学院に進学した際、小林節先生（2014年にご退職された）、

あとがき

駒村圭吾先生、小山剛先生、山元一先生、山本龍彦先生が在籍されており、その後、(法哲学者の) 大屋雄裕先生、鈴木秀美先生、横大道聡先生が着任された。「憲法合同演習」では、この超一流の先生方を前に年に数度、自身の研究成果を報告しなければならなかったが、この場で各先生方からいただいた批判、アドバイス、はげましがなければ、本書が世に出ることはおろか、筆者が研究者になることも叶わなかったのではないかと思う。特に小山先生には、大沢先生がご退職されていたため、本書のもとになった博士論文の主査を引き受けていただいた。思えば、筆者が修士課程に入学し右も左もわからない頃、最初の「憲法合同演習」で小山先生からいただいた暖かい言葉がなければ、筆者の心は折れていたかもしれない。博士論文の審査では最後までご迷惑をおかけしてしまったが、本書がこれまでにいただいた温情に少しでも応えるものとなっていればと願う。また、同門でもある山本先生には、院生時代の不安定なメンタルを支えていただいた。山本先生の提示される革新的なアイディアから研究のヒントを得たことは数知れない。今後は、極めて多忙なスケジュールをこなされている山本先生に何らかの形で少しずつ恩を返していければと思う。大屋先生からは、ご専門が異なるにもかかわらず、いくつもの重要なアドバイスをいただいたほか、他流試合の機会を幾度もいただいた。筆者の研究が他領域の研究者にとっても見るべきところが少しでもあるとすれば、大屋先生から受けた影響のおかげであるだろう。加えて、筆者の博士課程進学と同時に着任された横大道先生からは、研究方法論を学ばせていただいただけでなく、幾度となく海外調査・国際学会に同行させていただいたり、アイルランド共和国留学中の先生を訪問させていただいたり、研究者の楽しみ方を教えていただいたりと、現在でもあらゆる面でお世話になっている。心から感謝するとともに、今後とも変わらず愉快な研究生活を送る秘訣をご教示いただけるようお願いする次第である。

筆者が大学院に在籍していた当時、先輩として、野口健格先生 (現・中央学院大学)、小林祐紀先生 (現・琉球大学)、水谷瑛嗣郎先生 (現・関西大学)、石塚壮太郎先生、入井凡乃先生 (現・慶應義塾大学 KGRI 所員)、堀口悟郎先生、菅谷麻衣先生 (現・拓殖大学)、栗島智明先生 (現・埼玉大学)、小川有希子先

生（現・帝京大学）、橋爪英輔先生（現・常磐大学）等がいらっしゃり、同期には吉川智志先生、後輩には、瑞慶山広大先生、大野悠介先生（現・東洋大学）、（法哲学が専門の）西村友海先生（現・九州大学）、新井貴大先生（現・新潟県立大学）等が在籍しており、事あるごとにざっくばらんに意見交換をすることができた。今思えば、極めて幸福な空間であった。特に同期の吉川先生とは、院生時代の苦楽の大半を共にし、互いの研究構想を相談し合った。この関係は今でも続いているが、アイディア先行になりがちな筆者の研究の弱点を吉川先生に補っていただいたことは数知れない。また、瑞慶山先生には、地方から東京にやってきた不慣れなもの同士、深夜（を過ぎて）まで様々な議論に付き合ってもらった。さらに、小谷順子先生（静岡大学）、新井誠先生（広島大学）、岡田順太先生（獨協大学）、大林啓吾先生（慶應義塾大学）、上代庸平先生（武蔵野大学）、手塚崇聡先生をはじめとする諸先輩方からも数多くのご指導を賜ることができた。特に岡田順太先生には、横大道先生と同じく、あらゆる面でお世話になっている（毎度、ご馳走様です）。

　2018年に大阪経済法科大学法学部に着任した後にも、多くの先生方にお世話になった。大学を取り巻く過酷な環境の中で、学内業務と研究の両立について手ほどきしてくださった、当時の同僚である岩﨑正先生（現・愛知大学）、小野木尚先生（現・明治学院大学）、崔舜星先生（現・龍谷大学）がいなければ、筆者の研究は止まっていたかもしれない。とりわけ、宗教法学会に誘っていただき、筆者の研究に明哲な意見をぶつけて下さった、片桐直人先生（大阪大学）、田近肇先生（近畿大学）、谷口功一（東京都立大学）、横濱竜也先生（静岡大学）、安藤馨先生（一橋大学）、慣れない関西での研究生活を送る中で何かと気にかけてくださった、尾形健先生（学習院大学）、上田健介先生（上智大学）、井上武史先生（関西学院大学）、櫻井智章先生（甲南大学）、様々な研究会に招いていただき毎回新鮮な視点を与えてくれた小川亮先生に改めてお礼を申し上げたい。

　2022年に着任した現在の所属である北九州市立大学法学部では、十分すぎる研究環境を与えてもらっている。本書の出版にあたっても、2つの出版助成──法政叢書刊行会の助成及び2024年度学長選考型研究費B──をい

ただいた。この研究環境を維持されている同僚の諸先生方に心から感謝したい。

　出版業界が厳しい中、本書の出版を快く引き受けてくださったのがナカニシヤ出版の由浅啓吾さんである。飽き性で怠惰な筆者が、しばしば締め切りを徒過するなか、適切な介入によって何度もスケジュールを調整していただいた。由浅さんのサポートなしには本書が完成することはなかっただろう。由浅さんとの出会いは、経法大時代の同僚である渡邉浩一先生（現・福井県立大学）、喜入暁先生（現・周南公立大学）等と行った読書会であった。何気ない雑談の中で、筆者の研究内容に関心を持っていただき、ウチから博士論文を出版してみないか、と言っていただいことは望外の喜びであった。改めて感謝申し上げるとともに、これからも一緒に仕事ができればと思う。

　最後に、大学院への進学など僅かも予期していなかっただろうにもかかわらず、先の見えない筆者の決断を尊重し、決して余裕があったわけではないなか、惜しみない援助を与えてくれた、父・浩二、母・真澄に本書を捧げたい。

　　　　　　　　　　　　　　2025年1月　生家のある今治にて
　　　　　　　　　　　　　　　　　　　　　　　山 本 健 人

初 出 一 覧

　本書の各章のもとになった既出論文は以下の通りであるが、それぞれについて大幅に加筆修正を行っており、構成の変更に伴い原型を留めていないものも多い。また、本書の構成との関係で内容が分散しているが、本書のテーマと密接に関わる既出論文もある。後者については、本書のなかで個別に言及しているが、便宜的にここにも掲載しておく。

序章：書き下ろし
第1章
- 「『カナダの多文化主義』に基づく憲法解釈の一側面――信教の自由における「承認」の原理を中心に」法学政治学論究107号（2015年）31-65頁

第2章
- 「信教の自由における「法的多文化主義」と合理的配慮――カナダ憲法理論を素材として」法学政治学論究113号（2017年）139-172頁

第3章
- 「公的判断過程における宗教――カナダ最高裁モデルと道徳心理学」法の理論38号（2020年）133-154頁

第4章
- 「『カナダの多文化主義』に基づく憲法解釈の一側面――信教の自由における「承認」の原理を中心に」法学政治学論究107号（2015年）31-65頁
- 「信教の自由の保護領域と制限の正当化――カナダ憲法判例からの示唆」憲法理論研究会編『憲法理論叢書㉗　憲法学の可能性』（2019年）155-168頁

第5章
- 「カナダにおける信教の自由と合理的配慮の法理――その多文化主義的擁護に向けた緒論」法学政治学論究110号（2016年）209-243頁
- 「信教の自由における「法的多文化主義」と合理的配慮――カナダ憲法理論を素材として」法学政治学論究113号（2017年）139-172頁

第6章
- 「カナダにおける信教の自由と合理的配慮の法理――その多文化主義的擁護に向けた緒論」法学政治学論究110号（2016年）209-243頁
- 「信教の自由における「法的多文化主義」と合理的配慮――カナダ憲法理論を素材として」法学政治学論究113号（2017年）139-172頁
- 「信教の自由の保護領域と制限の正当化――カナダ憲法判例からの示唆」憲法理論研究会編『憲法理論叢書㉗　憲法学の可能性』（2019年）155-168頁

第7章
- 「宗教的共同体の構成員資格に関するルールへの介入――カナダ憲法に基づく一考察」社會科學研究38巻2号（2018年）25-60頁

補論
- 「カナダにおける国家の宗教的中立性の義務——公的空間における宗教・序説」宗教法 38 号（2019 年）35-67 頁
- 「多様な価値観に曝される学校——カナダにおける宗教と教育をめぐる憲法学的一考察」カナダ研究年報 38 号（2018 年）13-30 頁

終章：書き下ろし

関連論文
- 「市民権取得と多文化国家カナダ——イスハーク判決の位置付けとその憲法問題」法政論叢（2017 年）53 巻 1 号 135-157 頁
- 「国家と宗教」山本龍彦＝横大道聡編著『憲法学の現在地——判例・学説から探求する現代的論点』（日本評論社、2020 年）165-178 頁
- 「カナダにおけるフッタライトの信教の自由——宗教制度主義と法多元主義の観点から」金城学院大学キリスト教文化研究所紀要 24 号（2021 年）37-53 頁
- 「〈多文化主義による分断〉と多様性の管理——カナダにおける合理的配慮を中心に」新井誠＝友次晋介＝横大道聡編『〈分断〉と憲法——法・政治・社会から考える』（弘文堂、2022 年）79-94 頁
- 「日本国憲法が信教の自由を規定することの意味」法学教室（2023 年）515 号 46-49 頁
- 「憲法学は宗教とどう向き合うのか」飯田高＝齋藤哲志＝瀧川裕英＝松原健太郎編『リーガル・ラディカリズム——法の限界を根源から問う』（有斐閣、2023 年）414-417 頁

主要判例索引

カナダ（一部アメリカ合衆国）

A

Alberta v. Hutterian Brethren of Wilson Colony, [2009] 2 S. C. R.567　　*145-147, 214-218*

B

B.(R.) v Children's Aid Society, [1995] 1 S. C. R. 315　　*52*
British Columbia(Public Service Employee Relation Commission) v. B. C. G. E. U, [1999] 3 S. C. R. 3　　*181-185*
Bruker v. Marcovitz, [2007] 3 S. C. R. 607.　　*5-6, 266-270*

C

Central Alberta Daily Pool v. Alberta, [1990] 2 S. C. R. 489　　*182*
Canadian Civil Liberties Assn. v. Ontario, [1990] 71 O. R. (2d) 341　　*152*
Central Okanagan School District No,23 v. Renaud, [1992] 2 S. C. R. 970　　*180*
Central Alberta Daily Pool v. Alberta, [1990] 2 S. C. R. 489　　*182*
Chamberlain v. School District No.36, [2002] 4 S. C. R. 710.　　*5, 53, 79, 103-106*
Congrégation des témoins de Jéhova de St-Jérôe-Lafontaine v. Lafontanie, [2004] 2 S. C. R. 650　　*228, 106-110*

D

Doré v. Barreau du Québec, [2012] 1 S. C. R. 395　　*231-233*

F

Freitag v. Pentanguishene, [1999] 47 O. R. (3d) 301.　　*152*

H

Hofer v. Interlake Colony of Hutterian Brethren, [1970] S. C. R. 958.　　*141, 258-260*

K

Ktunaxa Nation v. British Columbia (Forests, Lands and Natural Resource Operations), [2017] 2 S. C. R. 386　　*148-150*

L

Lakeside Colony of Hutterian Brethren v. Hofer, [1992] 3 S. C. R. 165　　*260-261*
Loyola High School v. Quebec (Attorney General), [2015] 1 S. C. R. 613　　*61-62, 145-146, 233*

M

Multani v. Commission scolaire Marguerite-Bourgeoys, [2006] 1 S. C. R. 256   *4-5,*
52, 59-60, 188-189, 210-214
McGill University Health Centre v Syndicate des employés de l'Hôpital général de
Montreal, [2007] 1 S. C. R. 161   *185-187, 193-198*
Mouvement laïque québécois v. Saguenay, [2015] 2 S. C. R. 3.   *78-79, 153, 113-119*

O

Ontario Human Rights Commission v. Etobicoke, [1982] 1 S. C. R. 202   *182*
Ontario Human Rights Commission and Theresa O'Malley v. Simpsons-Sears Ltd., [1985]
2 S. C. R. 536   *177-180*

R

R. v. Big M Drug Mart Ltd., [1985] 1 S. C. R. 295   *51, 144*
R v. Oakes, [1986] 1 S. C. R. 103.   *206*
R. v. Edwards Books and Art Ltd., [1986] 2 S. C. R.713   *144, 148*
R v. N. S., [2012] 3 S. C. R. 726.   *6, 53, 218-222*
Reference Re Supreme Court Act, ss. 5 and 6, [2014] 1 S. C. R. 433.   *201*

S

Syndicat Northcrest v. Amselem, [2004] 2 S. C. R. 551   *51, 137-140, 209-210*
S. L. v. Commission scolaire des Chênes, [2012] 1 S. C. R. 235   *61-62, 78, 228-229,*
110-112

T

Trans World Airlines v. Hardison, 432 U. S. 63 (1977)   *202-203*
Trinity Western University v. College of Teachers, [2001] 1 S. C. R. 772   *53,*
144-145
Law Society of British Columbia v. Trinity Western University, [2018] 2 S. C. R. 293.
65

Z

Zylberberg v. Sudbury Board of Education, [1988] 52 D. L. R. (4th) 577   *5, 117,*
151, 196

日　本

最大判昭和 38 年 5 月 15 日刑集 17 巻 4 号 302 頁〔加持祈禱事件〕　　*157, 207*
名古屋高判昭 46 年 5 月 14 日行裁例集 22 巻 5 号 680 頁〔津地鎮祭事件控訴審判決〕
　　134
最大判昭和 52 年 7 月 13 日民集 31 巻 4 号 533 頁〔津地鎮祭事件〕　　*8, 76, 89~91,*
　　134, 162
最判昭和 55 年 1 月 11 日民集 34 巻 1 号 1 頁〔種徳寺事件〕　　*157*
神戸簡判昭和 50 年 2 月 20 日判時 768 号 3 頁〔牧会活動事件〕　　*207*
最判昭和 55 年 4 月 10 日裁民 129 号 439 頁〔本門寺事件判決〕　　*280*
最判昭和 56 年 4 月 7 日民集 35 巻 3 号 443 頁〔板まんだら判決〕　　*278*
東京地昭和 61 年 3 月 20 日行集 37 巻 3 号 347 頁〔日曜授業参観事件〕　　*207*
最判昭和 63 年 12 月 20 日判タ 694 号 92 頁〔共産党袴田事件〕　　*280*
最決平成 8 年 1 月 30 日民集 50 巻 1 号 199 頁〔オウム真理教解散命令事件〕
　　235~236
最判平成 8 年 3 月 8 日民集 50 巻 3 号 469 頁〔エホバの証人剣道受講拒否事件〕
　　207, 239~242, 246
最判平成元年 9 月 8 日民集 43 巻 8 号 889 頁〔蓮華寺事件〕　　*157, 278*
仙台高判平成 3 年 1 月 16 日行集 42 巻 1 号 1 頁〔岩手靖国訴訟控訴審判決〕　　*163*
最判平成 21 年 9 月 15 日判時 2058 号 62 頁〔玉龍寺事件判決〕　　*279*
最判平成 22 年 1 月 20 日民集 64 巻 1 号 1 頁〔空知太神社事件〕　　*94~95*
東京高判平成 30 年 5 月 30 日宗務時報 123 号 40 頁〔Aleph の出家会員事件〕
　　280~281
最大判令和 2 年 11 月 25 日民集 74 巻 8 号 2229 頁〔岩沼市議会出席停止事件〕
　　278

事項索引

あ行

アイデンティティ　25,
33, 34, 38, 44
　宗教的——の承認
　　141
アムセルム・テスト
　128, 137, 140, 141, 209,
　249

異文化接触のモード論
　49, 50, 66

オークス・テスト　117,
128, 208, 213, 230
教え込み　123, 152, 169

か行

介入
　——の禁止　148
　間接的な——　54,
　　273-277, 282
　手続的——　261, 276,
　　280, 281
確認説　159, 160
過度の負担　178-182,
186, 189, 202, 216, 225,
226, 296
カナダ
　——最高裁モデル　77,
　　81-83, 90, 93, 295
　——の憲法　12
　——の裁判所による違憲
　　審査　137, 208
　——の多文化主義　1,
　　13, 20, 23-26, 30, 31,
　　33, 39, 40, 66, 142, 169,
　　293, 294
寛容　51, 65

義務免除説　244, 245
客観説　134
享有主体性　146, 170

ケベック　24, 41, 42, 44
　——価値憲章　48, 64,
　　138, 165, 268, 288
　権利及び自由に関するカナ
　　ダ憲章（憲章）　4, 12,
　　115

交差性　197, 205
構造化された比例原則と
　調和する判断過程審査
　　232, 242, 243, 245
公的判断過程　72, 76,
80, 82, 88, 89, 100, 101
公的領域　10, 13, 71, 72,
74, 75, 78, 101, 112
合理的（な）歩み寄り
　187, 193, 198
合理的調整　5, 11, 19,
48, 51, 64, 67, 173, 175,
296, 297
　——の法理　173, 176,
　　188, 198, 200, 234, 239,
　　243, 245, 296-298
合理的配慮　11, 175,
199, 203, 205
個別のニーズ　197, 205

さ行

最小限の制約テスト
　212, 213, 216, 218, 225,
　231, 242
差異の政治　34, 35
差別
　——の排除　178

間接——　178, 183,
184, 203
直接——　178, 183
三分説　135, 136

慈善団体　109, 143, 167
自然的正義の原則　260,
261, 282, 286
質的アプローチ　91, 99,
100
司法権の外在的限界
　278, 282
司法権の内在的限界
　278, 282
市民統合政策　2, 3
社会構成文化　26, 27, 41
宗教
　——制度主義　143,
　　144, 147, 166, 167
　——団体　73, 74, 76,
　　79, 94, 109, 157, 161,
　　164, 171, 291
　——的アイデンティティ
　　の承認　141
　——的雑居性　8
　——的多様性　8-10
　——に対する配慮
　　228, 250
　——の定義　134, 138,
　　156, 296
　——法人　135, 161,
　　164, 171
　——に基づく社会的排除
　　のメッセージを受け
　　ない権利　154, 162,
　　163, 296
日本社会における——
　　8

主観的——理解　141,
　197, 209
主観説　134, 156, 159
準憲法的法律　174~176,
　201
承認　7, 31, 32, 38, 293
信教の自由　6, 9, 18, 51,
　52, 61, 81, 107, 134~136,
　139, 140, 144, 145, 147,
　148, 154, 156, 159, 160,
　207, 209, 210, 225~228,
　233~235, 238, 244, 245,
　247, 259, 285, 296, 297
　個人主義的な——アプロ
　ーチ　143, 144, 147
人権法　5, 113, 175, 176,
　178, 199, 200, 202, 206
信仰の真摯さ　139, 140,
　158, 159, 166, 249
（信仰の）超自然的な対象
　149, 150, 156
真正なる職業上の要件
　（BFOQ）　181, 185

政教分離　73, 76, 90, 228
　——原則　77, 91, 94,
　95, 99, 162,171, 172,
　250
　——人権説　162, 171,
　172, 296
制度変更のアプローチ
　196~198, 205
制約の有無　112, 117,
　128, 137, 209, 218, 236,
　237
制約の様態　237, 238
是認の禁止　151, 154,
　156, 296

た行
対外的防御　28, 142, 262
対内的制約　28, 142, 262
対話　7, 31, 32, 293
　——による接触　50,
　57
　異文化間の——　7,
　31, 32, 36, 57, 63, 67,
　293
　弱い——　57, 58, 62,
　67
多元主義　130, 285
多層的な人権保障システム
　174
多文化共生　9
多文化主義　1, 16, 20,
　23, 32
　——政策　2~4, 16, 25
　——の失敗　1~4, 17
　——法　31, 32, 43
　カナダの——　1, 13,
　20, 23~26, 30, 31, 33,
　39, 40, 66, 142, 169,
　293, 294
　二言語の枠内での——
　3, 24, 25
　法の下の——　14, 47,
　48, 54~56, 63, 294, 298,
　299
　リベラルな——　2,
　13, 26, 40, 41, 55, 293,
　298
多様性　12 ,13
　憲法による——の管理
　1, 6, 7, 294
　宗教的——　8~10
中立性
　形式的——　235, 251
　実質的——　235, 236

事項索引

非絶対的——　14, 78,
　80, 112, 116, 119, 229
適用違憲　224, 225, 245,
　253
手続的公正の義務　260,
　261, 286

同化　4, 25
統合　4, 25
同調圧力　153
特殊的解決　92, 99, 100
特別保護説　159

な行
ナショナル・マイノリティ
　28, 29

認知的不協和　105, 112,
　122, 127

ネイションビルディングモ
　デル　28

は行
判断過程審査　213,
　230~232, 234, 240, 242,
　251, 252
反発的文化主義　289

平等
　——取扱説　244
　——な尊厳の政治　34
　形式的——　194
　実質的——　194, 195

ブシャール＝テイラー委員
　会　188, 189, 193, 200
フットライト　214, 248,
　257, 258

313

普遍的価値　36, 37, 45
文化借用　50, 56, 294
文化的な差異を否定するモード　49

変容可能性のあるモード　50

法の基準　56, 62
法の優位　55, 56, 63, 66, 88, 294

ま行

マイノリティの中のマイノリティ問題　255, 282, 283, 298

無関心のモード　50, 51

ら行

離脱の財産的障壁　263, 264
離脱の社会心理的障壁　264

離脱の自由　257, 264, 285
立憲主義　55, 64, 66
　近代——　10, 11, 72, 88
　リベラルな——（の構想）　10, 11, 72, 74, 76, 255, 294, 299
リベラルな価値観　7

人名索引

A–Z

Bakht, N. *168*
Blagov, P. S. *97*
Board, P. *204*
Boudreau, S. *68*
Brudner, A. *285*
Collins, L. *168*
Corbett, S. M. *202*
Cornelissen, L. *18*
Esbeck, C. *166*
Failes, M. D. *202*
Gilovich, T. *97*
Graham, J. *98*
Hamann, S. *97*
Harenski, K. *97*
Helis, J. *201*
Horwitz, P. *166, 247*
Howe, R. B. *201*
Jedwab, J. *42*
Johnson, D. *201*
Joppke, C. *16*
Karabulut, L. *202*
Kilts, C. *97*
Kinder, D. R. *97*
Knight, J. G. *202*
Laycock, D. *166*
Luk, S. *168*
Lupu, I. C. *166*
MacDonnell, V. *201, 202*
Macklin, A. *251*
Maclure, J. *129*
Magnet, J. E. *42*
Mahapatra, M. *97*
Much, N. C. *97*
Nosek, B. A. *98*
Park, L *97*
Peters, Y. *203, 204*
Rushowy, K. *204*
Schragger, R. C. *166*
Schwartzman, M. *166*
Smith, M. *17*
Spinner-Halev, J. *284*
Sullivan, W. F. *65*
Tarnopolsky, W. S. *42*
Tsutsumibayashi, K. *67*
Tuttle, R. W. *166*
Webber, J. *67*
Weinrib, S. *247*
Westen, D. *97*
White, J. B. *67*

あ行

アーレント（Arendt, H.） *123, 129*
アイゼンバーグ（Eisenberg, A.） *67, 130, 196, 205, 284*
明仁 *100*
芦部信喜 *93, 135, 164, 165, 170, 171, 247*
安倍晋三 *277*
アベッラ, R. *61, 62, 68, 128, 145, 146, 213, 218, 223, 224, 225, 227, 230~233, 238, 243, 249~251, 267, 269, 271~276, 283, 288*
新川敏光 *40, 42*
安念潤司 *159, 165, 170, 244, 253*
イアコヴィーノ, R. *40*
飯笹佐代子 *19, 64, 67, 200*
飯田文雄 *16*
飯野由里子 *205*
イコブッシ, F. *138*
石井真作 *17*
石川健治 *18, 19, 66, 94, 172, 285, 291*
石川涼子 *40, 41, 43, 44, 284*
石塚壮太郎 *99*
石山文彦 *41*
磯前順一 *93*
井上武史 *171*
井上達夫 *66, 96*

ヴァリア（Vallier, K.） *101*
ヴァン・プラーグ（Van Praagh, S.） *127, 274, 275, 288, 289*
植木淳 *205, 206*
鵜海未祐子 *285*
内野正幸 *129*
浦部法穂 *99, 162, 171, 172*
浦山聖子 *19, 20, 41, 96, 205*

エザリントン（Etherington, B.） *181, 203*
江島晶子 *45, 200, 201, 206*
江藤祥平 *19, 20, 40, 68*
大石眞 *18, 73, 74, 93, 95, 134, 135, 161, 164, 166, 171*
大岡栄美 *40*
大澤津 *100, 101*

315

大屋雄裕　67, 128, 171
大山彩子　16
岡田順太　19, 171, 203, 206, 287
岡野八代　43
オギルビー（Ogilvie, M. H.）　167, 284, 286
オキン（Okin, S. M.）　40, 255, 284
尾崎一郎　66

か行

ガスコン, C.　113, 114, 153
片桐直人　94
加藤普章　40, 128, 167, 285
ガニョン, A.-G.　40
金子匡良　202
唐沢穣　96
ガリアーノ（Gagliano, A.）　33, 43
ガレオッティ（Galeotti, A. E.）　169
川神裕　251, 253
河北陽介　42
川島聡　19, 205, 206

菊池洋　43
キスロウィック（Kislowicz, H.）　13, 17, 23, 24, 31, 33, 41, 43, 57-60, 64, 67, 68, 82, 83, 96, 106, 127, 130, 141, 143, 145, 148, 166~169, 259, 261, 272~274, 284~286, 288
木下智史　289, 291
木下昌彦　253, 290
キムリッカ（Kymlicka, W.）　3, 4, 16, 17, 24,
26~29, 35, 41, 44, 54, 65, 96, 142, 166, 196, 204, 205, 262, 263, 284, 286, 293
キャメロン, D.　2
清野正彦　95

ククサス（Kukathas, C.）　257, 285
グッドマン（Goodman, S.）　3, 16
工藤達朗　136, 165
栗島智明　67, 290
栗田佳泰　41, 42, 69, 127, 247, 248
グリム（Grimm, D.）　247
グレーソン, P.　190, 192, 193, 204
クレンショー（Crenshaw, K.）　205
クロンビー（Crombie, D.）　32, 43

小泉洋一　18
小泉良幸　284, 285
小久保智淳　98
小坂幸三　285
小嶋和司　94
小島慎司　91, 99
越山安久　99
小林利行　18, 99
小林祐紀　250
駒村圭吾　73, 93, 98, 100, 252
小山剛　134, 158, 164, 170, 172, 236, 252, 253
近藤敦　18
近藤卓也　252

さ行

齊藤愛　129
斎藤一久　129
阪口正二郎　19, 129
坂本是丸　99
阪本昌成　134, 164
佐々木惣一　136
佐々木弘通　91, 92, 99, 100, 171
佐々木雅寿　43, 247
佐藤香寿実　18
佐藤兼永　18
佐藤幸治　94, 164, 170
佐藤信行　43, 170
シェパード（Sheppard, C.）　195, 203, 205
塩原良和　17
宍戸常寿　99, 241, 242, 253, 284, 290
志田陽子　284
柴田憲司　290
渋谷秀樹　164, 171
島薗進　93, 99
清水望　18
シャカール（Shachar, A.）　65, 66, 289
シャレ, J.　189
シャロン, L.　211, 213, 231
シュウィーダ（Shweder, R. A.）　97
ジュキア（Jukier, R.）　127, 274, 275, 288, 289
シュナイダーマン（Schneiderman, D.）　271, 288
シュワリーツ, C.　100
正躰朝香　42
白水隆　196, 203, 205

須賀博志　　99, 136, 165
杉山有沙　　19, 206
瑞慶山広大　　98

セルビー（Selby, J. A.）
　　189, 192, 193, 204, 205
セン, A.　　44

曽我部真裕　　174, 201, 206

た行
ダーウィン, C.　　86
高木康一　　66
高作正博　　40
高橋和之　　19, 96
高橋正明　　203, 206
高畑英一郎　　19, 250, 253
高柳信一　　171
瀧澤信彦　　18
竹下守夫　　289
田近肇　　94, 164, 171, 250, 289, 290
伊達聖伸　　64, 129
田中謙太　　284
田中拓道　　43
田中豊　　289, 291
玉蟲由樹　　170
田村知子　　40
タリー（Tully, J.）　　66
ダルマイヤー, F.　　49, 50, 54, 56, 65

チャン（Cham, J.）　　100
チョードリー（Choudhry, S.）　　147, 168, 228, 250, 271, 288

蔦木文湖　　16
常本照樹　　40

デイ（Day, S.）　　194, 195, 197, 202~205
ディクソン, B.　　144, 148, 167, 168
ディビッド（David, L.）　　141, 143, 166, 167
テイラー（Taylor, C.）　　24, 33~39, 43~45, 64, 124, 129, 166, 188, 189, 200, 204, 205, 293, 288
ティリッヒ, P.　　134
デシャン, M.　　110, 123, 186, 204, 213, 230, 231, 250, 269, 271, 272, 288
デュルケーム, É.　　86

土井翼　　290
時安邦治　　40, 42
戸波江二　　172
富井幸雄　　18, 42, 95, 129, 201, 250
トルドー（Trudeau, H. P.）　　24, 25, 29, 38, 41

な行
長岡徹　　19, 249
中川純　　202
中野剛充　　43
中野秀一郎　　40, 42
仲村愛　　19, 40, 200
ナレイン（Narain, V.）　　187, 204, 206, 248, 249
西村裕一　　99
ニューマン（Newman, D.）　　68, 262, 263, 285, 287
丹羽卓　　64, 285
野坂泰司　　250
野中俊彦　　164

は行
バーガー（Berger, B. L.）　　6, 14, 16, 17, 47~57, 63~68, 81, 94, 96, 123~125, 129, 130, 166, 167, 200, 204, 248, 294
バーネット（Barnett, A.）　　289
バーバー（Bhabha, F.）　　42, 229, 249~251
ハーバーマス, J.　　93, 94
ハイト（Haidt, J.）　　83~87, 96~98
長谷部恭男　　10, 19, 45, 66, 72, 93, 98, 99, 247, 250
林知更　　94, 99, 136, 165
バラス（Barras, A.）　　189, 192, 193, 204, 205
パレク（Parekh, B.）　　24, 33, 36, 37, 44, 45, 57, 67, 293
バンティング（Banting, K.）　　3, 4, 16, 17
ビアマン（Beaman, L. G.）　　189, 192, 193, 200, 204, 205
樋口陽一　　40
ビジョン, L.-P.　　259, 262, 263, 285
ビビー, R. W.　　205
日比野勤　　164
ヒューム（Hume, D.）　　84, 96
裕仁　　100

フィッシュ, M.　　218
フィッシュバーン（Fishbayn, L.）　　266, 275, 287, 289

317

フェスティンガー, L.
　127
藤林益三　99, 162
藤本頼生　99
藤本龍児　94
ブシャール（Bouchard,
　G.）　64, 130, 166, 188,
　189, 200, 204, 205
藤原聖子　167, 285
フッター（Hutter, J.）
　257
ブラウン, W.　65
ブロードスカイ（Brodsky,
　G.）　194, 195, 197,
　202, 203~205
ホール, E. M.　285
ホッグ（Hogg, P. W.）
　30, 42
堀口悟郎　253, 254
ホワイト（White, S.）
　286, 287

ま行

牧野令　65
マクラクリン, B.　62,
　104, 107, 122, 127, 145,
　146, 149, 183, 184, 195,
　196, 203, 215, 217, 219,
　221, 222, 224, 225, 227,
　249, 251
マクルー, J.　124
松井茂記　19, 134, 164,
　165, 248
マッキンタイヤー, W. R.
　178, 179
松元雅和　41, 44
マルルーニ, M.　31
ミジス（Mitges, G.）
　32, 33, 43
店田廣文　18
嶺崎寛子　18
美濃部達吉　136, 165
宮沢俊義　18, 91, 99
ムーン（Moon, R.）
　5, 17, 78, 81, 95, 96,
　100, 101, 111, 112, 118,
　119, 121, 122, 127~129,
　148, 151, 154, 168, 169,
　204, 224~226, 229, 244,
　248~250, 264, 284, 285,
　287, 288
向山恭一　43, 44
ムニス・フラティチェッ
　リ（Muniz-Fraticelli, V.
　M.）　141, 143, 166,
　167
棟久敬　129, 165
村上重良　99
村上裕章　252
メルケル, A. D.　2
モールデイバー, M.　62,
　146, 149, 251
森口千弘　18, 171, 247,
　250, 252, 253
守谷賢輔　42, 168
森悠一郎　203
諸根貞夫　172

や行

安西文雄　96, 98, 166,
　169, 170, 172, 235, 247,
　251, 252
山口智　18, 202
山崎英壽　19, 249
山崎公士　206
山本一郎　170
山本健人　16, 19, 45, 64,
　66, 99, 129, 170, 171, 201,
　247, 285, 286, 289~291
山本隆司　252
山本龍彦　93, 94, 100,
　278, 290
山元一　19, 44, 289
山本侑　290
横大道聡　45, 167, 171,
　206, 237, 247, 252, 290
吉田俊弘　247

ら行

ラザック（Razack, S. H.）
　288, 289
ラボルド（Laborde, C.）
　101
リッチ, R.　259
リットマン（Reitman,
　O.）　264, 274, 275,
　287~289
ルベル, L.　6, 48, 106,
　107, 109, 145, 218, 228,
　229
レオム（Reaume, D. G.）
　263, 264, 287
レポフスキー（Lepofsky,
　D. M.）　181, 203
ローウェ, M.　149
ロールズ, J.　75, 82, 83,
　94, 96

わ

若松良樹　19

318

渡部蓊　*171*　　　　　　*170, 244, 252, 253*
渡辺康行　　*18, 129, 164,*

著者紹介

山本健人（やまもと・けんと）
1990年生まれ。愛媛県出身。
慶應義塾大学大学院法学研究科後期博士課程単位取得退学、博士（法学）。
現在、北九州市立大学法学部准教授。
主著に山本龍彦＝山本健人ほか編『個人データ保護のグローバル・マップ』（弘文堂、2024年）、論文に「デジタル立憲主義と憲法学」情報法政研究13号（2023年）、「日本国憲法が信教の自由を規定することの意味」法学教室515号（2023年）など。

承認と対話の憲法理論
――法の下の宗教的多様性

2025年3月31日　初版第1刷発行

著　者　山本健人
発行者　中西　良
発行所　株式会社ナカニシヤ出版
〒606-8161　京都市左京区一乗寺木ノ本町15番地
Telephone　075-723-0111
Facsimile　075-723-0095
Website　https://www.nakanishiya.co.jp/
Email　iihon-ippai@nakanishiya.co.jp
郵便振替　01030-0-13128

印刷・製本＝創栄図書印刷／装幀＝白沢　正
Copyright © 2025 by K. Yamamoto.
Printed in Japan.
ISBN978-4-7795-1870-6

本書のコピー、スキャン、デジタル化等の無断複製は著作権法上の例外を除き禁じられています。本書を代行業者等の第三者に依頼してスキャンやデジタル化することはたとえ個人や家庭内での利用であっても著作権法上認められていません。